POLEN – POUVOIRS, LETTRES, NORMES
sous la direction de Jean-Baptiste Amadieu et Bernard Ribémont
28

Les Convertis à l'islam
(1100-2018)

Actes du colloque « Les Convertis à l'islam »
organisé les 15 et 16 mars 2018 à l'Institut catholique de Vendée.
Ouvrage publié avec le soutien de l'Institut catholique
de Vendée (ICES)

ICES

Les Convertis à l'islam (1100-2018)

Sous la direction de Jean-Marc Joubert

PARIS
CLASSIQUES GARNIER
2021

Jean-Marc Joubert, ancien élève de l'ENS de Saint-Cloud, agrégé et docteur en philosophie, est MCF de l'Institut catholique de Vendée et membre du CIRPaLL et du CRICES. Il est l'auteur de *Foi juive et croyance chrétienne, Leibowitz. Une pensée de la religion*.

ISBN 978-2-406-12026-1 (livre broché)
ISBN 978-2-406-12027-8 (livre relié)
ISSN 2490-8460

PRÉSENTATION

Le colloque dont nous publions les actes répondait à un projet précis que l'on peut trouver dans la présentation suivante dont la fonction était programmatique :

> « Les convertis à l'islam. 1100-2018 »
>
> L'objet de ce colloque, organisé par le C.R.I.C.E.S. (Centre de recherches de l'Institut catholique d'études supérieures) les 15-16 mars 2018 à La Roche-sur-Yon est d'aborder la réalité historique de la conversion à l'islam à partir et à travers un certain nombre de figures significatives.
>
> La conversion est une réalité multiple, aux motifs variés. Il est des conversions d'habileté, celles des « Turcs de profession » sous l'Empire ottoman ; des conversions sociologiques ou d'osmose, comme dans certaines banlieues ; des conversions de contrainte, de persécution ou pour échapper au statut de *dihmmi* ; des conversions pour s'assurer une ascension sociale, ou pour se marier ; des conversions religieuses, spirituelles et mystiques ; des conversions anticolonialistes et de témoignage politique ; des conversions d'orientalistes ; des conversions de *people* ; des conversions au djihad guerrier présentant l'idéal du « martyr », etc. Leurs ressorts peuvent être proprement religieux, mais aussi politiques, sociaux, esthétiques, psychologiques voire – pour reprendre une catégorie de la tradition juive – « pour mettre en colère[1] ». Ces conversions touchent des milieux et des individus très divers dans des contextes historiques et sociaux eux-mêmes très différents.
>
> Le défi de ce colloque sera, à partir d'un certain nombre de cas représentatifs, intéressants ou curieux sous divers registres, de décrire, d'analyser et de penser le phénomène historique de la conversion à l'islam, sur la longue durée, sans le subsumer sous une unité factice et conjoncturelle.

Ce qui a motivé la tenue de ce colloque est, au premier chef, la prégnance dudit « phénomène » dans notre brûlante actualité. Il est devenu rare en effet de ne pas croiser un converti ou de n'en avoir pas

1 On pourrait presque dire : « pour emm… le monde ». C'est un peu comme un fils qui se « convertirait » au marxisme-léninisme pour désespérer ses dévots parents conservateurs ou, pire pour les intéressés, qui se ferait trotskyste pour faire enrager ses parents staliniens…

entendu parler par l'intermédiaire de ses proches ou relations. Dans les banlieues, le phénomène n'a rien d'original. Parfois, la conversion relève d'une véritable contrainte sociale – une conversion assurant une sorte de protection ou relevant d'un processus paradoxal d'assimilation à un groupe exogène. Devenir musulmane, en particulier, c'est, pour une jeune fille qui se « soumet » (islam !), ne plus être tenue pour une « pute » par le groupe et éviter d'être importunée par des « jeunes » aussi machistes que scrupuleux selon les apparences qu'ils veulent afficher… Mais la conversion de jeunes Français ou Européens peut être tout à fait sincère et conséquemment radicale, car s'autorisant de cette même sincérité[2] pour des raisons que nous évoquons en conclusion. Sur un mode criminel (qui reste assurément marginal), des policiers témoignent du fait que les convertis sont souvent les plus « enragés » et dangereux. Aussi font-ils souvent l'objet d'une surveillance particulière. Comment des Français « de souche », banlieusards mais parfois aussi issus de milieux socialement favorisés, ont-ils pu s'engager dans l'aventure – à l'époque du colloque encore balbutiante, et heureusement depuis territorialement défaite – de Daesh, avec ses assassinats de masse, ses tortures, ses viols et l'esclavage qu'il organisait, c'est une question qui ne laisse pas de tarauder et qui ne va pas sans poser, en amont, le problème de la transmission des valeurs, celui de la solidité des appartenances, quand ce n'est pas celui d'une possible « décivilisation » – dans la sphère « occidentale » en tout cas. Avouons-le, c'est d'abord ce contexte déprimant qui a suscité notre questionnement, lequel n'était donc pas de pure curiosité intellectuelle.

2 Pour autant, la notion de « sincérité » ne recouvre rien de très clair à l'analyse. D'abord, la sincérité ne s'accorde pas nécessairement avec la vérité. Souvent, ce sont des *apparences* de sincérité que l'homme « sincère » s'efforce de produire à l'extérieur dans le cadre d'une « politique de la sincérité » qui n'est rien d'autre qu'une tentative intimidante de persuasion. Par ailleurs, une sincérité présumée conférerait-elle quelque *droit* ? C'est ce que l'homme « sincère » – ici le converti – voudrait prétendre et s'assurer. Avec succès parfois : l'homme qui se donne pour sincère est d'autant plus aisément cru tel que son interlocuteur demeure quant à lui sceptique et froid… mais aussi d'autant plus impressionnable devant le spectacle d'une conviction qu'il n'a pas l'heur (ou le malheur en fait) de connaître. Si l'on considère maintenant la sincérité du côté de celui qui se croit, se représente, se pense, se *veut* sincère, force est de reconnaître que sa vérité ou « authenticité » n'est pas moins douteuse. Chez Rousseau, la sincérité est certaine quand le *cœur* ou la « *conscience, instinct divin* » profond est atteint(e), puis s'exprime sans fard. En théorie, à suivre le Genevois, il y donc un critère ; mais l'illusion sur soi est toujours possible, ce qui est peut-être précisément le cas de « Jean-Jacques ». Si nous insistons sur ce thème de la sincérité, c'est naturellement parce qu'elle est au cœur de la problématique de la conversion.

Assurément, les conversions à l'islam ne s'épuisent pas dans ce complexe de renouveau islamique (ou « islamiste ») et de « grand jeu » géopolitique, puisqu'il en est incontestablement d'intellectuelles et de spirituelles. Mais alors ce sont d'autres types de questions qui surgissent. D'abord, quelle est la nature de cette « fascination pour l'islam », déjà largement attestée à l'époque médiévale, et dont parlait Maxime Rodinson[3] ? Une fascination qui tient à la nature même de son objet, à savoir la religion en question, laquelle religion est totale – pour ne pas dire « totalitaire » ou à tout le moins totalisante – parce qu'enfermant tous les aspects de la vie et de la société[4] (et c'est d'ailleurs là toute sa gloire à ses yeux) ? Ensuite, comment comprendre l'étrangeté qu'il y a à rejoindre une foi réputée (tant par ses ralliés que par l'opinion progressiste) mystique, irénique et en son fond « ouverte sur l'autre » à un moment où tant de ses sectateurs « furieux » en donnent de si mauvais exemples, jusqu'au terrorisme destructeur des siens ?

Pour y répondre, il aurait fallu que nous nous engagions dans un vaste travail d'enquête. Mais outre que cette dernière excédait sans doute nos forces et nos compétences académiques, un colloque récent[5], tenu à l'Institut des sciences politiques de Paris, se trouvait offrir de nombreuses réponses de la part de spécialistes (sans parler de l'abondante bibliographie disponible). Et c'est pourquoi nous avons choisi, d'une part, d'élargir l'étude du « phénomène » en lui donnant une vaste profondeur historique, d'autre part et surtout de l'approcher à travers des cas *individuels.* Car s'il est bien évident que la conversion doit être pensée comme s'inscrivant au croisement d'une multitude de déterminations (psychologiques,

3 M. Rodinson, *La Fascination de l'islam*, Paris, Maspero, 1980. Rodinson est aussi l'auteur d'une des premières biographies de Mahomet, d'approche marxiste, et ce faisant impropre à se laisser « fasciner ».

4 Le « totalitarisme » de la religion musulmane présente ainsi l'avantage d'offrir le confort de répondre à tout. Le mot d'ordre des Frères musulmans n'est-il pas de dire que « l'islam est *la* solution » ? Sous ce rapport, le christianisme qui distingue entre ce qu'il faut rendre à Dieu et ce qu'il faut rendre à César – à savoir le règne transitoire du « monde » et de sa « figure » – offre plus de garanties de respiration. (Marcel Gauchet ira jusqu'à dire qu'il est « la religion de la sortie de la religion ».)

5 Colloque Science Po, OSC-CEVIPOV « Rendre compte des conversions à l'islam. *Investigating conversions to islam* », 15-16 février 2016. Signalons également les travaux de Juliette Galonnier, *Choosing Faith and Facing Race : Converting to Islam in France and the United States*, thèse de doctorat en sociologie, IEP de Paris et Northwestern University, et les différents articles qui l'ont suivie. De même : *Pouvoir politique et conversion religieuse. I. Normes et mots*, dir. T. Lienhard et I. Poutrin, École française de Rome, Rome, 2017.

affectives, sociologiques, etc.) et de contextes (culturels, civilisationnels, d'époques), ainsi que le rappellent également nos remarques conclusives, il n'en demeure pas moins qu'une conversion se donne toujours comme une *destinée* qu'un individu a choisi d'accomplir ou de se donner éventuellement *contre* tout environnement et au rebours volontariste de son idiosyncrasie initiale. C'est d'ailleurs là ce que signifie d'abord et proprement « se convertir », à savoir se détourner et pour ainsi dire s'arracher en se désorientant… tout en pensant ou vivant la chose comme un très paradoxal accomplissement de soi.

Dans le cadre des deux journées dont nous disposions, il a fallu opérer le choix d'une variété maximale. Grâce à Olivier Hanne, nous avons traité du « premier converti » qu'était Mahomet lui-même. Et nous avons conclu le colloque en évoquant la figure à la fois populaire et spectaculaire de la chanteuse de rap « Diam's ». Entre les deux : douze « cas » offrant des types et des figures historiques fort différents : mystiques, esthètes, politiques, passionnels, réfléchis ou autres. En définitive, c'est la part la plus douloureuse qui s'est trouvée – à une exception près – écartée de notre échantillon ! Comme si les intervenants – et ce serait tout à leur honneur – avaient préféré s'attacher à des réalités plus positives ou attrayantes que celles que nous venons d'évoquer. La rançon d'une telle diversité aura été naturellement de décevoir, dans une large mesure, la quête métaphysique d'une *essence* du « converti musulman » à laquelle nous préférons substituer, pour notre part, le concept – ou anti-concept – de « ressemblances familiales » introduit par Ludwig Wittgenstein dans son *Cahier bleu*. L'idée de Wittgenstein est qu'il n'existe pas d'essence commune ou un ingrédient commun à une classe d'objets ou de réalités. Par exemple, les membres d'une même famille se *ressemblent* par des traits qui peuvent être fort différents : aspect corporel mais aussi gestuelle ou encore mentalités, etc., – ce qui ne les empêche pas de présenter un *air commun* et d'être reconnaissables et donc identifiables. Autre exemple : sous la désignation commune de *jeux* on trouve celui, anarchique, de la balle, celui inventé sur le moment par un groupe d'enfants, ou bien les jeux d'échecs, de go ou de dames, aux règles par contre bien établies – lesquels constituent bien un ensemble contrasté de jeux. Dernier exemple : qui voudrait réduire la philosophie à sa définition ou étymologie d'« amour de la sagesse » en manquera des plans entiers – outre le fait que les frontières entre philosophie, littérature, histoire des idées n'ont rien de fixe... C'est ce qui explique pourquoi nous n'avons pas voulu *théoriser* à l'excès mais préféré livrer un tableau disons « impressionniste » des choses.

Ce faisant, il sera loisible de s'abandonner à cette diversité de curiosité sans tâcher de la rapporter à une improbable unité. Chaque converti, en effet, mérite d'être considéré pour lui-même sans se voir comparé et donc, au moins pour une part, réduit. Mais il reste que l'on pourra toujours, à défaut de trouver une telle unité, interroger aussi nos différents cas à l'aune de certaines problématiques : religieuse, sociale, politique, psychologique...

Petite originalité dans la réalisation de notre projet : le choix d'étudier l'œuvre littéraire qu'est *Soumission* de Michel Houellebecq. Mais s'agit-il tout à fait de fiction tant en ce qui concerne son personnage principal – que nous répugnons à qualifier de héros – que dans la relation de l'accession d'un candidat musulman déclaré à la magistrature suprême ? On sait que cet auteur a la réputation de « sentir » son époque et de l'exprimer avec acuité. Mais le fait même que l'histoire ait pu être conçue et connaître un tel retentissement témoigne de la présence sinon d'un fantasme d'époque, du moins d'une sourde inquiétude quant à la pérennité d'une identité, d'ailleurs problématique, de la France ou de l'Europe.

Nous laisserons aux lecteurs de ces *Actes* le soin de choisir l'approche qui leur convient ou les intéresse davantage. Si nous revenons pour notre part à cette inquiétude (ou désarroi) que représente à nos yeux non pas tant la *conversion à* que le *reniement de*, nous pouvons... confesser qu'il est des conversions qui ne sont pas de pures et simples apostasies, surtout quand le point de départ de leur cheminement est une sorte de néant moral ou culturel auquel elles aspirent tout simplement à échapper. Mais c'est sur la longue durée qu'il faudra, pour ce qui est des plus récentes, sinon en juger – car cela relèverait des appréciations de valeur – du moins les penser avec les outils de la recherche.

Jean-Marc JOUBERT
MCF de l'ICES
CIRPaLL (Angers), CRICES

MAHOMET, PREMIER CONVERTI, MODÈLE POUR LA CONVERSION

Toute conversion à l'islam se doit d'imiter le modèle original du Prophète[1], qui lui donne sens. Pourtant la conversion de Mahomet vers 610 lors de la « Nuit du Destin », ou « du Décret » (*laylat al-qadr*), est très particulière, puisqu'elle associe de façon indissociable deux événements : l'adhésion personnelle au monothéisme et la révélation coranique, fait inimitable qui ne concerne que le Prophète.

La vie de Mahomet nous a été transmise par une surabondance de sources d'ancienneté et d'authenticité variables[2]. Le *Coran*, tout d'abord, serait le texte le plus ancien et le plus proche du Prophète, achevé entre le milieu et la fin du VIIe siècle, mais qui aurait fait l'objet d'aménagements encore pendant au moins un siècle[3]. La *Sunna* est une documentation faite des paroles de Mahomet (les *hadîth*), de la *Sîra*, sa biographie écrite par Ibn Hishâm (mort en 834), et de récits de guerre (les *maghâzi*[4]). Mais la grande précision de ces sources est d'autant plus suspecte que leur mise par écrit fut tardive (VIIIe-IXe siècles[5]).

Durant les deux premiers siècles de l'islam s'est constitué un récit officiel, chargé de *topoi* et de réminiscences bibliques et coraniques, décrivant comment Mahomet s'était converti et comment il avait reçu

1 Nous l'appelons Prophète par convention littéraire et nous lui donnons le nom Mahomet selon la graphie courante en France.

2 Alfred-Louis de Prémare, *Les Fondations de l'islam, entre écriture et histoire*, Paris, Seuil, coll. « L'univers historique », 2002, p. 9s.

3 Régis Blachère, *Introduction au Coran*, Paris, Maisonneuve et Larose, 1947.

4 Nous renvoyons à l'édition arabe de Ferdinand Wüstenfeld, Güttingen, 1858-1860, en deux tomes, et à sa traduction française par Abdurrahmân Badawî, *Ibn Ishâq, La vie du Prophète Muhammad, l'Envoyé d'Allâh*, Beyrouth, Éditions Albouraq, 2001.

5 *Écriture de l'histoire et processus de canonisation dans les premiers siècles de* l'islam, dir. A. Borrut, Aix-en-Provence, Presses universitaires de Provence, *Revue du monde musulman et de la Méditerranée* (*RMMM*), 129, 2011 ; Jacqueline Chabbi, « Histoire et tradition sacrée : la biographie impossible de Mahomet », *Arabica*, 43-1 (1996), p. 189-205 ; Michel Cuypers et Geneviève Gobillot, *Le Coran*, Paris, Le Cavalier Bleu, 2007.

les premières sourates. Plus le contexte spatial et temporel s'éloignait de son Hedjâz natal, plus ce récit gagnait en cohérence et en précision, jusqu'à former un « Évangile islamique », nourri de merveilleux et d'épisodes christiques, mais souvent contradictoire avec la lettre du texte coranique[6].

LE RÉCIT CORANIQUE DE LA CONVERSION

Le *Coran* ne fait que quelques allusions à la fameuse Nuit du Destin, et d'ailleurs à travers des versets ambigus que les commentateurs ultérieurs ont lus comme des références à l'événement initial de l'islam[7].

La conversion-révélation est évoquée dans le livre sous le mode typiquement oriental de l'inspiration, et Mahomet revêt la figure vétérotestamentaire du prophète inspiré : « Nous t'avons envoyé avec la vérité, comme annonciateur et avertisseur » (Sourate 2, verset 119[8]). Dieu se révèle à lui sur le même mode qu'aux patriarches : « Nous t'avons envoyé une révélation (*awhaynâ*) comme nous avons envoyé une révélation à Noé et aux prophètes après lui [...] » (S. 4, 163).

Mais cette inspiration prophétique n'est guère décrite dans le détail, et au contraire le texte coranique semble se complaire dans la litote : « C'est ainsi (*kadhalika*) que Dieu, le Puissant, le Sage, t'adresse la révélation (*wuhy*) et à ceux qui furent avant toi » (S. 42, 3[9]). Ou encore :

> Il n'est pas donné à un mortel que Dieu lui parle, sinon par inspiration (*wahyan*), ou derrière un voile (*hidjâb*), ou en envoyant un messager (*yursila rasûlân*) qui suggère avec sa permission ce qu'il veut [...]. C'est ainsi que nous t'avons inspiré (*awhyanâ*) par un esprit (*rûh*) à notre ordre (S. 42, 50-52a).

6 A.-L. de Prémare, *Les Fondations de l'islam, entre écriture et histoire*, *op. cit.*, p. 18-31.

7 « Nuit du Destin », *Dictionnaire du Coran*, dir. M. Ali Amir-Moezzi, Paris, Robert Laffont, 2007 (désormais *DC*), p. 608-609.

8 Nous utilisons les traductions de Jacques Berque, *Le Coran, essai de traduction de* l'arabe, rééd., Paris, Albin Michel, 2002, et de Régis Blachère, *Le Coran*, Paris, Maisonneuve et Larose, 1972, que nous adaptons.

9 L'expression *kadhalika* est ici particulièrement indéfinie (« c'est comme ça », « ainsi », « de cette manière »).

Mahomet aurait donc reçu un *wahî*, terme qui revient régulièrement[10]. La racine arabe *WHY* renvoie à une suggestion, un grondement lointain, un souffle, ce qui correspond bien au mot *rûh*, lequel désigne l'esprit et le souffle vital. Le terme *wahî* est utilisé dans le milieu de l'Arabie anté-islamique pour la possession par un djinn, lorsque ces esprits du désert s'emparent d'une personne et la font déraisonner[11]. Mahomet a donc vécu une inspiration intérieure, indéfinissable, mais non une voix ou encore moins une vision. Le texte ne permet pas d'identifier Dieu derrière cette suggestion, même si celle-ci amène à la connaissance d'une vérité et d'un dieu (*al-ilah*). Le mot « envoyé » (*rasul*) peut toutefois qualifier un être humain ou un ange qui aurait servi de messager. C'est à travers ce terme d'ailleurs que le verset enracine la révélation de Mahomet dans une succession de messagers, lesquels ne sont pas nommés : sont-ce les prophètes bibliques ? le Christ ?

Le second élément fondateur de la conversion muhammadienne est le don d'une Écriture, un *kitâb* :

> Même si nous avions fait descendre sur toi une Écriture (*kitâb*) sur parchemin qu'ils pouvaient toucher de leurs mains, ils diraient : Ce n'est que de la magie évidente ! Et ils disent : Pourquoi n'a-t-on pas fait descendre un ange ? Si on avait fait descendre un ange, l'ordre eût été décrété (S. 6, 7-8)[12].

Ce *kitâb* n'est pas à proprement parler un livre, mais plutôt un texte céleste, descendu, révélé. La racine *KTB* renvoie en effet à l'acte d'agencer, de coudre, de consigner et, par extension, d'écrire. Le *Coran* n'est pas explicitement nommé[13]. Il n'est nullement question non plus d'un ange qui apporte la révélation. La descente du texte semble se faire naturellement, sans intermédiaire. Un autre passage précise la nature des révélations : « Voilà quelques nouvelles (*akhbar*) de l'inconnaissable

10 « *Coran*, sens coranique », *DC*, *op. cit.*, p. 184.

11 Maurice Gaudefroy-Demombynes, *Mahomet*, Paris, Albin Michel, 1969, p. 44 et suiv. ; Jacqueline Chabbi, *Le Seigneur des tribus. L'islam de Mahomet*, Paris, Noêsis, 1997, p. 185 et suiv. et 500 ; William Montgomery Watt, *Mahomet*, trad. F. Dourveil, S.-M. Guillemin, F. Vaudou, Paris, Payot, 1958, p. 80-82 ; « Génie », *DC*, *op. cit.*, p. 358-360.

12 Ou encore : « Voici un livre (*kitâb*) béni que nous avons fait descendre, confirmant ce qui existait déjà avant lui, afin que tu avertisses la Mère des Cités » (S. 6, 92).

13 Olivier Hanne, « Le *Coran* à l'épreuve de la critique historico-philologiques. Écueils de l'hypercritique, impasses de la littéralité », *Les Sources au cœur de l'épistémologie historique et littéraire*, dir. J.-B. Amadieu, J.-M. Joubert, F. Ploton-Nicolet, École des chartes, Paris, 2016, p. 201-202 ; « Rédaction du *Coran* », *DC*, *op. cit.*, p. 735-739.

(*ghayb*) que nous te révélons » (S. 11, 49). Dans le monde des tribus arabiques, le *nabî* – que la tradition islamique a transformé en « prophète » – est le « diseur de nouvelles » (*akhbar*), celui qui, le soir au campement, proclame les histoires sur le *ghayb*, les mystères divins, de la nature et des djinns[14]. Le *Coran* enracine la conversion-révélation de Mahomet dans un monde tribal et arabique, celui du nomade, plus que dans l'univers biblique[15].

Troisième et dernière caractéristique : la question de l'ange annonciateur, devenue dogmatique dans l'islam. Le passage suivant est le plus explicite sur ce personnage céleste généralement identifié à Gabriel (*Djibrîl*[16]) :

> Votre compagnon ne s'est pas égaré et n'a pas été induit en erreur, et il ne prononce rien sous l'effet de la passion, c'est une révélation transmise, que lui a enseignée le redoutable, fort et doué de puissance/sagacité (*shadîdu l-quwâ'*) ; il se tint en majesté alors qu'il était à l'horizon supérieur. Puis il s'approcha et demeura suspendu, et fut à deux arcs ou moins. Il révéla à son serviteur ce qu'il révéla (S. 53, 2-10).

La tradition ultérieure a toujours prétendu que ces versets décrivaient comment Mahomet avait vu Gabriel[17], or aucun de ces deux personnages n'est mentionné, et la narration se plaît même à confondre les sujets des verbes : qui se tint en majesté ? qui s'approcha ? qui révéla ? Le texte refuse catégoriquement l'idée que le « compagnon » ait été possédé par un djinn, manière de dire que la révélation coranique n'est pas une imagination des esprits du désert. Pourtant, la description de l'être mystérieux correspond exactement aux esprits de l'ancienne Arabie : la suspension aérienne dans un horizon désertique, comme un vent de sable ou un tourbillon que l'on devine. On n'y reconnaît nullement les traits des anges vétérotestamentaires, et encore moins de Gabriel[18].

Ainsi, dans le *Coran*, la conversion-révélation utilise le vocabulaire des poètes de l'anté-islam, celui des campements nomades et des djinns qui

---

14 J. Chabbi, *Le Seigneur des tribus. L'islam de* Mahomet, *op. cit.*, p. 124-129 ; A.-L. de Prémare, *Les Fondations de l'islam, entre écriture et histoire*, *op. cit.*, p. 91-92.

15 « Révélation et inspiration », *DC*, *op. cit.*, p. 749-755.

16 « Gabriel », *DC*, *op. cit.*, p. 355-358.

17 Par exemple al-Tabarî, *La Chronique. Histoire des prophètes et des rois*, trad. Hermann Zotenberg, Paris, Sindbad, rééd. 1989, vol. I, p. 65s.

18 J. Chabbi, *Le Coran décrypté. Figures bibliques en Arabie*, Paris, Fayard, 2008.

rôdent. Toutefois, les sourates concernées y ajoutent une perception nouvelle qui reste confuse et peu explicite : celle d'une inspiration intérieure et de la descente d'une Écriture céleste à travers une relation interpersonnelle.

UNE CONVERSION DESTINÉE

Contrairement au *Coran*, la *Sîra*, complétée par les hadith, propose une narration bien plus détaillée de la conversion de Mahomet, construisant au moins un siècle après sa mort le mythe d'une vocation prédestinée[19].

L'homme serait né vers 570, mais la date reste hypothétique, tout autant que l'affirmation souvent répétée d'une naissance le 1er septembre. Une tradition transmise au IXe siècle fait remonter celle-ci à « l'Année de l'Éléphant », « le douzième jour du troisième mois lunaire », lorsque La Mecque fut menacée par une expédition éthiopienne à laquelle participaient des éléphants de guerre[20]. Dieu envoya des oiseaux qui lâchèrent sur les pachydermes une pluie de cailloux, miracle dont le *Coran* ferait écho : « Ne vois-tu pas comment ton Seigneur a traité les compagnons de l'éléphant [...]. Il a envoyé contre eux des oiseaux par vols, qui leur jetaient des pierres d'argile » (S. 105, 1-5). La coïncidence entre ce prodige et la naissance du Prophète offrait l'occasion de rappeler la nature prodigieuse du nouveau-né, d'autant que c'est son grand-père qui dirigea la défense de la ville.

Le *Coran* se montre réservé sur les prodiges ou les guérisons. Le seul vrai miracle est la révélation coranique, et non les éventuels pouvoirs surnaturels de Mahomet. Pourtant, la *Sunna* a transmis de nombreux signes concernant sa naissance. La piété traditionnelle aime à raconter que, ce jour-là, les étoiles filantes de la région mecquoise changèrent d'orientation. Une lumière éclatante jaillit de sa mère, Âmina (la « loyale »), après l'accouchement, de sorte qu'elle put apercevoir les souks de Syrie comme en plein jour. Le Diable lui-même, *Iblîs*, se mit à

19 À titre indicatif, 31 % du texte de la *Sîra* dans la traduction de Badawî concerne la narration d'avant la révélation de 610. Nous renvoyons à W. M. Watt, *Mahomet*, *op. cit.*, vol. I, p. 65 et suiv.

20 *Sîra*, p. 34s (trad. Badawî) [p. 30s, édition arabe] ; al-Tabarî, *La Chronique. Histoire des prophètes et des rois*, vol. I, *op. cit.*, p. 25.

flairer nerveusement le sol, sentant un danger tout proche, tandis que ses démons étaient chassés du sanctuaire de La Mecque par des anges armés de pierres. D'autres envoyés célestes vinrent aider sa mère en plein travail ; ils coupèrent le cordon ombilical, lavèrent l'enfant, qu'ils purent ainsi présenter à l'univers entier sans souillure et déjà circoncis. Enfin, une voix vint dire : « Tu as conçu le seigneur de cette nation [...], appelle-le *Muhammad.* » Comment ne pas retrouver ici les paroles de Gabriel à la Vierge : « Tu mettras au monde un fils que tu appelleras du nom de Jésus » (*Luc* 1, 31) ? Sa mère ne connut plus jamais les menstruations et même ses anneaux de fer aux bras – protection contre les démons – se brisèrent, désormais inutiles[21].

Toutes ces traditions populaires identifiaient le jeune Mahomet aux récits orientaux de la naissance d'un sauveur. La lumière aperçue par sa mère était comparable à l'illumination du monde à la naissance de Zarathoustra, ou à l'étoile des mages venus adorer l'enfant Jésus. En défendant la purification presque *in utero* du Prophète et la pureté physique de sa mère, l'islam opposait aux Byzantins chrétiens qu'il combattait une réplique arabe du messager de l'Évangile.

L'enfance de Mahomet fit l'objet d'une mise en récit sur les modèles bibliques et orientaux[22]. Les généalogistes musulmans aiment à rappeler que le grand-père de Mahomet, 'Abd al-Muttalib, fut à l'origine d'un prodige dans l'enceinte du sanctuaire païen de la Ka'ba. Alors qu'il dormait près de la Ka'ba, une voix lui ordonna de creuser[23]. L'ordre mystérieux lui fut répété quatre fois. À la quatrième, la voix lui lança : « Creuse Zemzem ! » 'Abd al-Muttalib ayant demandé ce qu'était Zemzem, il s'entendit répondre : « Elle ne s'épuise pas et n'est jamais à sec, elle abreuve de nombreux pèlerins. » L'homme comprit qu'une source était cachée non loin de là. Il se mit à creuser, découvrit une eau jaillissante au milieu du haram et il raviva la source que l'on croyait tarie depuis des générations. L'eau de ce puits s'avéra rapidement plus abondante que toutes les fontaines de La Mecque et ses propriétés particulièrement bienfaisantes[24]. En récompense, et parce que le sort

21 *Sîra*, p. 122-127 [p. 102-106] ; al-Tabarî, *La Chronique. Histoire des prophètes et des rois*, vol. I, *op. cit.*, p. 26-27.

22 W. M. Watt, *Mahomet*, vol. I, *op. cit.*, p. 56 et suiv.

23 « Ka'ba », *DC*, *op. cit.*, p. 465-467.

24 *Sîra*, p. 110s [p. 91s] ; al-Tabarî, *La Chronique. Histoire des prophètes et des rois*, vol. I, *op. cit.*, p. 53-56.

l'avait désigné, 'Abd al-Muttalib obtint la *siqâya*, le droit d'abreuver les pèlerins. Ce privilège, transmis dans la famille de Mahomet, et son origine prodigieuse assuraient à ses détenteurs un prestige moral et religieux, ainsi que des revenus confortables. 'Abd al-Muttalib est présenté comme préfigurant Mahomet, en renonçant aux cultes idolâtres. « Il avait au front la lumière de la prophétie et la splendeur de la royauté[25]. » Au cours d'un songe, il aurait vu un grand arbre dressé au milieu de son corps. Dans les cultes orientaux anciens, le symbolisme religieux fait de l'arbre un trait d'union entre ciel et terre. Son enracinement dans la chair de 'Abd al-Muttalib signifie donc qu'il se considérait comme un médiateur en pleine élévation spirituelle, voire en transe. C'est l'image biblique de l'échelle de Jacob.

L'enfant qui naît n'a jamais connu son père, 'Abdallâh, lequel aurait disparu quelques semaines avant sa naissance[26]. Ce décès poussait irrémédiablement sa famille dans la pauvreté, mais elle l'affranchissait aussi de la toute-puissance paternelle si importante dans les mentalités. Le père détient le droit de vie et de mort sur ses enfants et ses esclaves, notamment quand l'honneur est en jeu ou qu'une famine survient. Jusqu'à sa mort, le père de Mahomet aurait eu tout pouvoir sur ses choix, son mariage et sur sa vie en général. Dès la naissance, Mahomet était libre de son destin.

Le nouveau-né est confié par sa mère à une nourrice bédouine, Halîma, dont les seins dégorgent de lait à proximité de l'enfant. Mahomet porte en lui une telle bénédiction que, par sa présence dans la tribu bédouine, les terrains de pâture retrouvent leur verdure, les chamelles produisent du lait en abondance[27]. La tradition islamique a développé un épisode mystérieux survenu alors qu'il avait quatre ans. Sa nourrice se trouvait parmi les agneaux lorsque surgit son frère de lait : « Deux hommes vêtus de blanc ont pris ce Quraysh, mon frère, ils l'ont couché par terre et ils ouvraient son ventre ! » Halîma accourt et découvre le jeune Mahomet livide. « Ils ont ouvert mon ventre et cherchaient là-dedans je ne sais quoi. » Différentes traditions rapportent les souvenirs de Mahomet sur cet événement appelé la « Purification mystique ». Deux ou trois anges

25 *Sîra*, p. 132 [p. 111].
26 *Sîra*, p. 128 [p. 108] ; al-Tabarî, *La Chronique. Histoire des prophètes et des rois*, vol. I, *op. cit.*, p. 25.
27 *Sîra*, p. 127 [p. 107] ; al-Tabarî, *La Chronique. Histoire des prophètes et des rois*, vol. I, *op. cit.*, p. 29-31.

furent envoyés pour lui ouvrir la poitrine, enlever ses entrailles, les laver dans un bassin d'or, et faire de même avec son cœur dans la neige. Ils purent en extraire un caillot de sang noir. « C'est la part de Satan qui est dans tous les hommes », expliqua un ange. Ils pratiquèrent la pesée de ce cœur purifié, mais son poids dépassait celui de dix hommes, puis de cent et enfin de mille. L'un des anges conseilla d'abandonner le rituel : « Si tu le pèses par tout le poids de sa nation, il la dépassera ! » Alors ils remirent les entrailles et firent entrer dans son cœur la *sakîna* de Dieu, c'est-à-dire sa paix et sa présence, et imprimèrent entre ses omoplates la marque des prophètes, une tâche de la forme d'un œuf de pigeon. « Tu es né pur, maintenant tu es le plus pur[28]. »

Le récit de ce prodige est une interprétation du VIIIe siècle d'un passage coranique : « Ne t'avons-nous pas dilaté la poitrine et déposé loin de toi le fardeau qui pesait sur ton dos ? » (S. 94, 1-3). Plutôt que d'y voir une référence possible à un soulagement moral, la tradition islamique a préféré croire que Mahomet avait été lavé d'une marque satanique, et que les djinns ne pourraient jamais avoir prise sur lui. Il avait aussi reçu le don de la puissance divine en même temps que l'annonce de son rôle prophétique. Bien que l'islam ne professe pas la doctrine du péché originel, l'interprétation traditionnelle rapprochait une fois encore Mahomet de Jésus, purifié dès le sein maternel, né sans la faute d'Adam et Ève. Un récit identique a été découvert dans la légende de saint Timothée l'Anachorète, un ermite copte. Sans faire forcément référence au christianisme, l'épisode se rapproche encore de certains rituels archaïques d'initiation. Le jeune garçon est purifié avant d'être dépossédé d'une partie de lui-même, état qui lui permet d'entrer en transe du fait de la présence sacrée en lui.

Devenu adolescent, les prodiges ne cessent sur sa route, et de nombreux personnages inspirés reconnaissent en lui la marque d'une élection. Au cours d'un voyage commercial à Damas, la caravane d'Abû Tâlib, oncle de Mahomet, s'arrête à Buçrâ. « Ils y trouvèrent un moine appelé Bahîrâ qui habitait une cellule, raconte la Sîra. Il vivait toujours en moine, et puisait sa science dans un livre qui se trouvait dans la cellule », sans doute un Évangile. Mahomet entre donc en contact avec des chrétiens[29].

---

28 *Sîra*, p. 126 [p. 105] ; al-Tabarî, *La Chronique. Histoire des prophètes et des rois*, vol. I, *op. cit.*, p. 32-33.

29 Tor Andræ, *Les Origines de l'islam et le christianisme*, trad. Jules Roche, Paris, Adrien-Maisonneuve, 1955.

Bahîrâ voit arriver la caravane et les branches d'un arbre se pencher sur le jeune homme, le protégeant du soleil. « Bahîrâ regarda son dos, précise la *Sîra*. Il y aperçut le sceau de la prophétie entre ses deux épaules, à l'endroit indiqué dans le livre qui se trouvait chez lui. » Puis Bahîrâ, imitant les paroles du prêtre Syméon à propos de Jésus (*Luc* 2, 29-32) : « J'ai maintenant soixante-dix ans, et il y a bien longtemps que j'attends sa venue comme prophète. » Mahomet repart pour La Mecque avec son oncle[30]. La tradition a développé le même récit lors d'un second voyage en Syrie. L'enfant est reconnu comme prophète par un moine chrétien[31], Nastûr – sans doute un hérétique nestorien – et de multiples prodiges accompagnent sa route ; des anges protègent son chameau du soleil, des pierres l'acclament : « La paix soit avec toi, ô Apôtre de Dieu ! » Ces épisodes, qui ne sont mentionnés nulle part dans le *Coran* ou les hadith, sont probablement des constructions du VIIIe siècle montrant que la révélation islamique était recevable par le christianisme.

LES RÉCITS DE LA CONVERSION-RÉVÉLATION

Vers l'âge de quarante ans, Mahomet est devenu un homme grave, juste mais insatisfait. Se produit alors l'événement majeur de sa vie d'homme, la Nuit du Destin, peut-être à la fin du mois lunaire de ramadân, en l'an 610[32]. Mahomet dort dans une grotte du Mont Hîra, lorsqu'une présence le tire de son sommeil. Dans le récit de la *Sîra*, la vision et l'audition l'emportent sur l'inspiration intérieure[33]. Ses yeux sont aveuglés par une lumière éclatante d'où surgit l'ange Gabriel. À moitié endormi, Mahomet entend une parole qui tonne : « *Iqrâ* ! », c'est-à-dire « lis ». L'injonction est aussi traduite par « appelle » ou « récite », ce qui correspond mieux à l'illettrisme supposé du Prophète et donc à la nature prodigieuse de sa révélation. Le verbe *qaraa* (« répéter à haute

30 *Sîra*, p. 137-140 [p. 115-117] ; al-Tabarî, *La Chronique. Histoire des prophètes et des rois*, vol. I, *op. cit.*, p. 57-58.

31 *Sîra*, p. 142 [p. 119-120].

32 *Sîra*, p. 181-182 [p. 151-152] ; al-Tabarî, *La Chronique. Histoire des prophètes et des rois*, vol. I, *op. cit.*, p. 66-68.

33 W. M. Watt, *Mahomet*, vol. I, *op. cit.*, p. 70-72.

voix ») s'emploie pour les récitations publiques d'un texte sacré, en général appris par cœur, ainsi chez les chrétiens syriaques proclamant l'Évangile dans leurs liturgies. L'injonction reçue par Mahomet sonne comme un avertissement pour l'humanité, d'autant que la racine du verbe est celle du *Coran* lui-même, *al-Qurân* (« la récitation »).

N'ayant ni livre ni connaissance religieuse, Mahomet ne peut obéir à l'ordre surnaturel[34]. « Mais je ne sais pas lire », répond-il. L'être dont il ne devine pas encore l'apparence répète son ordre. « Récite/lis ! » – « Je ne sais pas lire » assure-t-il, apeuré. La terre tremble tout autour de lui, ses jambes ne le portent plus et une sueur abondante coule de son front. Il se sent secoué par cette présence inquiétante, comme possédé. À la troisième fois – comme Samuel – Mahomet accepte enfin de se soumettre au commandement de la voix. « Récite ! » – « Que dois-je réciter ? » Il écoute alors l'être mystérieux lui enseigner ce que la *Sunna* considère comme la première sourate révélée, la *'Alaqa* (le « Caillot de sang ») :

> Récite, au nom de ton Seigneur qui a créé, qui a créé l'homme d'un caillot de sang [ou : une goutte accrochée]. Récite, car ton Seigneur est très généreux, il a enseigné par le stylet, il a fait connaître à l'homme ce qu'il ne savait pas. Hélas ! L'homme est rebelle quand il se voit opulent. Voici, le retour se fera vers ton Seigneur (S. 96, 1-8).

Les historiens du *Coran* contestent que ces versets aient pu être les plus anciens, car leur message est déjà très construit et obéit à une perception de Dieu et de l'homme que Mahomet eut tardivement[35]. Les influences bibliques sont ici particulièrement fortes, alors qu'au début de sa vie spirituelle Mahomet connaissait très peu les écrits juifs et chrétiens. Les parallèles concernent la vénération d'un Dieu créateur ; le commandement de réciter ou de proclamer est identique chez Isaïe ; la référence à l'homme conçu à partir d'un caillot ou d'une goutte reprend une tradition rabbinique ; enfin, le titre même du livre hébraïque du Lévitique (*Wa-iqra* : « et il crie, il appelle »), qui recueille l'ensemble des prescriptions juives, correspond au *iqrâ* entendu par Mahomet.

Obéissant, celui-ci répète fidèlement les paroles entendues et se retrouve seul dans le silence de la grotte. Il en sort aussitôt, courant

34 *Sîra*, p. 183 [p. 153].

35 M. Gaudefroy-Demombynes, *Mahomet*, *op. cit.*, p. 70-76 ; O. Hanne, « Le *Coran* à l'épreuve de la critique historico-philologiques. Écueils de l'hypercritique, impasses de la littéralité », art. cité.

à perdre haleine à travers les rochers, partagé entre l'exaltation et le délire. C'est le lendemain soir que Khadîdja, inquiète, le voit rentrer à la maison, épuisé et tremblant[36]. Son épouse tente de l'apaiser, mais il a peur d'avoir été le jouet d'un djinn. « Couvre-moi ! » lui crie-t-il, expression souvent traduite par « Cache-moi ». « Couvre-moi, jusqu'à ce que la peur me quitte ! » Et Khadîdja de le protéger de son manteau, imitant le geste de Moïse devant le buisson ardent du Sinaï, se cachant le visage devant la présence divine.

Régulièrement durant trois ans, la même scène se répète. Mahomet parcourt la montagne, lieu privilégié de la rencontre surnaturelle, et la présence mystérieuse vient à lui. Le Mecquois se prosterne ou tombe de terreur, mais la voix le saisit. « Ô toi, qui es couvert d'un manteau, lève-toi pour avertir ! Ton Seigneur, magnifie-le ! Tes vêtements, purifie-les ! La souillure, évite-la ! Ne donne point pour recevoir ! Envers ton Seigneur, sois constant ! » (S. 74, 1-7). Dans ces paroles, tout le message coranique est déjà en germe, depuis la soumission à Dieu, sa glorification, la pureté rituelle et l'urgence d'avertir les hommes de leur jugement prochain. Mahomet redescend vers la vallée, à nouveau plongé dans l'angoisse, incapable de parler. Mais Khadîdja est informée par son cousin Waraqa de la venue d'un prophète[37] : « Mahomet sera le prophète de cette nation, affirme-t-il en paraphrasant Syméon devant l'enfant Jésus (*Luc* 2, 29-32). C'est le *nâmûs* descendu autrefois sur Moïse ! » Le terme arabe reprend le grec *nomos*, la « Loi », utilisé pour qualifier à la fois Jésus et la Torah. Waraqa, versé dans les textes bibliques, annonce ainsi la venue surnaturelle de nouvelles Écritures destinées à remplacer celles des juifs et des chrétiens.

Les écarts entre les récits de la tradition islamique et le *Coran* sont donc légion et dévoilent une nette évolution de la conversion-révélation qu'aurait vécue Mahomet. Si le *Coran* peut être considéré comme une source arabique, en grande partie pensée, si ce n'est rédigée, dans le milieu humain du Hedjâz, ce n'est pas le cas de la *Sunna*, dont les rédacteurs furent pour l'essentiel des convertis syriens, persans, égyptiens, marqués par le zoroastrisme, les formes hétérodoxes de christianisme,

---

36 *Sîra*, p. 184 [p. 154].

37 *Sîra*, p. 144-145 [p. 121-122] ; al-Tabarî, *La Chronique. Histoire des prophètes et des rois*, vol. I, *op. cit.*, p. 56, 67-68 ; Joseph Azzi, *Le Prêtre et le Prophète : aux sources du* Coran, trad. M. Garnier, Paris, Maisonneuve et Larose, 2001.

les cultes sabéens, ignorant tout de la steppe arabique, des djinns, des références religieuses de l'Arabie profonde. Leur propre culture – biblique et dualiste – influença nécessairement leurs écrits sur le Prophète, dont ils méconnaissaient les coutumes sociales originelles[38].

LE RETOUR À LA NATURE ORIGINELLE

La tradition islamique a élaboré une interprétation de la conversion de Mahomet – et donc de tout individu – assurant que son adhésion à Dieu n'est pas une révolution dans l'ordre de la foi mais un retour aux sources d'un monothéisme jamais oublié en Arabie, une redécouverte d'un état antérieur. Cette analyse s'opère à travers trois « objets narratifs » mythiques.

Le premier entend montrer que Mahomet n'a jamais adhéré aux cultes païens de La Mecque. Son père s'appelait ʻAbdallâh, « le serviteur de Dieu », mais un tel nom a probablement été réinventé pour laisser croire que la famille du Prophète était attachée à une sorte de monothéisme. Lorsqu'il était enfant, la protection divine veillait à lui éviter les embûches du mal[39]. Un jour, alors qu'il veut descendre en ville, peut-être pour aller prier les idoles ou profiter de la prostitution sacrée courante dans la région, un sommeil brutal arrête ses pas. Plus tard, cherchant à vénérer comme les autres un bétyle, une forme blanche s'intercale entre lui et l'idole, l'empêchant de se livrer au paganisme[40]. Mahomet ne jure jamais par les déesses mecquoise al-Lât ni al-'Uzza. Il est cependant difficile de suivre ces récits qui tentent d'épargner au jeune homme l'infamie de l'idolâtrie. En effet, le garçon se devait de pratiquer le culte ancestral, de sacrifier des animaux au dieu Hubal ou à l'une des déesses de la Ka'ba. Sa conscience religieuse personnelle dut prendre forme peu à peu, en même temps que sa conviction du Dieu unique, mais certainement pas avant l'âge adulte[41].

38 J. Chabbi, *Le Seigneur des tribus. L'islam de Mahomet*, *op. cit.*
39 *Sîra*, p. 143-144 [p. 120-121].
40 J. Chabbi, *Le Seigneur des tribus. L'islam de Mahomet*, *op. cit.*, p. 313 et suiv.
41 O. Hanne, *Mahomet, le lecteur divin*, Paris, Belin, 2013, p. 44.

La seconde narration légitimatrice est développée par la *Sîra* à travers les *hunafâ* (les « fervents »). Dans le *Coran*, le terme *hanîf* au singulier renvoie à Abraham, le premier à avoir cru en un Dieu unique[42], mais dans la *Sîra* il désigne ces Arabes non conformistes, devins, mi-ascètes mi-inspirés, qui négligeaient les cultes traditionnels[43]. Sans forcément adhérer au judaïsme ou au christianisme, ils en connaissaient les livres saints. Les *hunafâ* cherchaient à vénérer un dieu supérieur aux autres qu'ils appelaient *al-ilâh*, « le dieu », expression qui devint un nom propre, *Allâh*, « Dieu ». Dénués de tout dogme, isolés dans les rochers des montagnes ou les déserts, les hunafâ professaient des croyances très libres et mal définies qui cohabitaient d'ailleurs avec la pratique des ambulations autour de la Ka'ba, des sacrifices et le maintien de divinités inférieures. Certains, versés dans les écritures juives et chrétiennes qu'ils lisaient en syriaque ou en araméen, pensaient retrouver la vraie religion, celle d'Abraham, perdue depuis longtemps. Plus qu'à un réel monothéisme, ils aspiraient probablement à une forme d'hénothéisme, priant seulement le Hubal de La Mecque ou le Yahwé de la Torah, sans renier les autres divinités.

Toutefois, l'existence de ces *hunafâ* n'est attestée que par la tradition islamique, d'où la suspicion des historiens[44]. Afin de préserver Mahomet de l'infamie du paganisme et le rattacher directement au monothéisme biblique, les savants musulmans auraient élaboré une lignée légendaire de croyants restés purs, monothéistes, depuis Abraham jusqu'à Mahomet, dont le rôle fut d'exhumer cette foi qui sommeillait chez les *hunafâ*. Grâce à cette élaboration complexe mais inconciliable avec la Torah, le *Coran* reconnaît en Abraham le premier *hanîf* et aussi le premier musulman : « Qui donc est le meilleur en religion [...], sinon celui qui suit la religion d'Abraham, le fervent (*hanîf*) ? » (S. 4, 125).

Enfin, la dernière narration justifiant la conversion de Mahomet vise à démontrer que celle-ci n'est que la redécouverte du vrai judaïsme et du vrai christianisme, trahis par leurs adeptes[45]. Tous les anciens prophètes furent musulmans, sous la forme des *hunafâ*, d'Abraham jusqu'à Jésus et Moïse : « Abraham ne fut ni juif ni nazaréen [c'est-à-dire chrétien], mais il

42 Exemples : S. 16, 121 ; 30, 29 ; 10, 105, etc. ; « Hanîf », *DC*, *op. cit.*, p. 381-384.

43 *Sîra*, p. 146s [p. 123s] ; al-Tabarî, *La Chronique. Histoire des prophètes et des rois*, vol. I, *op. cit.*, p. 38-40.

44 M. Gaudefroy-Demombynes, *Mahomet*, *op. cit.*, p. 68-70.

45 « Falsification », *DC*, *op. cit.*, p. 333-335.

fut fervent (*hanîf*) et soumis / musulman (*muslim*) » (S. 3, 67). Forcément, la Torah et l'Évangile ont été falsifiés par les juifs et les chrétiens. À chaque communauté a été envoyée en son temps une partie du *kitâb* céleste, mais juifs et chrétiens ont déformé ce qu'ils en ont reçu : « Si tu es dans le doute au sujet de la révélation, lui conseille Dieu, interroge ceux qui ont lu le Livre avant toi » (S. 10, 94). Ni les juifs ni les chrétiens ne sont en mesure de défendre leurs égarements théologiques par les livres révélés : « Apportez donc la Torah, lisez-la, si vous êtes véridiques ! » (S. 3, 94). Le rôle de Mahomet est de faire revenir l'humanité au message authentique et originel. Le *Coran* est donc un retour aux sources : « Dieu ne vous a imposé aucune gêne dans la religion, la religion de votre père Abraham. Lui, jadis, vous a appelés les pacifiés (*al-muslimûn*), et cela pour que l'envoyé soit votre témoin » (S. 22, 78). Ces perspectives expliquent pourquoi le *Coran* refuse la Trinité et la divinité du Christ tout en acceptant son identité prophétique[46].

CONCLUSION
Un modèle de conversion

Selon les récits islamiques, c'est dès sa conversion que Mahomet a revêtu la figure du Prophète et du messager, alors que le *Coran* semble hésitant ou attaché à des modèles arabiques plus que bibliques. Quoi qu'il en soit, cette conversion, qui apparaît si différente entre le livre sacré et la tradition ultérieure, fait figure de modèle pour tout individu. Elle est indissociable d'une révélation du *Coran*, car contrairement au Prophète, on se convertit par le livre, et non par une inspiration intérieure ou une rencontre divine. Cette découverte du texte céleste, copiée sur celle du Prophète, est une *tawba*, à la fois un « retour » et un « repentir » : un retour aux sources de toute foi authentique et un repentir qui efface les fautes commises. C'est le titre même de la Sourate 9, *Al-Tawba* :

> Si vous vous repentez (*tubtum*), alors tant mieux pour vous, et si vous tournez le dos, sachez alors que vraiment vous ne rendrez pas Dieu impuissant. Et annonce un châtiment douloureux à ceux qui mécroient [...] Si ensuite ils se

46 S. 43, 57-59 ; 5, 17 ; 4, 171, etc.

> repentent et établissent la prière et acquittent l'impôt, alors ils seront vos frères en religion [...]. Mais si après le pacte ils violent leurs serments et attaquent votre religion, alors combattez les meneurs de la mécréance (S. 9, 3-9).

La conversion ayant valeur de purification, elle est sans rémission, sans retour en arrière, sous peine de basculer dans l'apostasie (le *murtadin*) et donc la damnation.

Olivier HANNE
Islamologue
Professeur aux écoles militaires
de Saint-Cyr – Coëtquidan

SAMAW'AL IBN 'ABBÂS AL-MAGHRIBI, POLÉMISTE MUSULMAN D'ORIGINE JUIVE (*CA* 1125-1175)

Parmi les auteurs ayant polémiqué contre les Juifs en terre chrétienne, les convertis figurent d'une manière saillante, comme en témoignent les nombreux pamphlets anti-judaïques dus aux apostats d'origine juive. Cette abondance contraste singulièrement avec la rareté de ce genre d'écrits dans le monde musulman, composés par des apostats d'origine juive. Abstraction faite des nombreux cas de conversions collectives forcées sous l'islam, l'apostasie individuelle et volontaire des Juifs vers la religion islamique est, somme toute, un phénomène peu fréquent. De surcroît, la rareté d'écrits polémiques composés par des musulmans d'origine juive est peut-être indicative du peu d'enthousiasme que les convertis portaient à leur religion adoptive.

Le cas insolite du médecin et du mathématicien Samaw'al b. Yahya Ibn 'Abbâs al-Maghribi (*ca* 1125-1175) échappe à cette généralisation, tout comme il se soustrait à la typologie générale des transmutations résultant d'une réflexion intellectuelle et spirituelle longuement mûrie[1]. Ce n'est pas uniquement en raison de son profil atypique qu'Ibn 'Abbâs laissa une trace profonde sur la littérature polémique. Sa conversion était non seulement volontaire et publique, mais elle était mue apparemment par une conviction assez forte pour l'inciter ensuite à rédiger un pamphlet qui en faisait l'apologie. Ce pamphlet constitue par ailleurs la première critique musulmane enregistrée dirigée spécifiquement contre la religion juive[2]. Jusque-là les polémistes musulmans concentraient leurs efforts

1 Sur Ibn 'Abbâs, voir Samaw'al al-Maghribî, *Ifhâm al-yahûd, The Silencing of the Jews*, éd. et trad. M. Perlmann, New York, 1964 et M. Perlmann, « Samau'al (Samuel) ben Judah Ibn Abbas », *Encyclopædia Judaica* 14, fols. 760-761. Voir aussi S. Stroumsa, « On Jewish Intellectuals who Converted in the Early Middle Ages », *The Jews of Medieval Islam, Community, Society, and Identity*, dir. D. Frank, Leide, E. J. Brill, 1995, p. 179-197, en part. 191-197.

2 Sur cette littérature, voir M. Steinschneider, *Polemische und apologetische Literatur in arabischer Sprache zwischen Muslimen, Christen und Juden*, Leipzig, 1877, et M. Perlmann,

sur la réfutation du christianisme, leur principal rival militaire, politique et religieux, tandis que les attaques à l'encontre du judaïsme formaient des appendices aux traités essentiellement anti-chrétiens[3].

Samaw'al Ibn 'Abbâs naquit à Bagdad mais son toponyme al-Maghribi « l'occidental » indique que sa famille était originaire de l'Occident musulman. Sans doute s'était-elle refugiée en Orient à l'époque des conversions forcées des Almohades. Ibn 'Abbâs devint un savant renommé du XIIe siècle et, selon G. Shawki, le théorème binomial exposé dans son *Bâhir fî l-jabar* (*Le Magnifique en algèbre*), place Samaw'al au tout premier rang des algébristes médiévaux[4]. Sa compétence en médecine, qu'il pratiqua en Irak, en Syrie, en Kurdistan, et en Azerbaïdjan, le recommanda aux hauts dignitaires musulmans. Aussi, devint-il le médecin particulier des princes de Marâgha, capitale d'une des nombreuses principautés érigées sur les ruines de l'empire seljoukide.

C'est à Marâgha même qu'il embrassa en 1163 la religion islamique, à la grande satisfaction de ses patrons musulmans qui félicitèrent le savant juif d'avoir perçu la lumière de la véritable foi. Selon son propre récit, la nuit même de son ralliement à l'islam, il entreprit la rédaction d'une réfutation du judaïsme intitulé *Ifhâm al-yahûd* ou « La Confusion des Juifs », dans laquelle il essaya de justifier son apostasie sous forme d'un tract *contra judæos*. Conscient de l'insuffisance des traités des polémistes musulmans antérieurs, notre apostat décida de mettre ses connaissances juives au service de la cause musulmane afin d'assister les croyants dans leurs disputations avec des Juifs.

Vu les circonstances de sa conversion, l'on pourrait suspecter que celle-ci avait été motivée par le désir d'ascension sociale. D'ailleurs, une épître anonyme a été conservée qui se révèle très moqueuse de son apostasie, la qualifiant d'un caprice et d'un excès de folie. Ibn 'Abbâs répliqua quatre ans plus tard en entreprenant une nouvelle rédaction du tract, accompagnée d'un récit autobiographique des motifs de sa conversion.

« The Medieval Polemics between Islam and Judaism », *Religion in a Religious Age*, dir. S. D. Goitein, Cambridge, Mass., 1974, p. 103-138.

3 On pense notamment au *Kitâb al-fisal* de l'andalou Ibn Hazm (994-1064). Voir, sur lui, H. Lazarus-Yafeh, *Intertwined Worlds : Medieval Islam and Bible Criticism*, Princeton, 1992.

4 Galal Shawki, « Formulation and Development of Algebra by Muslim Scholars », *Islamic Studies* 23 (1984), p. 347. Voir aussi S. A. E. Bajri, « Arithmetic, Induction, and the Algebra of Polynomials : Al-Samaw'al and his "Splendid Book of Algebra" », PhD dissertation, Université de Canterbury, Nouvelle-Zélande, 2011, p. 26-35.

Cette introduction qui ajoute un élément supplémentaire d'introspection religieuse, est d'un intérêt considérable vu la rareté du genre autobiographique dans la littérature arabe médiévale[5]. Son exercice d'autoportrait compte parmi les meilleurs récits autobiographiques composés par des convertis. Dans cette deuxième version de son pamphlet, Samaw'al laissa une place importante à la description d'une série de songes qui forme un élément significatif dans son processus de conversion.

À l'époque médiévale, le rêve constitue un *topos* fréquent dans les mutations spirituelles dont il existe de nombreux exemples dans toutes les traditions religieuses[6]. Le narratif qu'Ibn 'Abbâs construit se conforme aux stéréotypes littéraires bien attestés. Cependant, ce nouvel élément nécessita une explication des raisons pour lesquelles il ne l'avait pas publié auparavant.

Craignant qu'elles ne soient accueillies avec scepticisme, Samaw'al se serait abstenu de publier ses visions oniriques, au cours desquelles il aperçut tour à tour le prophète Samuel et Mahomet, prétendant qu'il évita de les publier de peur qu'elles ne soient accueillies avec scepticisme. Il insista sur le fait que ce ne furent pas ses expériences religieuses mais des arguments rationnels et des conclusions logiques dictés par son esprit mathématique qui le conduisirent à embrasser l'islam ; les songes ne jouèrent aucun rôle sinon pour en déterminer le moment du passage à l'acte.

Jugeant cette justification peu plausible, F. Rosenthal pensa plutôt que l'auteur adopta un « style de converti » et fabriqua le songe comme un expédient littéraire pour favoriser la diffusion de son tract. Comme le narratif de ses rêves avait un but idéologique on peut soupçonner qu'effectivement les frontières entre les faits et la fiction se soient estompées.

De surcroît, Samaw'al fournit un autre motif pour son silence initial, qui se prêterait à une analyse psychologique. Au gré de l'auteur, sa volonté de conversion était irréalisable tant qu'il vivait à proximité de son père afin de ne pas peiner ce dernier :

> Pendant quelques temps, dit-il, par déférence pour mon père, j'ai maintenu cette conviction sans pour autant pratiquer les rites musulmans. Car il m'aimait

5 Comme le remarque Franz Rosenthal dans sa monographie *Die arabische Autobiographie*, Rome, 1937, p. 27. Samaw'al y occupe une place à côté des mystiques musulmans al-Muhâsibi et al-Ghazali.

6 Voir M. Garcia-Arenal, « Dreams and Reason : autobiographies of converts in religious polemics », *Conversions islamiques, identités religieuses en Islam méditerranéen*, dir. M. Garcia-Arenal, Paris, Maisonneuve & Larose, 2001, p. 89-118.

> intensément, pouvant à peine vivre sans moi tant qu'il m'était attaché. Il s'était soucié de mon éducation dès ma prime enfance, m'instruisant des disciplines fondées sur la démonstration logique, et formant ma réflexion et mon esprit en mathématiques et en géométrie. Longtemps la direction divine m'a été retenue, et cette incertitude, due à la considération pour mon père, ne m'abandonna point jusqu'à ce que le voyage me séparât de lui et mon lieu de résidence fût loin du sien. Toutefois, je persistai dans le respect que je lui portais et dans l'effort d'éviter un acte qui lui ferait de la peine[7].

Sama'wal clôt son récit avec l'évocation d'une lettre qu'il adressa à son père qui résidait alors à Alep lui exposant les motifs irrécusables de sa conversion, y compris sa série de rêves. Son père se mit aussitôt en route pour aller à sa rencontre – probablement pour le persuader de revenir à la foi juive – mais la mort le surprit en route et il décéda à Mossoul. Ce dénouement comporte manifestement une dimension symbolique. En « faisant mourir » son père, qui cherchait certainement à le faire revenir sur sa décision, Samaw'al paracheva le rejet de sa religion ancestrale.

Son autobiographie débute par une description de ses origines et de sa lignée, ainsi que du raffinement culturel de ses parents. Avec une fatuité déconcertante, l'auteur relate sa prime enfance et son éducation, glorifiant exagérément non seulement ses accomplissements intellectuels dans les domaines scientifique et littéraire mais aussi la part providentielle dans sa réussite sociale.

Se comparant au prophète Samuel, dont il portait le nom, il demeura convaincu qu'il était prédestiné à la grandeur. En effet, sa mère qui se nommait Hanna, était restée longtemps sans enfant comme son homonyme biblique. À la suite un rêve prémonitoire, elle conçut un enfant auquel elle donna le nom de Samaw'al.

L'auteur évoque ensuite l'affection paternelle dont il fut entouré. D'après son récit autobiographique, le père de Samaw'al, qui se nommait Juda, était un lettré, auteur d'une œuvre littéraire en prose hébraïque aussi bien qu'en poésie. Certains ont voulu l'identifier avec le poète liturgique Juda ben Samuel Ibn 'Abbâs, d'origine andalouse, dont les compositions ornent encore la liturgique sépharade[8].

De son père, Samaw'al reçut une éducation traditionnelle en hébreu, à savoir l'étude de la langue hébraïque, la *Bible* et ses commentaires, mais

---

7 Samau'al al-Maghribî, *Ifhâm al-yahûd*, *op. cit.*, p. 118-120.

8 Voir sur lui l'article « Ibn Abbas, Judah », *Encyclopaedia judaica*, vol. 8, p. 1151.

aussi une formation en littérature arabe, y compris la poésie, l'histoire, et la lecture des romans chevaleresques. Sous la direction de précepteurs éminents, le jeune adolescent poursuivit des études de mathématiques, d'astronomie, et de la théorie et la pratique de la médecine. Il eut comme maître à Bagdad le médecin et philosophe juif Abû l-Barakât Ibn Malka (1077-1164), dont l'œuvre philosophique a été analysée jadis par Salomon Pinès[9]. Un de ses condisciples fut peut-être le jeune poète Isaac fils d'Abraham Ibn 'Ezra, originaire comme lui de l'Occident musulman. Il est digne d'intérêt que son maître, Abû l-Barakât, ainsi que ses deux disciples se convertirent à l'islam. Abû l-Barakât passa à l'islam à un âge très avancé, tandis qu'Isaac fut rongé par le remords. Seul Samaw'al se fit fort de justifier par un écrit son passage à la religion dominante.

Il décrit sa soif de connaissances qui lui faisait oublier parfois de manger, tant il était absorbé par ses lectures. Avant d'avoir atteint l'âge de vingt ans il était déjà un érudit confirmé. Il composa une série d'ouvrages sur les mathématiques et la médecine qui lui valurent une réputation étendue, si bien que les historiens de la médecine arabe, Ibn al-Qifti dans son *Ta'rîkh al-hukamâ'* et Ibn Usaybi'a dans son *Tabaqât al-atibbâ'* lui consacrèrent une notice[10].

C'est sa formation mathématique et logique qui le poussa à se poser des questions sur les différences entre les fois religieuses, engendrant les options intellectuelles qui l'amèneront inexorablement sur la voie de la conversion. À ce propos, Samaw'al explique que la lecture de chroniques historiques joua un rôle significatif. Il y apprit l'importance de l'islam et les événements historiques provoqués par ses grandes figures. Ces lectures lui procurèrent également une grande sensibilité vis-à-vis de la rhétorique. Il dit avoir reconnu dans l'éloquence du *Coran*, son caractère miraculeux. Selon ses dires, bien plus que dans la spéculation rationaliste, ce fut dans ces lectures qu'il trouva la justification la plus probante de sa conversion.

Curieusement, dans son argumentation Ibn 'Abbâs ne recourt point à la littérature théologique et philosophique, tant juive que musulmane. Étrangement, sa réflexion repose sur la lecture d'un livre non philosophique qui est sa seule référence spéculative. Il s'agit de la préface d'un livre de fables emblématiques, *Kalila wa-Dimna*, de surcroît une

9 S. Pinès, *Nouvelles études sur Abû l-Barakât al-Baghdâdî*, Paris, Librairie Durlacher, 1955.

10 L. Leclerc, *Histoire de la médecine arabe*, vol. 2, Paris, 1876, p. 14-18.

source neutre puisqu'elle était d'origine indienne[11]. Cet écrit est la version arabe du célèbre recueil d'apologues indiens du Panchatantra due à l'humaniste d'origine persane Ibn Muqaffaʿ (*ca* 720-756). Suspecté d'hérésie, ce dernier fut condamné à un affreux supplice. Ce fut tout particulièrement l'introduction attribuée à Bardhawayh, empreinte de rationalisme, qui conduisit Samaw'al à douter des traditions reçues et à croire en la véracité de la mission mahométane.

> Puis [...] je me suis interrogé sur les différences parmi les hommes quant aux confessions et aux doctrines religieuses. Mon investigation de ce sujet fut grandement stimulée par ma lecture de l'épître de Bardhawayh le médecin, dans le livre *Kalila wa-Dimna*[12].

En effet, cet ouvrage fut préfacé par une notice autobiographique de la plume de Bardhawayh. Celui-ci apparaît comme un humaniste et un sceptique, qui fait montre d'une grande liberté d'esprit dans son apologie de la raison humaine et sa critique des religions révélées :

> J'ai trouvé qu'il y a de nombreuses religions et doctrines dont les adeptes sont différents les uns des autres. Certains héritèrent leur foi de leurs ancêtres, tandis que d'autres l'adoptèrent par crainte ou coercition, d'autres encore l'adoptèrent dans l'espoir d'obtenir des richesses, des jouissances ou du prestige. Pourtant, chacun prétend que sa religion est la vraie et que quiconque le contredit vit dans l'erreur et l'illusion.
>
> Je décidai alors de fréquenter les savants et les chefs de chaque faction religieuse et d'examiner leurs enseignements et leurs prescriptions dans l'espoir que peut-être j'apprendrai à distinguer le vrai du faux sans être obligé d'accepter par autorité d'autrui une chose que je ne pouvais connaître ou comprendre moi-même. Je poursuivis ce projet d'étude et d'investigation. Mais, je découvris que tous ces gens ne faisaient que répéter ce qu'ils avaient reçu en héritage. Chacun louait sa propre religion et maudissait celle de ceux qui étaient en désaccord avec lui. Il me devint clair que leurs conclusions étaient basées sur des illusions et que leur discours n'était point motivé par un esprit de justice. En aucun, ne trouvai-je ce degré d'honnêteté et de droiture qui induirait une personne rationnelle à accepter leurs paroles et en être satisfait[13].

Pour sa part, Samaw'al déclare de même que ce n'est pas l'héritage ou la tradition religieuse qui doivent obliger un individu à adhérer à une

---

11 *Le Livre de Kalila et Dimna*, trad. A. Miquel, Paris, 1957.

12 *Cf.* M. Perlmann, « The Medieval Polemics Between Islam and Judaism », art. cité, p. 115.

13 Ibn al-Muqaffaʿ, *Kalila wa-Dimna*, éd. L. Cheikho, Beyrouth, 1905, p. 33-34.

religion spécifique, mais seule la raison doit en légitimer le fondement. Il en vint à se poser des questions métaphysiques :

> Je me suis rendu compte alors que si la raison est à la base de l'adhésion aux religions héritées des générations précédentes [...] il est nécessaire de faire de la raison l'arbitre suprême. Et si nous établissons la raison comme juge suprême de ce que nous apprenons par transmission de nos ancêtres, nous nous rendons compte que la raison ne nous oblige point à accepter la tradition ancestrale seulement parce qu'elle a été transmise par nos aïeux sans en examiner la pertinence. Elle nous oblige à accepter la tradition uniquement si elle est une vérité en soi et s'il y a une preuve de sa solidité. La référence seule aux aïeux et aux ancêtres, ne constitue pas une preuve. Si elle en était une, on devrait l'appliquer à toutes les religions et sa règle devrait être étendue généralement à toutes les affaires de notre monde. Car sans la raison qui nous ordonne de suivre les prophètes et les apôtres et d'avoir confiance en nos anciens et les autorités du passé, nous n'aurions rien accepté de ce qui était transmis par leur autorité[14].

Or, ce n'est pas le seul élément que Samaw'al emprunte à Bardhawayh, qui fut, comme lui, médecin. Le récit autobiographique du sage indien débute par sa généalogie, la vie de ses parents, et l'éducation et l'amour qu'ils lui ont prodigués. Puis, il dévoile, tout comme plus tard Ibn 'Abbâs, sa quête du savoir et l'étude scientifique des religions.

La mise en question de la tradition n'est pas une idée très courante en islam. Aussi étonnant qu'il paraisse, l'argument en faveur de l'égalité des religions et ses conclusions universalistes avait déjà cours depuis le xe siècle auprès de sceptiques et de libres-penseurs musulmans, tel que le philosophe Muhammad al-Râzî (*ca* 854-935), qu'Ibn 'Abbas connaissait probablement bien. Comme Bardhawayh, Al-Râzi (Rhazès) réfute toutes les religions établies à partir du moment où elles emploient des arguments équivalents pour démontrer leur validité. On perçoit effectivement des échos de cette critique rationaliste du fidéisme auprès d'Ibn 'Abbas, sauf qu'il ne rejette pas en bloc toutes les confessions mais fait valoir un certain relativisme religieux. Chez lui ce sont les ancêtres des Juifs et ceux des non Juifs qui doivent être mis au même niveau quant à leurs chaînes de transmission.

Samaw'al pense que les mêmes preuves logiques invoquées en faveur de la véracité de la mission de Moïse peuvent être appliquées aux cas de

14 Samau'al al-Maghribî, *Ifhâm al-yahûd*, *op. cit.*, texte arabe p. 103, texte anglais p. 79. Traduit par nos soins (Paul B. Fenton).

Jésus ou de Mahomet. Par conséquent, on doit soit les accepter tous les trois, soit les rejeter. Les rejeter totalement ne serait guère une solution raisonnable, étant donné que chaque prophète a prodigué à l'humanité la bonne voie et la bonne gouvernance. Par conséquent, il serait recommandable de les accepter toutes, comme le fait l'islam qui reconnaît la validité des prophètes antérieurs. Cette réflexion aboutit au rejet par Samaw'al de la loi de Moïse en faveur de celle de Jésus et de Mahomet, dont les garanties de transmission, tout en s'appuyant sur les mêmes arguments que ceux avancés par les Juifs, s'avèrent plus fiables.

De la dernière partie de sa vie, nous ne connaissons rien. Sama'wal mourut vers 1175 et il semble que sa progéniture pratiquait aussi la médecine.

LE IFHÂM AL-YAHÛD

Il convient de caractériser brièvement le tract anti-juif de l'auteur dans la mesure où il est, comme déjà dit, le pamphlet polémique le plus ancien conservé dirigé spécifiquement contre les Juifs et leur foi, produit de surcroît par un renégat d'origine juive.

Quelques mots s'imposent au sujet du contenu de sa composition, dont voici les chapitres :

1. Introduction.
2. Convaincre les Juifs d'admettre l'abrogation.
3. Convaincre Juifs et chrétiens à accepter l'islam avec des preuves rationnelles.
4. Établir l'abrogation sur la base de leurs propres sources.
5. Un autre argument dans ce sens.
6. Un argument supplémentaire.
7. Convaincre les Juifs à accepter la prophétie de Jésus.
8. Convaincre les Juifs à accepter la prophétie de Mahomet.
9. Opinions des Juifs au sujet de Jésus.
10. Versets et allusions à la prophétie de Mahomet dans la Tora.
11. Allusion à son nom dans la Tora.
12. Les passages de la Tora relatifs à la prophétie de Moïse, de Jésus et de Mahomet.
13. Réfutation de la prétention des Juifs d'être le peuple élu.
14. Quelques aspects de leur incroyance et la falsification de la Tora.

15. Comment la Tora fut falsifiée.
16. Opinions des Juifs au sujet de l'islam.
17. Démonstration de certaines de leurs ignominies.
18. Causes de l'accroissement du fardeau qu'ils s'imposent.
19. Épilogue.

Après son introduction, l'auteur aborde la pierre d'achoppement entre judaïsme et islam – la question de l'abrogation. La foi des Juifs est fondée sur la fidélité à la tradition ; mais cette tradition est-elle fiable ?

Ibn 'Abbâs s'attaque à la fiabilité de la tradition scripturaire juive en démontrant que, selon lui, sa transmission est lacunaire et que, par conséquent, sa nature est défectueuse et altérée. Au gré de notre polémiste, le texte biblique est un pastiche composé par Esdras, un prêtre aaronide qui chercha à diffamer la maison royale d'ascendance davidique, notamment à travers les récits scandaleux de Loth et de Moab (*Gen.* 19, 30-37), et de Juda et Thamar (*Gen.* Ch. 38), tous ancêtres du roi David. Pour Samaw'al, ces récits reflètent l'antagonisme politique entre la caste sacerdotale et la maison royale. En outre, la recension transmise par Esdras déshonore les prophètes, car elle emploie des anthropomorphismes qui sont incompatibles avec la conception théologique de la Divinité. Par exemple, comment peut-on dire de Dieu qu'il regretta ses actions (*Gen.* 6, 6) ? Partant, dans sa transmission la révélation hébraïque originelle a été altérée et déformée. Aussi, ces déformations invalident-elles la loi mosaïque dans sa forme présente, ce que les Juifs nient avec entêtement.

D'autre part, en s'inspirant des polémiques caraïtes à l'égard du rabbinisme, Ibn 'Abbâs tourne en dérision le développement de la littérature post-biblique à partir des traditions orales. D'ailleurs, les différences entre Rabbanites et Caraïtes donnent matière à réflexion sur la cohérence de la tradition juive.

Il dresse un inventaire des aspects négatifs de la loi juive, notamment dans le domaine du culte, dont il considère le rituel absurde et dégradant. Toutes les institutions post-bibliques (jeûnes, coutumes, ordonnances, lois alimentaires), imposées et transformées par les rabbins au gré des circonstances historiques et sociales, ont entraîné des modifications de la loi mosaïque et entraînent du coup son abrogation.

Cependant, sans se rendre compte du caractère contradictoire de sa démarche, Samaw'al fait confiance à la *Bible* en y décelant, parfois à l'aide du procédé exégétique arithmologique connu sous le nom de *gematriya*, un certain nombre d'allusions à l'avènement de Mahomet[15].

En discutant du caractère messianique de Jésus, il critique le particularisme du peuple juif, exprimé par leur sentiment d'élection.

Dans son épilogue, il fait le constat que la religion juive gêne ses adeptes car à cause d'elle ils sont persécutés par la société environnante. Cette persécution est le résultat de leur particularisme obsolète et de leur ségrégation. En plus, ils furent induits en erreur par leurs rabbins. À l'instar de la démarche étiologique d'un médecin, il opère le diagnostic des maux des Juifs et prescrit une thérapeutique faite de pragmatisme. Comme le but final de toutes les religions est le bien-être social, il préconise l'intégration des Juifs dans la société musulmane par leur adoption de l'islam. En se débarrassant de leur héritage encombrant, les Juifs seraient libres de rejoindre la société majoritaire. En somme, c'est la solution pour laquelle il opta lui-même.

Le traité polémique d'Ibn 'Abbâs connut une grande fortune en milieu musulman en tant qu'arsenal d'arguments contre les Juifs et le judaïsme tirés non seulement de la critique textuelle mais aussi celle des rites pratiqués. Mis à contribution par de nombreux auteurs musulmans ultérieurs, il eut un impact considérable et devint un manuel de référence majeur. La quasi-totalité de toute la polémique islamique ultérieure dirigée contre le judaïsme s'en inspira directement ou indirectement. Par exemple, Al-Qarâfi, actif en 1285, mit à contribution plusieurs extraits dans sa polémique anti-juive, sans parler des célèbres théologiens Ibn Taymiyya (1263-1328) et son disciple Ibn Qayyim al-Jawziya (m. 1351).

Il existe un nombre relativement grand de manuscrits en arabe dont le plus ancien est celui de Téheran daté de 1286. Les citations bibliques y figurent cependant en hébreu en caractères hébreux ce qui amena certains spécialistes à croire qu'il s'agit d'une copie faite sur l'autographe d'Ibn 'Abbâs. Le manuscrit de Paris, daté de 1334, contenant l'autobiographie, fut exploité par l'historien de la pensée arabe Salomon Munk dès 1842. Les manuscrits continuèrent à être diffusés jusqu'au XXe siècle lorsque le texte fut publié au Caire sous les auspices d'al-Azhar en 1939.

Malgré ses vantardises, l'auteur de la *Confusion des Juifs* fait preuve, en réalité, d'un savoir juif assez ténu. Aussi, du côté juif, le pamphlet

15 Certains sont déjà classiques *Gen.* 17, 20 ; *Deut.* 18, 15-18.

ne suscita point de réfutations systématiques, tant ses arguments étaient faibles et peu convaincants.

Néanmoins des échos peuvent être détectés dans l'*Épître au Yémen* du grand théologien et philosophe juif Moïse Maïmonide (1135-1205). On sait que dans cette composition le dirigeant du judaïsme égyptien chercha à réconforter ses coreligionnaires convertis de force à l'islam au Yémen, en leur apportant des réfutations des attaques musulmanes à l'encontre du judaïsme. Certains de ses arguments semblent viser les positions de Samaw'al. Par exemple, il démontre la faiblesse de l'argument de l'annonce de l'avènement de Mahomet basé sur la *gematriya.* Maïmonide soutient l'élection collective du peuple juif, même si des Juifs individuels furent écartés par Dieu et certains non Juifs furent comblés de ses faveurs. Dans ses treize articles de la foi juive, Maïmonide pose comme un dogme l'éternité de la Tora et sa non-abrogation.

Dans son traité comparatif des trois religions monothéistes intitulé *Tanqîh al-adyân al-thalâth* (« L'*Examen des trois fois* »), Sa'd ibn Mansur ('Izz Al-Dawla) Ibn Kammûna, philosophe et médecin (m. 1284), qui connaissait les écrits d'Ibn 'Abbas, utilise ses arguments anti-juifs pour représenter la position de la théologie musulmane vis-à-vis du judaïsme. En même temps, il ridiculise son niveau intellectuel et met en doute la sincérité de ses motifs, l'accusant de s'être converti afin de courroucer les Juifs[16].

Peut-être l'avait-il à l'esprit quand il écrivit :

> C'est pourquoi jusqu'à ce jour, nous ne voyons jamais un individu [juif] se convertir à l'islam sinon sous l'effet de l'intimidation, ou à la recherche de pouvoir, ou afin d'éviter une lourde taxation, ou afin d'échapper à l'humiliation, ou parce qu'il s'est amouraché d'une musulmane ou un mobile analogue. Nous ne voyons jamais non plus un pieux non musulman, respecté et bien instruit dans sa religion et celle de l'islam, embrasser la foi islamique sans que ce soit pour une de ces raisons[17].

16 L'examen de la critique des trois religions monothéistes, trad. Simon Bellahsen, Paris, J. Vrin, 2002, p. 82 et 175. Sur Ibn Kammûna, voir R. Pourjavady et S. Schmidtke, *A Jewish Philosopher of Baghdad, 'Izz al-Dawla Ibn Kammûnaa (d. 683/1284-85) and His Writings*, Leiden, E.J. Brill, 2006.

17 Ibn Kammuna, *L'Examen de la critique des trois religions monothéistes*, avant-propos et trad. S. Bellehsen, Paris, J. Vrin, 2012, p. 182.

Des auteurs postérieurs évoquent Ibn 'Abbas avec répugnance. Aussi tardivement qu'au XVIIe siècle, l'historien juif égyptien, Joseph Sambarî (1640-1703) lui consacra une notice dans sa chronique *Dibrey Yôsef*, qui nous livre un résumé de l'attitude des Juifs envers le renégat ainsi qu'un sommaire commode de ses principaux arguments. Pour Joseph Sambarî, qui traita aussi des apostats postérieurs David Reubeni, Salomon Molkho et Sabbataï Zebi, la conversion d'Ibn 'Abbas fut motivée par des aspirations d'ascension sociale :

> En l'année 575 de l'Hégire, qui correspond à l'année 4957, (1197 de l'ère vulgaire)[18], l'esprit d'hérésie s'empara d'un homme du nom de Samuel Ibn Azarie[19], parce qu'il voulait arriver au pouvoir. Étant très versé dans la langue et la littérature arabes, il composa un livre contre les Juifs dans lequel il attaqua même la loi de Moïse. Les versets y sont cités en hébreu en caractères arabes ; il les explique d'après son intelligence pervertie, blasphémant Dieu, médisant de Moïse et inventant surtout des choses que Dieu n'avait jamais commandées. Ce livre est intitulé en arabe *Ifhâm al-yahûd*, ce qui veut dire « l'abaissement des Juifs ». Il en fit un grand nombre de copies qu'il fit parvenir au roi et à ses princes, afin de trouver grâce à leurs yeux en méprisant les Juifs. Au commencement de ce livre se trouve un traité intitulé *Kitâb al-ru'ya* ou « livre de vision ». Il y donne la raison de sa conversion dans les termes suivants :
>
> > Une nuit, je vis en rêve une grande apparition, dans laquelle on remarquait une grande lumière et un feu intense ; un homme était assis sur le trône qui se trouvait en face. Cet homme portait sur le front un frontaux et sur la tête un turban blanc et élégant d'une longueur de deux cents coudées ; sa barbe descendait jusqu'au ventre, et dans sa main il tenait un livre ouvert. Il appela Samaw'al en disant : « Juif, pourquoi ne crois-tu pas en moi et en ma prophétie et pourquoi ne m'obéis-tu pas, puisque nous sommes des frères, ce que je te prouverai par la loi de Moïse même ? » Il fut étonné de cette apparition et lui dit : « Qui es-tu, seigneur, qui me parles ? Me voici. » Il répondit : « Je suis Muhammad que Dieu a envoyé pour conduire son peuple ; approche-toi donc de moi. »
>
> Ayant entendu les paroles de cet homme, Samaw'al se prosterna à terre, et s'approcha de l'apparition ; celle-ci lui montra le verset hébreu suivant écrit avec des caractères arabes : « Dieu te suscitera un prophète comme moi, d'entre tes frères, c'est à lui que vous obéirez » (*Deut.* 18, 18). Muhammad expliqua ce

---

18 Les dates ne s'accordent pas. L'an 555 de l'Hégire correspond à l'année 1169 de l'ère vulgaire ou à 4939 A. M. Peut-être faut-il lire 27, c'est-à-dire 4927 correspondant à l'année 1167, époque vers laquelle Samaw'al composa son ouvrage.

19 Lire : 'Abbas.

verset comme s'il se rapportait à lui-même, en tant que descendant d'Ismaël, frère d'Isaac. Tout étonné, Samaw'al se dit : « Assurément, Dieu a choisi celui-ci aussi. »

Il se leva de bon matin, bâta son ânesse[20] et s'en alla pour embrasser l'islam. Il composa ensuite son livre dans lequel il cite des versets hébreux traduits en arabe pour ses opinions erronées. Il adhère aussi à la Trinité, disant que Jésus est certainement le vrai Messie. Il soutient avec méchanceté que nous avons altéré la loi en retranchant et en ajoutant des passages en notre faveur, et que c'est surtout Esdras qui se serait prêté à ce procédé. Il se fonde surtout sur le fait suivant, c'est que la loi (le Pentateuque) entière ne fut pas donnée pour la masse, mais seulement aux prêtres ; le peuple ne devait connaître que le cantique *ha'azinû* (*Deut.* 22), puisqu'il est écrit : « Maintenant donc, écrivez ce cantique, et l'enseignez aux enfants d'Israël » (*Deut.* 31, 19), tandis qu'il est écrit d'un autre côté : « Or, Moïse écrivit cette loi, et la donna aux prêtres descendants de Lévi » (*ibid.* 9).

Après la destruction du Temple par Nabuchodonosor, qui brûla la loi et emmena Israël captif à Babylone, la loi fut oubliée par eux ; car il ne pouvait pas en être autrement pendant leurs longues années de captivité et de misère dans le pays de l'ennemi. Alors surgit Esdras qui était prêtre et qui suivait quelques parties de la loi d'après la tradition de Moïse, mais qui leur donna une loi de sa propre composition. Ce fait est prouvé par les mots « Dieu se repentit » (*Gen.* 5, 6), expression qu'on ne peut employer à l'égard de Dieu, car, étant omniscient, il savait d'avance que l'homme commettrait des péchés. De même, pour des passages comme « Dieu a eu un chagrin dans son cœur » (*ibid.*) et « L'éternel flaira une odeur qui l'apaisa » (*Gen.* 8, 21), expressions qui ne sont pas applicables à Dieu. Samaw'al ajoute encore dans son livre que les Juifs disent du mal d'Abdallah ibn Salâm[21] qui s'était converti au temps de Mohammad[22].

Enfin pour terminer, il est intéressant de faire observer que l'écho du souvenir de Samaw'al a pénétré également les pays de la chrétienté où circulait un traité anti-juif en latin intitulé *Epistola Samuelis Marrocani*. Son nom est utilisé par un prétendu converti juif au christianisme. Cependant le contenu chrétien de cette épître, qui donna de nombreuses éditions, n'a rien à voir avec le pamphlet d'Ibn 'Abbâs.

---

20 Une allusion au comportement du contre prophète Balaam. *Cf. Nombre*, ch. 22, 21.

21 Selon la *Sîra*, ou la biographie de Mahomet, 'Abdallah ibn Salâm fut une figure emblématique du converti juif représentant les Juifs qui prétendument avaient admis la nature prophétique de Mahomet, dont il devint un compagnon (*sahâbî*).

22 Traduction d'A. Neubauer, « Samuel Ibn Abbas », *Revue des études juives* 5 (1882), p. 52-56. L'original hébreu se trouve dans *Sefer Dibrey Yôsef*, éd. Sh. Shtober, Jérusalem, Institut Ben-Zvi, 1994, p. 146-149.

CONCLUSION

Il convient de souligner, en conclusion, que dans la rationalisation que fait Samaw'al de sa conversion à la religion majoritaire, l'absence de toute référence à un ouvrage philosophique, tant juif que musulman, est sûrement révélatrice. Ceci ne peut guère être le fruit du hasard, surtout venant de la part d'un disciple de l'éminent philosophe Abû l-Barakât. L'unique invocation du médecin Bardhawayh, une autorité non juive et non musulmane, ne serait-elle pas au fond une plaidoirie en faveur d'un rationalisme humaniste qui effacerait les frontières confessionnelles séparant les hommes – un humanisme pragmatique qui rejette le chauvinisme sectaire en faveur d'un code religieux qui privilégie la direction morale.

Paul B. FENTON
Professeur émérite de langue
et de littérature hébraïques
Ancien directeur-adjoint de l'UFR
des études arabes et hébraïques
Sorbonne Université

GUÉNON, ENTRE UN ISLAM UNIQUE ET UN ÉSOTÉRISME UNIVERSEL

En 2015, dans son roman *Soumission*, Michel Houellebecq imagine une France de 2017 qui élit un musulman comme président de la République. Au milieu de glauques considérations arrive cette remarque : « Pourquoi Guénon par exemple s'était-il converti à l'islam ? Guénon était avant tout un esprit scientifique, et il avait choisi l'islam en scientifique[1]. »

Beaucoup connaissent Houellebecq, mais pas Guénon ! D'où la première question : qui est Guénon ? un Français, né en 1886 à Blois. C'est le grand théoricien de l'ésotérisme. D'où la deuxième question : qu'est-ce que l'ésotérisme ou un ésotérisme ? Pour répondre rapidement, on peut dire que l'ésotérisme consiste en doctrines secrètes, occultes, qui sont réservées à des adeptes, à un petit nombre qui a suivi une ou plusieurs initiations. En ce sens, les juifs ont un ésotérisme : la kabbale, comme les chrétiens le gnosticisme ou le Graal, les Chinois le taoïsme, les ouvriers le compagnonnage, les musulmans le soufisme. Ici on revient à Guénon.

Du fait qu'il a vécu en Égypte, au Caire, durant 20 ans, jusqu'à sa mort en 1951, on se demande aussitôt s'il n'était pas musulman.

D'où la troisième question : s'est-il converti à l'islam ?

Le problème surgit aussitôt : pour tout le monde, oui, évidemment, puisque, baptisé, il pratiquait l'islam. Pourtant lui-même reste très ferme : non, il ne s'est pas converti à l'islam. Alors, qui a raison ? Il faut examiner les deux points de vue, le regard extérieur, exotérique, qui en fait un converti, et sa propre conception, à lui, Guénon, ésotériste, qui nie la conversion, mais alors au profit de quoi ?

---

1 Michel Houellebecq, *Soumission*, Paris, Flammarion, 2015, p. 291.

POINT DE VUE EXOTÉRIQUE

Un regard objectif, sur pareil sujet, se fie à la biographie et à la psychologie. Ces deux approches révulsaient Guénon, mais on ne peut les négliger.

Guénon a été baptisé, il a fait sa première communion et sa confirmation. C'est donc un catholique pur sucre, excellent élève et étudiant, doué en maths, passionné par le calcul infinitésimal et les symboles sacrés, mathématiques ou pas, comme la croix, le cercle, le dôme.

À Paris, de 1906 à 1912, entre 20 et 26 ans, il s'intéresse très activement à l'occultisme. Comme les occultistes fin-de-siècle, il se fait initier dans les sociétés secrètes du moment. Il cumule ses degrés initiatiques : en sciences hermétiques chez Papus (1906), dans l'*Hermetic Brotherhood of Luxor* (1906), chez les martinistes (avec le grade de Supérieur Inconnu), dans la franc-maçonnerie du Rite National Espagnol (et du rite de Memphis-Misraïm, 1908), dans la franc-maçonnerie du Rite Primitif et Originel Swedenborgien (avec la dignité de Kadosh), dans l'Église gnostique (comme évêque Palingenius, en 1909), dans la loge Thébah de la Grande Loge de France (1912). Il fonde même un Ordre du Temple Rénové (1908-1911).

Puis la déception le gagne, et fort. Il finit par trouver ces initiés pires que les matérialistes, puisque, comme eux, ils croient en la science, en l'évolution, aux machines, alors même qu'ils prennent la pose de spiritualistes. Ils ne donnent, dit-il, que des pseudo-initiations, des contrefaçons, quand ce ne sont pas des contre-initiations, des renversements sataniques !

En même temps Guénon étudie de près les doctrines ésotériques de l'Orient, le taoïsme, la kabbale. Surtout, très tôt (1906 ?), il apprend le sanskrit et se fait initier au *védânta* par un maître hindouiste dont on ne parviendra jamais à savoir l'identité. Le *védânta* constitue une branche de l'hindouisme très métaphysique, que Guénon tiendra toujours pour l'ésotérisme le plus pur, le plus proche des origines.

En 1910 (et non pas en 1912, comme on le lit) Guénon entre en islam. Plus précisément il adhère au soufisme. Lui qui est tellement avare en confidences l'assure : « Mon rattachement aux organisations islamiques remonte exactement à 1910[2]. » Guénon porte désormais un nom musulman : *shaykh* 'Abd al-Wahîd Yahyâ (le serviteur de l'Unique, Jean). Comment ce changement, qui semble être une conversion du catholicisme à l'islam, s'est-il passé ? Un peintre suédois, excellent polyglotte, soufi convaincu, Yvan Aguélii (alias Abdul-Hâdi), lui a transmis la *barakah* du *shaykh* soufi 'Abd-ar-Rahmân 'Illaysh al-Kabîr († 1922 ? 1929 ?), qui appartient à la confrérie soufi shâdhili. Cela semble facile à comprendre, ça ne l'est pas du tout. Car qu'est-ce qu'un *shaykh* (un maître spirituel), une *tarîqa* (une confrérie initiatique), la *barakah* (l'influx spirituel) ? Comment Guénon a-t-il pu communiquer avec un vénérable *shaykh* qu'il ne voit pas physiquement, qui réside au Caire et qui pourtant le pousse à écrire *Le symbolisme de la croix* ? Tout cela est si mystérieux qu'il n'en souffle mot à personne, pas même à sa femme. En effet, en 1912, il épouse la très catholique Berthe Loury, qui ne saura rien de son rattachement à la religion de Mahomet[3]. Robert Amadou, qui était à la fois occultiste et soufi, soutenait rudement que pareil silence entrait « en infraction tant avec le droit canon qu'avec la loi islamique[4] » !

Mars 1930. Sa femme est morte depuis deux ans. Guénon se rend au Caire. Cette fois, il entame une seconde étape. Il n'est pas seulement soufi de cœur, il devient musulman de base. Paradoxalement il entre dans le plan exotérique après le plan ésotérique, supposé bien plus difficile, et même inaccessible. Il se met à la pratique. En bon musulman, en croyant ordinaire il fait ses prières, l'aumône légale, etc. Il fréquente l'université al-Azhar, que les musulmans tiennent pour « la plus haute autorité de l'islâm sunnite », il porte la robe universitaire, sobre. En 1934, veuf et sans enfant, il se remarie, cette fois avec une musulmane, fille d'un *shaykh*, Fatma (Fâtima Hanem Ibrahim), qui lui donnera deux filles et deux garçons.

Tout en vivant comme un simple musulman, mais retiré, obscur, impersonnel, il appartient au cercle du *shaykh* Salâma Ar-Râdî. Ce maître spirituel, dans la branche *shâdhili* du soufisme (celle d''Illaysh al-Kabîr et d'Yvan Anguélii), est le fondateur d'une confrérie initiatique

2 René Guénon, « Lettre au Dr Tony Grangier » (1938). *René Guénon, l'appel de la sagesse primordiale*, dir. P. Faure, Paris, Édition du Cerf, 2016, p. 331.

3 Noële Maurice-Denis Boulet, « L'ésotériste René Guénon », *Pensée catholique*, n° 77 (1962.) *René Guénon*, Planète Plus, 1970, p. 16.

4 Robert Amadou, « René Guénon et le soufisme », *René Guénon et l'actualité de la pensée traditionnelle*, dir. R. Alleau et M. Scriabine, Archè, 1980, p. 103.

(*tarîqa*), l'*Hâmidiyya Shâdhiliyya*, très métaphysique et très stricte. Là, que fait Guénon ? Il n'en dit rien, on n'en sait rien. Ce silence, en réalité, ne pose pas problème, il introduit plutôt un mystère. Guénon ne cache pas. Il s'agit d'une autre démarche. Avec ses frères il partage des idées, il suit des rites, il manie des symboles qui, de toute façon, seraient inexprimables, incompréhensibles au musulman ordinaire, non initié, qui ne connaît pas les soufis, qui ne pratique ni l'interprétation ésotérique des textes (*ta'wîl*) ni les invocations (*dhikr*), qui est tenté de rejeter le soufisme comme hérésie, qui se méfie de l'ascèse (*zuhd*).

À ce point, on est obligé de tout reconsidérer, en particulier l'apparente conversion. Une bonne méthode consiste à regarder Rome en Romain, donc il vaut mieux observer Guénon l'ésotériste avec un regard ésotérique.

POINT DE VUE ÉSOTÉRIQUE

Que dit Guénon, plus ou moins pressé de justifier sa foi musulmane ? Il distingue la religion, exotérique, périphérique, de l'initiation, qui est ésotérique, centrale. « Je n'ai jamais embrassé la religion musulmane… La vérité est que je suis rattaché aux organisations initiatiques islamiques depuis une trentaine d'années[5]. » En termes plus concrets, il distingue conversion et installation. « Je ne puis laisser dire que je suis "converti à l'Islam", car cette façon de présenter les choses est complètement fausse ; quiconque a conscience de l'unité essentielle des traditions est par là même "inconvertissable" à quoi que ce soit, il est même le seul qui le soit ; mais il peut "s'installer", s'il est permis de s'exprimer ainsi, dans telle ou telle tradition suivant les circonstances, et surtout pour des raisons d'ordre initiatique[6]. » Il insiste : « Je ne me suis jamais converti à quoi que ce soit[7]. » « À quoi que ce soit » : ainsi, il ne s'agit

5 R. Guénon, « Lettre à Pierre Collard » (1938). Jean-Pierre Laurant, « La "non-conversion" de René Guénon (1886-1951) », *De la conversion*, dir. J.-C. Attias, Paris, Édition du Cerf, 1997, p. 134.

6 *Id.*, « Lettre à Alain Daniélou »(1947), *La corrispondenza fra Alain Daniélou e René Guénon. 1947-1950*, Florence, éd. Leo Olschki, 2002, p. 33. *René Guénon, l'appel de la sagesse primordiale*, *op. cit.*, p. 147.

7 R. Guénon, Revue *Études traditionnelles*, 1932.

pas de l'islam seulement mais d'une Révélation plus large, et même universelle, éternelle, et unique, infaillible.

Argument dogmatique. Guénon croit en une Tradition primordiale, une Science sacrée non humaine, immémoriale. « Cette grande Tradition primordiale fut toujours en réalité l'unique vraie Religion de l'humanité entière[8]. » Cette révélation primitive s'est manifestée dans des cycles humains antérieurs au nôtre ou dans le nôtre (le 7e *manvantara* des hindouistes, qui court, comme les autres, sur 64800 ans). « Révélation (a été faite) à l'humanité dès le paradis terrestre », mais aussi en Inde chez les Rishi[9], en Chine dès Fu Xi[10], en Grèce à l'Âge d'or. Ainsi, on retrouve la Tradition primordiale, plus ou moins authentique, dans les diverses « formes traditionnelles », qu'il s'agisse de religions (comme l'Église catholique, l'islam) ou d'ésotérismes (comme le gnosticisme, le soufisme). En termes chrétiens, la Tradition primordiale est le Verbe manifesté, avec pour doctrine première : « Le Principe de toute existence est essentiellement Un ». Trois ésotérismes représentent bien cette Tradition : le *védânta*, le taoïsme, le soufisme[11].

Argument par élimination. Guénon doit s'établir dans une voie concrète, forcément orientale, puisque « le dépôt de la connaissance initiatique effective n'est plus gardé réellement par aucune organisation occidentale[12]. » Le taoïsme lui paraît trop éloigné de sa religion d'origine, le christianisme ; le *védânta* reste fermé, puisque seul un Indien a le droit de suivre l'hindouisme ; reste l'islam, dans son versant ésotérique, le soufisme.

Argument par sélection. Dit positivement, Guénon choisit l'islâm parce que celui-ci admet la notion de Tradition primordiale et l'idée que les traditions dérivées concordent, se répondent. « La tradition hindoue et la tradition islamique sont les seules qui affirment explicitement la validité de toutes les autres traditions orthodoxes[13] ». L'islam reconnaît une Tradition unique et, mieux que toute autre tradition, il affirme que Dieu est unique.

---

8 *Id.*, *Recueil*, *Rose-Cross Books*, Toronto, 3e éd., 2013, p. 151.

9 *Id.*, *Introduction générale à l'étude des doctrines hindoues*, Véga, 1921, p. 159-163 ; *Id.*, *La Grande Triade*, Paris, Gallimard, 1946, p. 204 ; *Id.*, *Le Roi du monde*, Paris, Gallimard, 1927, p. 82.

10 *Id.*, *La Grande Triade*, *op. cit.*, p. 9, 14, 131.

11 *Id.*, *Aperçus sur l'ésotérisme islamique et le Taoïsme*, Gallimard, 1973, p. 37, 40 ; *Id.*, *Orient et Occident*, Paris, Payot, 1924, p. 203.

12 *Id.*, *Le Roi du monde*, Gallimard, *op. cit.*, p. 71.

13 *Id.*, *Études sur l'hindouisme*, Soligny, Éditions traditionnelles, 1970, p. 114.

Argument des cycles. En effet, l'islam est l'accomplissement du cycle actuel de l'humanité. Tant pour un simple musulman que pour Guénon, Mahomet est « le sceau des prophètes » (*Coran*, 33 : 40). Autrement dit, il n'y aura pas d'autre grand prophète après Noé, Abraham, Moïse, Jésus, et le *Coran* contient le meilleur des messages, il a parfait les autres. Mahomet est à la fois le dernier dans le temps et le premier en valeur. Guénon lie donc « la tradition hindoue, en tant qu'elle représente l'héritage le plus direct de la Tradition primordiale, et la tradition islamique, en tant que "sceau de la Prophétie" et, par conséquent, forme ultime de l'orthodoxie traditionnelle pour le cycle actuel[14]. »

Argument sémantique. Pour Guénon, le mot « conversion » désigne une « adhésion à une tradition, quelle qu'elle soit d'ailleurs, de la part de quelqu'un qui était précédemment dépourvu de toute attache traditionnelle[15]. » Dès lors il n'y a pas conversion chez Guénon. Il adopte une autre forme traditionnelle que la tradition chrétienne, par « convenance spirituelle », ou pour s'adapter à des « circonstances particulières de temps et de lieux ».

Argument ultime, interne : « Le sens propre du mot *Islâm* est "soumission à la Volonté divine" ; c'est pourquoi il est dit, dans certains enseignements ésotériques, que tout être est *muslim*, en ce sens qu'il n'en est évidemment aucun qui puisse se soustraire à cette Volonté[16]. » On ne devient pas musulman, on naît musulman.

La boucle est bouclée autour de la notion d'unicité. La Tradition est unique ; l'islam, meilleure que toute autre tradition et dernière en date, proclame que Dieu est unique (puis, avec le soufi Ibn 'Arabî que Dieu est l'Être de tout ce qui est) ; et Guénon s'appelle le Serviteur de l'Unique !

Pour illustrer ses arguments (Tradition primordiale, unité des formes traditionnelles, l'islam comme point de perfection), Guénon écarte les méthodes scientifiques, l'érudition, l'histoire, la philologie. Contre l'érudition, il se fie à l'intuition intellectuelle ; il rejette les sciences historiques et l'évolution, mais il croit en des cycles ; en philologie, il a recours à la science des lettres, une discipline très ésotérique qui s'appuie

14 *Id.*, *Symboles fondamentaux de la science sacrée*, Paris, Gallimard, 1962, p. 176.

15 *Id.*, *Initiation et réalisation spirituelle*, Soligny, Éditions traditionnelles, 1952, p. 85.

16 *Id.*, *Le Symbolisme de la croix* [1931], chap. XXV, cité sur rééd. UGE, coll. « 10/18 », 1970, p. 270. Le livre est dédié « à la mémoire vénérée de Esh-sheikh Abder-Rahman Elish El-Kebir [le grand], El-'Alîm [le connaisseur] el-Mâlki [le souverain] el-Maghribi [l'occidental] à qui est due la première idée de ce livre ».

sur la valeur numérique des lettres (Adam=45)[17]. Il mobilise tout l'arsenal de l'ésotérisme pour montrer la concordance entre l'islam ésotérique et l'ésotérisme chrétien, donc l'absence de conversion, comme quand on passe de la confession catholique à la confession orthodoxe à l'intérieur de la tradition chrétienne. D'après Guénon, « la tradition islamique considère le Christianisme primitif comme ayant été proprement une *tarîqah*, c'est-à-dire en somme une voie initiatique[18]. » Entre ces deux traditions on trouve beaucoup de points communs, qui, interprétés ésotériquement, montreraient une même origine, un même message, secrets. Par exemple, pour Guénon, les chapelets représentent, avec leurs grains, la pluralité des mondes ou des temps de respiration pour la prière[19]. Autre exemple : l'expression « le premier, le dernier » se retrouve dans tous les ésotérismes. Il s'agit d'un raisonnement par analogie inverse : le supérieur imite l'inférieur mais à l'envers, les extrêmes se rejoignent. La glace comme son contraire, le feu, brûlent. Le plus saint, premier dans l'ordre spirituel, est le dernier, le plus pauvre dans l'ordre matériel. Un chrétien répète que « les derniers seront les premiers » (*Marc*, 10 : 31) tandis qu'un musulman soutient ceci : l'Esprit est le premier et le dernier relativement à la Création, Allâh est « le Premier et le Dernier au sens absolu[20] », le Prophète Mahomet est le premier et le dernier des Prophètes (*Coran*, 6 : 163, 33 : 40).

À partir de là, on pourrait reprendre la biographie de Guénon. Évidemment, il n'est plus question de milieu social, d'influences, mais de destin, de coïncidences, de signes. Prenons sa rencontre avec Salâma Ar-Râdî. Elle prend un tour secret, miraculeux qui plonge ses racines bien avant leur rencontre visible au Caire en 1930. Il faut remonter à l'adolescence de Guénon :

> René Guénon se promène seul dans une forêt proche de Blois, au plus tard à la fin de ses études secondaires. La pluie commence à tomber, et c'est à ce moment-là qu'il glisse dans un trou suffisamment profond d'où il ne peut sortir… C'est

---

17 *Id.*, *Aperçus sur l'ésotérisme islamique*, p. 66. ADAM = *Alif* (a), *dâl* (d), *mîm* (m) : 1 + 4 + 40 = 45. Mer + Terre = 32 + 13 = 45. *Adam wa Hawâ* (Adam et Ève) ≡ *Allâh* = 66 (*Id.*, *Le symbolisme de la croix*, *op. cit.*, chap. III ; *Id.*, *La Grande Triade*, *op. cit.*, p. 84).

18 *Id.*, *Aperçus sur l'ésotérisme chrétien*, Soligny, Éditions traditionnelles, 1954, p. 9.

19 *Id.*, *Symboles fondamentaux de la science sacrée*, *op. cit.*, p. 370 ; *Id.*, *Le Roi du monde*, *op. cit.*, p. 53.

20 *Id.*, *Aperçus sur l'ésotérisme islamique*, Paris, Gallimard, 1973, p. 57. *Coran*, 57 : 3 : Dieu ; « il est le Premier et le Dernier ».

alors qu'une main surgit, qui le saisit fermement, et le voilà soudain soulevé et tiré hors du trou. Le temps de retrouver ses esprits, l'inconnu a déjà disparu. Des années plus tard, âgé de plus de quarante ans, 'Abd-al-Wâhid Yahyâ est au Caire. Bientôt, rencontrant pour la première fois le *shaykh* Salâma Ar-Râdî, il sera pris d'un tremblement et, dans un « état », s'exclamera : « *Hâdhihi ! Hâdhîhi* ! C'est elle ! C'est elle ! » Reconnaissant probablement la main qui l'avait secouru dans sa jeunesse[21]. Ce *shaykh* « avait parmi ses "pouvoirs merveilleux" (*karâmât*) celui de venir à la rescousse de ceux qui se trouvaient en cas de détresse (*nadja*) grâce à sa "main secourable et salvatrice" ».

De façon plus extraordinaire, sa mort aussi prend un tour ésotérique.

Durant ses derniers jours, il semble qu'il savait qu'il allait mourir, et dans l'après-midi du 7 janvier il performa un *dhkir* très intense, soutenu de chaque côté par son épouse et un membre de sa famille. [...] Finalement, il leur demanda avec insistance la permission de mourir, ce qui montre bien qu'il pouvait choisir le moment de sa mort. [...] Le jour de sa mort, René Guénon avait rendu son épouse perplexe en lui disant qu'après son décès elle devait laisser sa chambre inchangée. [...] Il souligna qu'autrement il ne serait pas capable de la voir, elle et leurs enfants, mais dans cette chambre non perturbée il demeurerait assis à son bureau et il pourrait continuer à les voir, même si eux ne pourraient le voir[22] !

Dans cette anecdote, où un exotériste ne voit que de la superstition, un ésotériste décèle au moins neuf éléments ésotériques, dont Guénon lui-même semblait nier certains, du moins dans leur aspect personnel[23] : la prédiction de mort, les *dhikr*, l'odeur de sainteté, le choix du moment de la mort, l'impact des dernières paroles sur l'après-vie, la parité de destin entre un humain et un animal-compagnon, la croyance en une survivance personnelle, le pouvoir *post mortem* d'une connaissance de l'Ici-bas depuis l'Au-delà, et, bien sûr, comme on dit, l'amour plus fort que la mort.

Concluons. La question de la conversion ne concerne que quelques individus isolés. De nos jours, le champ paraît s'élargir. Peut-on se limiter à une seule confession ? Faut-il inclure ou exclure les autres ?

---

21 Muhammad Hassan Chadli, « Cheikh Sâlama Râdi », *La Règle d'Abraham*, n° 25 (juin 2008), p. 87.

22 « Lettre de Michel Vâlsan » (1951), trad. du roumain. R. Guénon, *Recueil*, *op. cit.*, p. 1.

23 R. Guénon, *L'Erreur spirite* (1923), Anti-Nom, Éditions traditionnelles, Paris, 1977, p. 62, 119, 150, 217 ; *Id.*, *L'Homme et son devenir selon le védânta* (1925), Soligny, Éditions traditionnelles, 1982, p. 138-149.

Actuellement, le choix porte plutôt sur la différence entre spiritualité à la carte et religion au large. Vaut-il mieux, comme beaucoup de gens, se fabriquer sa spiritualité à soi, ici chrétienne, là tibétaine, musulmane à l'occasion, ou bien vaut-il mieux, comme Guénon, suivre une voie, une seule, régulière quant aux rites et orthodoxe quant aux dogmes, quitte à l'inclure dans l'ensemble plus vaste d'une religion œcuménique ou d'un ésotérisme universel ? Ibn 'Arabî (*Le chant de l'ardent désir*), maître lointain de Guénon, avait choisi la seconde option : « Mon cœur est capable de prendre toutes les formes. C'est une prairie pour les gazelles, un couvent pour les moines chrétiens, un temple pour les idoles, la Ka'âba du pèlerin, les tables de la Torah et le livre du *Coran*. Je professe la religion de l'Amour. »

Pierre A. RIFFARD
Docteur en philosophie

DU CARICATURISTE À L'ERMITE DE SIDI-BOU-SAÏD

Jossot ou la conversion d'un artiste

Le 10 février 1913, *La Dépêche tunisienne*, principal quotidien paraissant à Tunis, publiait un article annonçant la conversion à l'islam d'un artiste résidant dans la régence, Henri Gustave Jossot. Ce dernier avait acquis à Paris un certain renom pour ses talents d'affichiste et de caricaturiste. Il avait en particulier donné près de trois cents images pour *L'Assiette au beurre*, la revue hebdomadaire fondée en 1901 par Samuel Schwartz, se chargeant d'illustrer entre 1901 et 1907 l'intégralité de dix-huit numéros[1]. L'article publié à Tunis, intitulé « La conversion de Jossot », était dû à la plume de l'artiste lui-même, et faisait suite à quelques textes qu'il avait précédemment publiés dans *La Dépêche*[2]. On peut supposer que la direction du journal, proche de la Résidence générale, considérait qu'une telle annonce pouvait satisfaire les autorités françaises, alors que la politique impériale de la puissance protectrice la conduisait à s'affirmer comme un régime respectueux de la religion de la grande majorité de la population en Tunisie[3]. À travers la conversion d'un artiste auréolé de la notoriété qui était la sienne à Paris, la République française ne montrait-elle pas son ouverture d'esprit ? Ne confirmait-elle pas que le processus de francisation du pays ne devait pas faire craindre aux Tunisiens des atteintes à la prédominance de l'islam ? La conjonction d'un certain goût pour la provocation chez Jossot, et d'un intérêt politique de la part des autorités coloniales, firent donc que cette conversion fut un acte public et médiatisé.

---

1 Michel Dixmier et Henri Viltard, *Jossot. Caricatures. De la révolte à la fuite en Orient (1866-1951)*, Paris, Paris bibliothèques, 2010, p. 62.

2 Ces articles de Jossot ont été réédités par Henri Viltard, dans un volume intitulé *Sauvages blancs*, Le Bouscat, Finitude, 2013.

3 Sur la politique musulmane de l'État français, voir Pascal Le Pautremat, *La Politique musulmane de la France au XXe siècle. De l'Hexagone aux terres d'Islam. Espoirs, réussites, échecs*, Paris, Maisonneuve et Larose, 2003, et Jalila Sbaï, *La Politique musulmane de la France. Un projet chrétien pour l'islam ? 1911-1954*, Paris, Éditions du CNRS, 2018.

Reste à l'interpréter. Était-elle l'expression d'un anticléricalisme ? Une marque d'anticolonialisme ? Un trait de dandysme artiste, comme on le suspecta alors ? Une quinzaine d'années après sa déclaration, dans *Le Sentier d'Allah*, Jossot s'agacera de la façon dont on refusa de prendre au sérieux sa conversion en la qualifiant de « conversion d'artiste[4] ».

Jossot n'a pas seulement composé des dessins, des peintures et des tapisseries, mais aussi produit des textes, dont certains témoignent de sa conversion et de ses étapes. En 1913, il fit paraître à compte d'auteur à Tunis un livret en arabe, intitulé *I'tinâqî* (*Mon Adhésion* [*à l'islam*])[5]. Selon Narriman El Kateb Ben Romdhane, qui en a donné un résumé et une analyse[6], les maladresses du texte permettent de l'attribuer à une personne maîtrisant mal l'arabe. Il pourrait donc s'agir d'une traduction, par un Européen converti à l'islam[7], d'un texte composé ou dicté par Jossot. Le récit s'ouvre par la mort de la fille de Jossot, Irma, emportée par une méningite (l'enfant mourut en 1896, alors que l'artiste commençait à voir son talent d'imagier et de caricaturiste reconnu). Sa conception, douze ans plus tôt, avait conduit Jossot, qui n'avait alors que dix-huit ans, à rompre avec la bourgeoisie provinciale dont il était issu. Il avait fait le choix de partir vivre à Paris avec la mère, une lingère employée par ses parents. La perte de leur seule enfant affecta profondément le couple, et Jossot chercha un dérivatif à sa peine en faisant un voyage en Tunisie. Selon *I'tinâqî*, ses interrogations sur la mort et l'éternité de l'âme n'auraient pas cessé après son retour à Paris. Il chercha à rester en contact avec la défunte et à trouver des réponses à sa quête métaphysique à travers le spiritisme[8], l'occultisme, l'ésotérisme (il fit un bref passage dans une loge martiniste) et la théosophie[9],

---

4 « On finit par classer l'affaire en décrétant que la conversion d'Abdou-'l-Karim était une *conversion d'artiste* » (Jossot, *Le Sentier d'Allah*, Mostaganem, imp. Alaouia, 1990 [1927], p. 22), cité par Henri Viltard, « Abdoul-'l-Karim Jossot : polémiques d'un renégat en Tunisie », *Ibla*, n° 201, 2008-1, p. 15-41, part. p. 15.

5 Tunis, Imprimerie tunisienne, 1331/1913, 93 p.

6 Narriman El Kateb Ben Romdhane, « Naissance de la peinture de chevalet en Tunisie au XXe siècle », diplôme de l'*École du Louvre*, 1985. Nous n'avons pas pu consulter le livret, conservé à la Bibliothèque nationale de Tunisie.

7 Il est possible qu'il s'agisse de Mohammed bel Hadj Abderrahmane Mader.

8 Issu des marges du protestantisme états-unien, le spiritisme s'est diffusé en Europe à partir du début des années 1850, en profitant des talents de propagandiste d'Allan Kardec (1804-1869). Voir Guillaume Cuchet, *Les Voix d'outre-tombe. Tables tournantes, spiritisme et société au XIXe siècle*, Paris, Le Seuil, 2012.

9 Le mouvement théosophique, fondé à New York en 1875 par Helena Blavatsky (1831-1891) et que dirigeait, pour l'Europe et l'Inde, Annie Besant (1847-1933), s'était diffusé

mouvements qui connaissaient alors une diffusion relativement large dans les milieux artistiques, et où les références à l'Orient étaient centrales[10]. L'expérience de son voyage en Tunisie avait été suffisamment forte pour que Jossot y retournât. Après avoir passé un été à Sidi-Bou-Saïd, village des environs de Tunis blotti autour d'un sanctuaire (une zaouïa s'étant constituée autour du tombeau d'Abû Sa'îd al-Bâjî, mort en 1231), il aurait songé à devenir musulman. Il se serait alors rendu à Kairouan, où la rencontre du fils d'un Français converti, lui-même musulman, Mohammed bel Hadj Abderrahmane Mader[11], l'aurait confirmé dans cette voie. Peu avant de se déclarer musulman, il aurait séjourné chez les frères Ali et Hassan Abdelwahhab[12], dont le premier avait été proche d'Isabelle Eberhardt, elle-même une figure de convertie[13].

UNE RUPTURE MANIFESTE AVEC LE CATHOLICISME

Jossot, en se convertissant à l'islam, avait-il à l'esprit la conversion, trente-cinq ans plus tôt, d'Eugène Réveillaud au protestantisme, acte public destiné avant tout à affirmer une rupture avec l'Église catholique ? Il est probable qu'il en ait eu connaissance. Le livre publié par Réveillaud en 1878 avait en effet connu un succès de librairie[14]. Eugène Réveillaud avait aussi tiré

---

en France à travers des conférences et une revue périodique régulièrement publiée à Paris depuis 1896, *Le Lotus bleu*.

10 Sur ces mouvements, voir Jean-Pierre Laurant, *L'Ésotérisme chrétien en France au XIXe siècle*, Lausanne/Paris, L'Âge d'Homme, 1992. Jossot aura le projet de laisser un témoignage de cette période de sa vie à travers un roman intitulé *Vadrouilles astrales*, dont la publication, annoncée en 1906, n'aura pas lieu.

11 Il y aurait accompagné sa conversion, selon le texte d'I'tinâqî. Ancien élève de l'école d'art décoratif de Nice, Mader collaborait à *La Dépêche* tunisienne sous le nom de plume de Chamseddine. *Cf.* Henri Viltard, « Abdoul-'l-Karim Jossot : polémiques d'un renégat en Tunisie », art. cité, p. 18-19.

12 *Ibid.* On notera que Ali et Hasan Hosni Abdelwahab avaient un frère peintre, Jilani (Abdul de son nom d'artiste), qui s'était installé à Paris.

13 Jossot l'évoqua dans un de ses articles : « Cette Russe étrange dont j'ai lu les livres et dont m'ont tant parlé des gens qui la connurent intimement » (« Impressions de l'extrême sud », *La Dépêche tunisienne*, 3 juin 1913, reproduit dans *Sauvages blancs*, *op. cit.*, p. 70).

14 *La Question religieuse et la solution protestante*, Paris, Grassart, 1878. Une 10e réédition, publiée en 1923 chez Fischbacher, s'accompagne d'une nouvelle préface.

d'une excursion dans le sud saharien une relation que Jossot avait peut-être lue[15]. Jossot connaissait sans doute par ailleurs un des fils d'Eugène Réveillaud, André, qui s'était installé en mai 1911 à Tunis au lendemain de son mariage avec une jeune artiste peintre, Aline de Lens, ancienne élève de l'École nationale des beaux-arts de Paris[16]. Eugène Réveillaud, initié à la franc-maçonnerie avant de se convertir au protestantisme évangélique, et député radical, représentait certes une figure de bourgeois bien inséré socialement que Jossot, proche des milieux libertaires et anarchistes, ne devait guère apprécier. On retrouve pourtant, dans la façon dont Jossot annonça sa conversion à l'islam, l'affirmation d'une rupture avec la religion dans laquelle il a été élevé. Le catholicisme, religion dominante, associée à la bourgeoisie et aux autorités politiques et militaires, aurait été incapable de répondre à ses interrogations spirituelles. On peut voir un procédé littéraire dans la façon dont il dit être venu écouter les sermons de l'évêque dans la cathédrale de Tunis, sans en avoir été touché[17], avant de se tourner vers l'islam, ou lorsqu'il affirme, dans *Le Sentier d'Allah*, avoir cherché « l'explication des mystères » auprès d'un père blanc, qui lui aurait répondu qu'il devait se « contenter de croire sans comprendre » et ne pas chercher à prendre autrement qu'à la lettre « les fictions, les allégories, les symboles » figurant dans la *Bible*[18]. Jossot qui avait exprimé son rejet le plus absolu du cléricalisme[19], ne pouvait éprouver d'attirance pour le catholicisme, que ses contemporains identifiaient généralement comme sa matrice.

Jossot confirma son rejet du catholicisme en l'associant à la laideur, incarnée par une construction récente, la cathédrale de Tunis :

> Bon Dieu ! que cette cathédrale est donc laide ! Ça, la demeure du Trop-Haut ? Jamais de la vie ! Une grange, une salle de réunion publique, tout ce qu'on

---

15 Eugène Réveillaud, *Une excursion au Sahara algérien et tunisien*, Paris, Librairie Fischbacher, 1887.

16 Aline de Lens abandonnera bientôt la pratique de la peinture pour se consacrer à l'écriture. L'intéressant journal qu'elle a tenu pendant ses années tunisiennes a été publié. *Cf.* Aline R. de Lens, « L'amour, je le supplie de m'épargner », *Journal 1902-1924*, Paris, La Cause des livres, 2007. Il n'y est pas question de Jossot.

17 Jossot, « À la cathédrale de Tunis (I et II) », *La Dépêche tunisienne*, 4 et 19 novembre 1912, reproduit dans *Sauvages blancs*, *op. cit.*, p. 36-44.

18 Jossot, *Le Sentier d'Allah*, *op. cit.*, p. 20.

19 « Je suis d'avis qu'il faut développer uniquement son Moi et se foutre de tous les cléricalismes, qu'ils soient bondieusards, maçonniques, ou même anarchistes » (lettre à Jehan Rictus, citée par M. Dixmier et H. Viltard, *Jossot. Caricatures. De la révolte à la fuite en Orient (1866-1951)*, *op. cit.*, p. 104).

> veut excepté la maison de la prière. Comment se recueillir dans ce hangar où la lumière pénètre avec une crudité aveuglante, éclairant les moindres coins, chassant le mystère[20] ?

Ce jugement porté sur l'édifice de style romano-byzantin construit entre 1892 et 1897, et complété par deux tours en 1910[21], n'était pas isolé. Le catholique *Jules d'Anselme de Puisaye y voyait lui aussi un* « monument sans style, muet pour l'âme chrétienne, glacial pour l'imagination cherchant les grandes et irrésistibles manifestations du culte divin », froideur que seuls les vitraux pouvaient corriger[22]. Mais alors que *Jules d'Anselme de Puisaye associait le catholicisme à la tradition et voyait dans l'architecture de la cathédrale de Tunis le produit d'un égarement qu'il fallait corriger*, Jossot refusait catholicisme et modernité comme deux expressions d'un même mal.

SE CONVERTIR POUR S'INTÉGRER À LA SOCIÉTÉ LOCALE

Si on peut voir dans la publicité que Jossot donna à sa conversion une certaine forme de mise en scène, il n'en reste pas moins qu'elle correspondait à la rencontre d'une quête personnelle et d'un environnement favorable. À la différence de deux autres convertis qu'il connut indirectement ou directement, le médecin Philippe Grenier et le peintre Étienne Dinet, Jossot ne se fixa pas dans le sud saharien ni dans une région écartée de tout peuplement européen. En s'installant à Sidi-Bou-Saïd, il fit cependant le choix de vivre dans un environnement musulman, qui pouvait favoriser sa conversion[23], du fait des élites musulmanes qui y résidaient, de la *zaouïa* qui y était établie, et de la légende, développée

20 Jossot, « À la cathédrale de Tunis (II) », *La Dépêche tunisienne*, 19 novembre 1912, reproduit dans *Sauvages blancs*, *op. cit.*, p. 40.

21 Saloua Ouerghemmi, « Cathédrale Saint-Vincent-de-Paul-Sainte-Olive », *Tunis. Architectures 1860-1960*, dir. J. Hueber et C. Piaton, Arles/Tunis, Honoré Clair / Elyzad, p. 200-202.

22 *Jules d'Anselme de Puisaye, Les Vitraux de la cathédrale de Tunis et l'esprit religieux de notre temps*, Paris, Ernest Leroux, 1901, p. 9.

23 D'autres artistes, comme en 1907 le peintre britannique Walter Percy Day, avaient choisi de vivre dans le village, qu'une voie de chemin de fer reliant Tunis à La Marsa rendait

depuis les années 1820, selon laquelle Sidi Bou Saïd n'était autre que Saint-Louis, converti à l'islam[24].

De fait, Jossot, son épouse et la nièce de cette dernière, adoptée par le couple, entretinrent des relations étroites avec certains de leurs voisins musulmans, à Sidi-Bou-Saïd ou à Hammamet, où les Jossot vécurent pendant quelques années. On verra l'importance qu'a pu représenter pour la trajectoire spirituelle de Jossot sa rencontre avec un notable ottoman, Muhammad al-Hâdî (1872-1922), un des fils de Khéreddine pacha, ancien ministre du bey et grand vizir du sultan, domicilié à Sidi-Bou-Saïd. Mais on peut noter dès à présent le mariage de la nièce de Jossot, Marie dite Meryem, avec un Tunisien musulman, Hammouda Skandrani (1892-1970), proche du mouvement Jeune Tunisien (les sources policières le présentent comme lié à Mustapha Sfar, comme lui interprète, et à Hassan Guellaty (1880-1966), membre du parti libre de la constitution (*al-hizb al-hurr al-dustûrî*) ou parti destourien, groupement politique fondé en 1920 pour réclamer la réactivation de la constitution tunisienne, dans la perspective de recouvrer l'indépendance perdue[25]. En 1931-1932, Jossot publiera une chronique dans *La Voix du Tunisien*, un journal destourien dirigé par Chedly Khairallah[26].

François Pouillon a expliqué la conversion du peintre Étienne Dinet, contemporaine de celle de Jossot, par sa vie au sein de la population musulmane de l'oasis de Bou Saada, en Algérie. Dinet aurait ainsi trouvé un moyen de s'intégrer dans la société locale, désir correspondant aussi à celui de son environnement social, favorable à ce qu'il embrasse la vraie foi : « Adhésion sociologique, si l'on peut dire : moins pour l'*islam* doctrine religieuse que pour l'*Islam*, avec majuscule, par quoi on désigne une civilisation, société et communauté[27]. » Il rejoint là l'avis même de

relativement accessible. En 1909, le baron Rodolphe d'Erlanger, peintre, mélomane et mécène, avait décidé d'y construire un palais.

24 Cette légende a été étudiée par André Demersemann, *La Légende tunisienne de Saint Louis*, Tunis, Bouslama, 1986 selon qui elle aurait trouvé naissance dans le milieu de la cour beylicale, comme une sorte de compensation symbolique face à l'expansion française. Voir aussi Yann Potin, « Saint Louis l'Africain. Histoire d'une mémoire inversée », *Afrique & histoire*, vol. 1, n° 1 (2003), p. 23-74, part. p. 54).

25 Archives nationales de Tunisie, E, 550, 95, gens suspects, 28 juin 1920, cité par H. Viltard, « Abdoul-'l-Karim Jossot : polémiques d'un renégat en Tunisie », art. cité, p. 31 et M. Dixmier et H. Viltard, *Jossot. Caricatures. De la révolte à la fuite en Orient (1866-1951)*, *op. cit.*, p. 165.

26 Henri Viltard a analysé les textes qu'il y a publiés. *Cf.* « Abdoul-'l-Karim Jossot : polémiques d'un renégat en Tunisie », art. cité, p. 33-38.

27 François Pouillon, *Les Deux Vies d'Étienne Dinet, peintre en islam*, Paris, Balland, 1997, p. 114.

Jossot, pour qui « Dinet subissait l'emprise du milieu auquel il s'était adapté[28] ». L'environnement social avait aussi joué un rôle important une vingtaine d'année plus tôt, dans le cas de Philippe Grenier (1865-1944). Docteur en médecine, républicain, Grenier s'était converti en 1894 alors qu'il vivait en Algérie, dans un monde rural, « au milieu des tribus ». Après son élection inattendue comme député de Pontarlier en 1896[29] (il affirmera à la veille de son entrée à la Chambre que ses goûts le « porteront plutôt vers le parti radical si allah le veut et si l'on veut m'y recevoir[30] »), il avait attiré l'attention des journalistes en se rendant à l'Assemblée vêtu d'un burnous. En 1897, Jossot l'avait représenté sur une immense affiche publicitaire en compagnie d'Yvette Guilbert, Henri Rochefort, Sarah Bernhardt et Aristide Bruant, tous consommateurs réjouis des sardines à l'huile des conserveries Saupiquet – Grenier, en burnous, se distinguant de ses commensaux en utilisant ses doigts plutôt qu'une fourchette[31]. Il est probable que Jossot se soit intéressé aux raisons mises en avant par Grenier pour expliquer sa conversion :

> J'ai adopté le dogme musulman parce que je suis persuadé qu'il est aussi rationnel et plus d'accord avec la science et la raison que le dogme catholique. La loi musulmane est excellente, tant au point de vue hygiénique, puisqu'elle prescrit l'abstention de boissons alcooliques, les ablutions fréquentes du corps et des vêtements, qu'au point de vue social, puisque la société arabe est basée sur l'organisation de la famille et les principes d'équité, de justice, de charité[32].

On retrouve ce type d'arguments chez Jossot. Il partage l'idée, répandue par certains milieux anticatholiques au XVIIIe siècle[33], selon laquelle l'islam serait une religion plus rationnelle que le christianisme :

---

28 Jossot, *Goutte à goutte*, texte dactylographié, p. 64, cité par H. Viltard, « Abdoul-'l-Karim Jossot : polémiques d'un renégat en Tunisie », art. cité, p. 18.

29 Élu dans le cadre d'une élection partielle, à la suite de la mort de Dyonis Ordinaire, gambettiste qui siégeait dans le groupe de l'Union républicaine, il ne sera pas réélu deux ans plus tard, les électeurs lui préférant le fils de son prédécesseur, Maurice Ordinaire (1862-1934), qui siégera dans le groupe de l'Union démocratique et travaillera sur des dossiers coloniaux et nord-africains.

30 « Entretien avec le docteur Grenier » publié dans *La Petite Presse, journal quotidien* (Paris), 1er janvier 1897.

31 On trouvera une reproduction de cette affiche dans M. Dixmier et H. Viltard, *Jossot. Caricatures. De la révolte à la fuite en Orient (1866-1951)*, *op. cit.*, p. 52-53.

32 « Entretien avec le docteur Grenier », art. cité.

33 Certains déistes étaient tentés de voir dans l'islam une religion qui leur était proche, en mettant en avant l'unité de Dieu et en prêchant une morale pure. Une vision positive

> L'islamisme sans mystère, sans dogme, sans clergé, presque sans culte, est de toutes les religions la plus rationnelle ; aussi l'ai-je adoptée, estimant que la créature n'a pas besoin de passer par l'intermédiaire des prêtres pour adorer son Créateur[34].

On notera cependant une certaine contradiction chez Jossot qui, plutôt que de se tourner vers un islam réformé tel que le défendra bientôt le chaykh Ibn Badis à partir de Constantine, sera attiré par des pratiques soufies, avec une dimension initiatique et ésotérique dont on pourrait dire qu'elles font une place au mystère. Son adhésion à une confrérie sera d'ailleurs raillée, comme le signe de la force d'un habitus clérical hérité de sa culture catholique d'origine[35].

Jossot voit aussi dans l'islam une religion prônant l'équité. Dans *Le Sentier d'Allah*, il affirme que Dieu, percevant sa soif de justice, lui aurait dévoilé pour l'amener à lui « les iniquités qui se commettent sur la terre africaine[36] ». Se convertir à l'islam, c'était passer dans le camp des colonisés, des opprimés dont il s'était fait le défenseur depuis les années 1890 à travers sa production graphique. De fait, son choix de proclamer haut et fort sa conversion, deux ans après les émeutes du Jellaz[37], fut sévèrement jugé dans les colonnes de *La Tunisie française*, un

---

de l'islam a aussi été diffusée dans une perspective anti-catholique au sein du courant philosophique (comme dans la *Vie de Mahomed* du comte Henri de Boulainvilliers) et par des protestants unitariens ou sociniens (Ann Thomson, « L'Europe des Lumières et le monde musulman. Une altérité ambiguë », *Le problème de l'altérité dans la culture européenne aux* XVIIIe *et* XIXe *siècles : anthropologie, politique et religion*, dir. G. Abbatista et R. Minuti, Naples, Bibliopolis, 2006, p. 259-280.

34 « La conversion de Jossot », *La Dépêche tunisienne*, 10 février 1913, reproduit dans *Sauvages blancs*, *op. cit.*, p. 58.

35 « Il a repris sa route de chrétien en entrant dans une confrérie où il retrouvait la hiérarchie, la discipline, l'activité, le but, sans quoi son esprit occidental et chrétien ne saurait vivre » ; *cf.* Paul Pavin de Courteville, recension du *Sentier d'Allah* (publiée le 5 octobre 1927 sans doute dans *La Tunisie française*) reproduite par Henri Viltard sur le site qu'il a consacré à Jossot (http://gustave.jossot.free.fr/ecrivain.html, consulté le 16 février 2021).

36 Jossot, *Le Sentier d'Allah*, *op. cit.*, p. 52.

37 L'annonce de l'immatriculation du cimetière musulman du Jellaz et de son bornage par la municipalité avait suscité l'inquiétude de la population musulmane, qui y voyait le préalable à une opération d'expropriation permettant d'aménager de nouvelles voies ferrées. Le matin du 7 novembre 1911, bien que les opérations de bornage aient été annulées, les manifestants s'étaient rendus en nombre au cimetière. L'arrestation de quelques manifestants suscita des protestations et des violences, qui se propagèrent dans l'ensemble de l'agglomération le jour même et le lendemain, faisant une vingtaine de morts, Tunisiens, Italiens et Français. Soixante-quatorze inculpés sont jugés en juin 1912, trente-cinq condamnés pour rébellion, dont sept à mort (deux d'entre eux seront

journal catholique et conservateur qui prétendait défendre les intérêts des colons. Le journaliste Armand Ravelet, qui avait étudié à l'École des beaux-arts de Paris avant de faire carrière dans la presse, y vit un indécent « reniement de la patrie[38] ».

Jossot affirmait enfin apprécier dans l'islam une religion qui répondait à la « quête de plénitude, de sobriété et de sérénité[39] » qui l'avait conduit en Afrique du Nord. On peut en cela le rapprocher de Dinet qui, selon le témoignage de sa sœur, recherchait la « simplicité[40] ». Marqué par les ravages de l'alcoolisme, un thème qu'il a traité dans son œuvre[41], Jossot affirmait en 1912 ne boire « que de l'eau », à la différence des « penseurs (!) modernes qui [le dimanche matin] ont coutume de lamper l'absinthe en guise de ciguë[42] ». Plus tard, il évoquera avec respect les pratiques que le maître de la confrérie de la Alawiyya à Mostaganem préconisait aux fidèles qui voulaient rencontrer Dieu : le jeûne et l'isolement[43]. Jossot s'opposait par là à une culture moderne caractérisée par l'agitation et la consommation qui détruit la beauté du monde. Dans un des textes constitutifs du *Fœtus récalcitrant*, une brochure qu'il publiera finalement en avril 1939 à compte d'auteur, figure un « Évangile de la paresse », précédemment intitulé « Évangile de l'inaction[44] ».

---

exécutés). Dix ans après l'insurrection ayant éclaté dans le centre de colonisation de Margueritte en Algérie, *La Tunisie française* a vu dans les émeutes de novembre 1911 le signe d'une opposition inéluctable entre un peuple musulman fanatique et les valeurs de progrès portées par les colons européens.

38 Armand Ravelet, « Sidi Abd el Karim », *La Tunisie française*, 12 février 1913, cité par H. Viltard, « Abdoul-'l-Karim Jossot : polémiques d'un renégat en Tunisie », art. cité, p. 23.

39 Jossot, *Le Sentier d'Allah*, *op. cit.*, p. 3.

40 « À l'instar des nomades qui incarnaient ses aspirations sociales de simplicité [...], Dinet se met à prier avec eux » ; *cf.* Jeanne Dinet-Rollince, *La Vie de E. Dinet* [*sic*], Paris, Maisonneuve, 1938, p. 97, cité par F. Pouillon, *Les Deux Vies d'Étienne Dinet, peintre en islam*, *op. cit.*, p. 114).

41 On peut citer la livraison de *L'Assiette au beurre* intitulée « Les poivrots » (n° 330, 27 juillet 1907), dont une planche est reproduite dans M. Dixmier et H. Viltard, *Jossot. Caricatures. De la révolte à la fuite en Orient (1866-1951)*, *op. cit.*, p. 136. Jossot parvient même à faire passer un message subliminal dans l'affiche qu'il dessine en 1898 pour le Guignolet Cointreau en dessinant un Pierrot dont le visage évoque une tête de mort (*ibid.*, p. 34-35).

42 « À la cathédrale de Tunis (II) », *La Dépêche tunisienne*, 19 novembre 1912, reproduit dans *Sauvages blancs*, *op. cit.*, p. 40.

43 Jossot, *Le Sentier d'Allah*, *op. cit.*, p. 60.

44 *Id.*, *Le Fœtus récalcitrant*, réédition présentée et annotée par Henri Viltard, Le Bouscat, Finitude, 2011 [1939], p. 42-98. La première édition avait été publiée à compte d'auteur. Henri Viltard souligne qu'à la différence du socialiste Paul Lafargue (1842-1911), dont

Jossot a manifesté sa colère et sa tristesse devant un développement touristique synonyme d'enlaidissement. Il donne du passage à Nefta, en avril 1910, de quatre touristes anglaises aux « inimaginables coiffures » une image prémonitoire et effrayante. Au cours de cette halte de quelques jours, elles lisent leur bible et boivent leurs tasses de thé, sans prêter attention au paysage avoisinant : bientôt, Nefta ressemblera à l'oasis de Biskra où elle se rendent, et qui est déjà prostituée au tourisme. « Pourquoi [...] attirer les monstres d'Occident sur la terre musulmane ? Pourquoi permettre que leurs pieds plats foulent l'immaculée blancheur du fin tapis qui ne devrait servir qu'aux prosternations des croyants[45] ? [...] »

En fonction de la même logique de préservation d'une beauté menacée, Jossot s'élève contre un processus d'européanisation qui détruit le calme et la beauté qu'il est venu trouver en Tunisie. Charles Géniaux considère qu'il « dénie à ses nouveaux coreligionnaires le droit d'évoluer », en les traitant de « néos[46] ». C'est que Jossot fait partie des nombreux artistes qui voulurent quitter le monde civilisé des métropoles européennes pour trouver dans des sociétés restées rurales[47] ou « primitives », une beauté, un type de relations sociales disparus ailleurs. Sa conversion à l'islam accompagne ce mouvement :

> Après le tumulte parisien, le fracas de la vie moderne, Allah m'a offert le repos à l'ombre des palmiers ; il m'a fait entendre les cantilènes que modulent les bédouines quand, la *guerba* sur l'épaule, elles vont puiser l'eau à la source ; il m'a montré les caravanes qui défilent lentement dans le calme des soirs[48].

Les tableaux que Jossot expose à Tunis témoignent de sa prédilection pour des vues de sites restés intacts, pas encore enlaidis par la présence des

---

Le Droit à la paresse avait été publié en 1880, Jossot ne lie pas la perspective de l'inaction au développement des machines (« Jossot philosophe. Caricature et métaphysique », *ibid.*, p. 121).

45 « Impressions de l'extrême sud », *La Dépêche tunisienne*, 3 juin 1913, reproduit dans *Sauvages blancs*, *op. cit.*, p. 70.

46 *Ibid.*, p. 22. C'est de fait le qualificatif dont use Jossot dans un article intitulé « Les Néos-civilisés », *Le Journal*, 28 mai 1912, reproduit dans *Sauvages blancs*, *op. cit.*, p. 26-29).

47 Avant de s'installer en Tunisie, Jossot avait fait en 1899 le choix de quitter Paris pour vivre dans la campagne environnante, près de Coulommiers, dans un mouvement qu'on pourrait rapprocher de celui des personnages d'*En rade* de Huysmans (1887).

48 Charles Géniaux, « Abdou'l-Karim Jossot (conversion d'artiste) », *L'Art et les Artistes*, n° 41, nov. 1923, p. 21-22.

colonisateurs européens apportant avec eux des éléments de modernité. Ce sont des scènes de la « vie indigène de Gafsa », dans le sud du pays, qu'il présente au Salon tunisien de 1921[49] et des vues de Nefta, oasis du Djérid, qui illustrent l'article que l'écrivain Charles Géniaux consacre en 1923 à l'artiste dans la revue *L'Art et les Artistes*[50]. Cette opposition à un progrès synonyme de modernisation et d'européanisation explique que Jossot ait choisi d'exposer ses œuvres au Salon des artistes tunisiens plutôt qu'au Salon tunisien[51], pourtant présidé par Alexandre Fichet, socialiste et indigénophile. Les organisateurs du Salon des artistes tunisiens s'étaient en effet opposés à la politique de Fichet, qui avait ouvert le Salon tunisien aux différents courants modernes qui s'exprimaient à Paris[52]. Ce choix n'empêchera pas Alexandre Fichet de continuer à manifester à Jossot sympathie et admiration[53].

Henri Viltard, en s'appuyant sur un article publié dans *La Voix du Tunisien*[54], note que la position de Jossot aurait changé au début des années 1930 : il ne se serait plus opposé à l'occidentalisation du pays. L'analyste de l'œuvre de Jossot propose d'y voir un effet du détachement de l'artiste vis-à-vis de l'islam : n'étant plus convaincu de la vérité de la religion qu'il avait embrassée, il n'aurait plus eu le goût de défendre l'intégrité culturelle de l'Islam[55]. *Le Sentier d'Allah* laisse entendre que Jossot avait cherché dans l'islam une réponse à une quête

---

49 Jean Nicolas Gung'l, « Le Salon tunisien », *La Tunisie illustrée*, 1er mai 1921.

50 Charles Géniaux, « Abdou'l-Karim Jossot (conversion d'artiste) », *L'Art et les Artistes*, n° 41, nov. 1923, p. 18-24.

51 Les deux salons se font concurrence entre 1924 et 1934.

52 Le fait qu'André Delacroix, organisateur du Salon des artistes tunisiens, ait été le voisin de Jossot à Sidi Bou Saïd a pu aussi jouer dans ce choix. Dans *La Dépêche tunisienne*, André Delacroix rend compte favorablement de la seconde exposition de peintures, d'aquarelles et de dessins de Jossot à Boutique d'art, qui présentait à la fois des vues de France, de Sidi Bou Saïd et du sud saharien (Nefta, Bou Saada), prédisant que ses toiles connaîtraient dans le futur des prix équivalents à ceux atteints par les impressionnistes ; *cf.* (André Delacroix « Les expositions d'art. Peintures, aquarelles et dessins de Jossot ; peintures de Renée Tourniol et d'A. Frédéric », *La Dépêche tunisienne*, 23 janvier 1928.

53 En témoigne la façon dont Alexandre Fichet rend compte de la première exposition que Jossot présente à la galerie La Boutique d'art en octobre 1927 (Verbizard [Alexandre Fichet], *Tunis socialiste*, 30 déc. 1927, texte publié par Henri Viltard, http://gustave.jossot.free.fr/peintre.html) [dernière consultation 5 nov. 2020].

54 Jossot, « Occidentalisation de l'Orient », *La Voix du Tunisien*, 7 juillet 1931.

55 Henri Viltard, « Abdoul-'l-Karim Jossot : polémiques d'un renégat en Tunisie », art. cité, p. 34-35.

d'universalisme[56]. Plusieurs indices témoignent de cette quête avant 1913, comme sa sympathie pour le mouvement espérantiste[57]. Sa conversion s'inscrit dans cette perspective, en prenant la forme d'un engagement dans une pratique soufie, détachée des revendications spécifiques des nationalistes tunisiens.

UN ISLAM SOUFI

Alors que la conversion d'Étienne Dinet fut accompagnée par son ami Slimane, un Mozabite proche du mouvement réformiste des Oulémas, ce sont des adeptes de confréries mystiques, tunisiens et français, qui entourèrent Jossot. C'est sans doute que les deux artistes ne poursuivaient pas la même recherche. À la mort de Dinet, Jossot fit publier un rectificatif dans *La Tunisie française*, pour rappeler que, contrairement à ce qui avait pu être écrit, il s'était converti à l'islam avant Dinet. À cette occasion, il dessina le portrait de son ami, rappelant que, « sous les palmiers qui l'abritent, [il a] passé, en compagnie de son fidèle Slimane, des heures délicieuses, il y a bien longtemps[58] », et publia un extrait de leur correspondance, où Dinet relatait le processus de sa conversion :

> Les prêtres catholiques étaient arrivés à faire de moi un athée, lorsque je débarquais en Algérie, il y a 43 ans. Bien que je fusse alors ennemi acharné de toutes les religions, je ne pus m'empêcher d'être profondément remué bà la vue des croyants en prière, et je devins neutre à l'égard de la religion musulmane. Puis, dans une mosquée du Caire, je sentis tout à coup l'Islam s'infiltrer dans mon âme, malgré tous mes efforts pour le repousser. Enfin l'étude de la vie du prophète acheva ma conversion[59].

56 Le « mystagogue » Kh., dans lequel on peut reconnaître Muḥammad al-Hâdî, fils de Khéreddine pacha, invite Jossot à résorber son Ego « en la Conscience Universelle » ; *cf.* Jossot, *Le Sentier d'Allah*, *op. cit.*, p. 31-32.

57 On trouve ainsi un de ses dessins en couverture de la revue *Internacia Socia Revuao*, publiée en espéranto à Paris ; *cf.* (*Internacia Socia Revuao*, n° 4, avril 1907, cité dans M. Dixmier et H. Viltard, *Jossot. Caricatures. De la révolte à la fuite en Orient (1866-1951)*, *op. cit.*, p. 108-109, avec une reproduction).

58 Jossot avait rendu visite à Dinet à Bou Saada vers 1909 ; *cf.* H. Viltard, « Abdoul-'l-Karim Jossot : polémiques d'un renégat en Tunisie », art. cité, p. 18.

59 Jossot, « Si Abdou'l-Karim Jossot nous répond », *La Tunisie française*, 27 février 1930. On note que Jossot, en publiant cet extrait, donne une explication différente de sa propre

Dans cet article, Jossot souligne combien son mode de vie et son engagement sont différents de celui de Dinet dont « l'islamisme [...] était plus actif que spéculatif[60] ». Il vit simplement à Sidi-Bou-Saïd, en marge du pouvoir colonial, quand Dinet passait ses hivers à Paris (c'est là qu'il mourra en décembre 1929), éditait des « ouvrages à cinq cents francs le volume », et vendait des « toiles vingt mille francs[61] ». Il rappelle que les obsèques de Dinet ont été célébrées « à la mosquée du quartier latin, cette souricière voisine de la Préfecture[62] », et que ses funérailles eurent lieu en présence des « Hautes-Crapules[63] ». En rappelant ces éléments, exacts, Jossot marque sa distance. Il reconnaît cependant à Dinet d'avoir été « musulman sincère ; il aurait voulu pouvoir ramener l'islam à sa pureté première et exhortait ses coreligionnaires à vivre comme les compagnons du prophète ». Il signale son action en faveur de ses coreligionnaires : « il utilisait les nombreuses relations

version des faits, selon laquelle Dinet s'est réellement converti après que des tirailleurs l'ont libéré des Allemands qui l'avaient fait prisonnier en 1914 avec sa mère dans leur propriété des environs de Fontainebleau. Il aurait eu le sentiment d'avoir une dette de reconnaissance envers les musulmans. « Longtemps il tergiversa et c'est seulement dans la préface de sa *Vie de Mohammed* qu'il se déclara musulman pour la première fois » (*ibid.*). Un article publié le 17 novembre 1927 dans la revue des réformistes musulmans d'Algérie, *al-Chihâb* (*Le Météore*), avant d'être traduit en français pour la monographie que Fernand Arnaudiès consacra à *Étienne Dinet et El Hadj Sliman ben Ibrahim*, Alger, Soubiron, 1933, reproduit dans F. Pouillon, *Les Deux Vies d'Étienne Dinet, peintre en islam*, *op. cit.*, p. 192-194, évoque une récente cérémonie à la grande mosquée d'Alger, où Dinet aurait prononcé la *chahâda*. On peut considérer que le fait que la date de 1913 ait été inscrite sur la tombe de Dinet confirme les dires de Jossot : aurait-il été besoin de la fixer sur la pierre si elle avait été unanimement reconnue comme celle de sa conversion ?

60 *Ibid.*

61 *Ibid.*

62 Jossot, « Si Abdou'l-Karim Jossot nous répond », *La Tunisie française*, 27 février 1930. Jossot fait ainsi référence à l'intégration de la mosquée de Paris, inaugurée en juillet 1926, au dispositif de contrôle quasi militaire des travailleurs maghrébins à Paris, à travers le Bureau des affaires indigènes puis le Service d'assistance aux indigènes nord-africains (SAINA) : « la relation de travail est assimilée à un engagement militaire et sa rupture à une désertion. Pour les deux catégories de *déserteurs de la caserne et de l'usine*, un fichier est tenu à jour » ; *cf.* Nedjma Abdelfettah, « Science coloniale et modalités de l'encadrement de l'immigration algérienne à Paris (1917-1952) », *Bulletin de l'IHTP*, n° 83, « Répression, contrôle et encadrement dans le monde colonial au XXe siècle », p. 108-127.

63 Jossot, « Si Abdou'l-Karim Jossot nous répond », *La Tunisie française*, 27 février 1930. Le cercueil de Dinet fut transporté à Bou Saada. Assistèrent à ses funérailles le gouverneur général de l'Algérie Pierre Bordes, le préfet d'Alger Atger, l'administrateur de Sidi-Aïssa Destaing, le conseiller général Gardel, des caïds, des bach-aghas... aux côtés de Tayyeb el Okbi, figure des réformistes qui constitueront bientôt l'Association des Oulémas ; *cf.* F. Pouillon, *Les Deux Vies d'Étienne Dinet, peintre en islam*, *op. cit.*, p. 204-207.

qu'il possédait dans le monde politique pour venir en aide aux musulmans d'Algérie beaucoup plus malmenés que leurs frères tunisiens ». Il serait donc normal qu'on le tienne pour un saint à Bou Saâda où il laisse « le souvenir d'un homme de bien » : nul doute que les pauvres gens de Bou-Saâda ne considèrent comme le tombeau d'un marabout le petit pavillon qu'il avait fait construire dans son jardin de l'oasis où il est maintenant enterré[64].

Contrairement à Dinet, Jossot a bien rompu avec le mode de vie bourgeois. Quelques éléments marquent la différence entre les deux artistes. Alors que Dinet n'a pas présenté sa conversion comme une rupture, et n'a pas fait de l'abandon du vêtement européen un symbole, Jossot a accompagné sa conversion d'une prise d'habit : dans l'article qui l'annonce, il affirme qu'il portera désormais le fez, tout en se moquant de cette coiffure turque, qualifiée de « pot de fleurs renversé[65] ». Et le livret qu'il publie la même année est illustré en frontispice d'un double portrait photographique : le premier, sans doute daté de ses années parisiennes, le montre en costume et haut de forme ; le second, signé du photographe Lehnert, il est représenté de trois-quarts, la barbe et les moustaches bien taillées, les mains jointes sur les genoux, vêtu d'un magnifique burnous et d'une chemise blanche dont la clarté prend la lumière, et la tête recouverte d'un turban brodé[66]. De façon comparable, alors que Dinet choisit un prénom musulman, Nasr ad-Dîn, qui fait écho à son patronyme d'origine (Dîn/Dinet)[67], le prénom que choisit Jossot n'a aucun lien avec son nom français[68].

---

64 Jossot, « Si Abdou'l-Karim Jossot nous répond », *La Tunisie française*, 27 février 1930.

65 *Id.*, « La conversion de Jossot », *La Dépêche tunisienne*, 10 février 1913, reproduit dans *Sauvages blancs*, *op. cit.*, p. 57.

66 Ces deux portraits photographiques sont reproduits dans M. Dixmier et H. Viltard, *Jossot. Caricatures. De la révolte à la fuite en Orient (1866-1951)*, *op. cit.*, p. 150-151. Sur l'œuvre de Lehnert, voir le beau livre de Michel Mégnin, *Tunis 1900. Lehnert et Landrock photographes*, Paris/Tunis, Paris-Méditerranée/Apollonia, 2005.

67 F. Pouillon, *Les Deux Vies d'Étienne Dinet, peintre en islam*, *op. cit.*, p. 126.

68 On peut voir dans le choix de ce prénom une façon de rendre grâce à la générosité (*karam*) de Dieu : « Pour me charmer, le Généreux a composé des jeux de lumière et des harmonies de couleurs adorables qui m'ont plongé dans l'extase ; durant le jour Son soleil a flamboyé sur moi ; pendant la nuit Ses étoiles ont illuminé mes songes. Puis, du fond du Sahara, Il a fait accourir une puissance mystérieuse, une force enveloppante, irrésistible : le souffle de l'Islam m'a prosterné, pantelant, sur le sable des dunes ; alors j'ai clamé l'attestation millénaire des croyants : « Allah est le plus grand » ; Jossot, *Le Sentier d'Allah*, *op. cit.*, p. 23. Il est aussi possible qu'il fasse référence à l'œuvre du mystique sûfî 'Abd *al-Karîm*

On l'a dit, Jossot est entré en relations avec un de ses voisins à Sidi-Bou-Saïd, Muḥammad al-Hâdî, fils de Khéreddine pacha. Né à Tunis, Muḥammad al-Hâdî avait rejoint en 1878 son père à Istanbul. Après avoir été nommé auditeur au Conseil d'État, plutôt que de s'engager dans une carrière au service de l'administration ottomane, il avait préféré partir vivre à Paris pour y étudier la peinture[69]. Attiré par les sciences religieuses, il s'était ensuite rendu au Maroc où il avait suivi l'enseignement de Muhammad al-Kittânî (1858-1927), fils du chaykh al-islâm et conseiller du sultan Jaafar b. Idriss, et membre éminent de la confrérie kattâniyya. Revenu à Istanbul au lendemain de la révolution jeune-turque de 1908, il s'était rapproché du chaykh Charaf al-dîn Daghastânî (1875-1936), maître de la confrérie Naqchabandi, et était devenu une des figures de l'opposition religieuse au gouvernement jeune-turc[70]. Suite à la répression qu'exercèrent les membres du Comité Union et Progrès contre tous leurs opposants au lendemain de l'assassinat en juin 1913 du grand vizir Mahmûd Chevket Pacha, il avait dû quitter l'empire. Il choisit de s'installer dans son pays natal, à Sidi-Bou-Saïd, sans doute attiré par la beauté du site et la présence du tombeau du saint[71]. Si l'on en croit *Le Sentier d'Allah*, c'est après avoir reçu pendant la Grande Guerre une lettre en français signée Ghazali, lui proposant de le rencontrer pour l'aider à avancer dans la voie de l'islam, que Jossot entra en relation avec lui, supposant à tort que Muḥammad al-Hâdî pouvait seul en être l'auteur. Jossot présente cette rencontre comme une étape importante dans son cheminement spirituel. *Le Sentier d'Allah* reproduit les propos que le savant aurait tenus lors de leur premier entretien :

---

al-Jîlî (1365 ?-1428 ?), auteur d'*Al-insân al-kâmil fî-l-ma'rîfa*, qui sera traduit en français en 1953 par Titus Burckhardt (1908-1984) sous le titre *De l'Homme universel*.

69 Muḥammad al-Hâdî aurait non seulement fréquenté l'atelier de Jean-Paul Laurens mais aussi celui de Georges Rochegrosse, sans doute avant 1900, année à partir de laquelle ce dernier passe tous les hivers à Alger ; *cf.* Sadok Zmerli, « Un grand mystique, sidi Mohammed Kheireddine », *La Vie tunisienne illustrée*, janvier 1923.

70 Ces éléments sur les contacts de Muḥammad al-Hâdî avec les confréries katâniyya et naqchabandiyya sont tirés du texte que Henri Viltard a consacré au personnage sur son site Goutte à Goutte (« Mohamed Bey Kheireddine (1870-1922), premier "instructeur" de Jossot », http://gustave.jossot.free.fr/kheireddine.html, consulté le 16 février 2021), texte lui-même fondé sur une notice biographique publiée par Sadok Zmerli, *Figures tunisiennes, Les Successeurs*, Tunis, Maison tunisienne de l'édition, 1967.

71 Selon Mohamed-Salah Mzali et Jean Pignon, *Khérédine homme d'État. Mémoires*, Tunis, Maison tunisienne de l'édition, 1971, p. 17, Muḥammad al-Hâdî aurait effectué « de nombreux et longs voyages en Arabie ».

> Vous ne connaîtrez Allah que par la médiation de Mohammed. [...] Travaillez activement à dessiner en vous son icône ; efforcez-vous de sentir sa présence ; [...] interrogez-le ; écoutez ses réponses : au début elles seront formulées par votre inconscient ; peu à peu elles vous arriveront d'ailleurs.
>
> [...] vous finirez par le rencontrer dans vos [...]. Alors, devant cette apparition qui reproduira vos moindres gestes, vous comprendrez que Mohammed c'est vous-même.
>
> Une fois résorbé en la Conscience Universelle, votre Ego devra encore ascendre [...] jusqu'à l'ultime degré initiatique où *Mohammed*, se transfigurant pour la seconde fois, devient *Ahmed*.
>
> Telle est la voie étroite qui mène à la Connaissance [...] : c'est la *Tarika*, le *sentier d'Allah*.

C'est donc une initiation spirituelle soufie que propose le notable ottoman, qui meurt brusquement, à la suite d'une crise cardiaque, le 24 décembre 1922[72]. Un couple de Français convertis et adeptes de la confrérie alawiyya, Eugène devenu Jaafar Taillard (né en 1869), instituteur et interprète judiciaire[73], et son épouse, servent alors à Jossot d'accompagnateurs spirituels. C'est en leur compagnie que Jossot se rendra en 1924 à Mostaganem auprès du maître spirituel de la confrérie, le chaykh Ahmad al-Alawî, auquel est dédié *Le Sentier d'Allah*[74].

72 S. Zmerli, « Un grand mystique, sidi Mohammed Kheireddine », art. cité Le demi-frère cadet de Muḥammad al-Hâdî, Tahar (1875-1937), s'était aussi réfugié en Tunisie où il sera nommé en 1921 ministre de la Justice du bey ; *cf.* Mustapha Kraïem, « Autobiographie et relations avec la Résidence de Tahar Khereddine Pacha », Ministre de la Justice de la Régence, *Revue d'histoire maghrébine*, [Tunis], 1974, p. 185-191.

73 Taillard est représentatif de ces instituteurs qui, au contact des populations arabophones, ont acquis des compétences linguistiques qui leur ont permis d'accéder à un meilleur statut, en devenant professeurs d'arabe dans les écoles primaires supérieures, les collèges ou les lycées, ou interprètes. Il obtint le diplôme supérieur d'arabe, qu'il prépara sans doute à l'École supérieure de langue et de littérature arabe fondée en 1913 à Tunis et placée sous la direction de William Marçais. Ce diplôme, difficile, attestait d'une très bonne maîtrise de l'arabe littéral. Il lui permit d'être interprète traducteur assermenté pour la langue arabe près le tribunal mixte de Sousse. Je tire ces éléments biographiques d'un site consacré à la confrérie Alaouia (https://acaalawi.blogspot.com/2018/05/jaafar-taillard-eugene-marino.html (dernière consultation décembre 2020).

74 Sur la confrérie et le chaykh Ahmad al-Alawî, dont plusieurs des textes ont été édités en arabe à Tunis, on pourra lire l'article publié en 1936 par Augustin Berque, « Un mystique moderniste : le cheikh Benalioua », *2e congrès de la Fédération des sociétés savantes*, Tlemcen, 1936, p. 691-776, réédité dans *Écrits sur l'Algérie*, dir. J. Berque, Aix-en-Provence, Édisud, 1986, p. 127-136). Martin Lings, lui-même membre de la confrérie, a consacré une biographie au chaykh, *Un Saint musulman du vingtième siècle, le cheikh Ahmad al-'Alawî. Héritage et testament spirituels*, traduit de l'anglais (sans mention du traducteur), Paris, Le Seuil, 2017

ÊTRE MUSULMAN ET PEINTRE

En 1913, Jossot n'était généralement pas encore considéré comme un artiste définitivement installé à Tunis, mais plutôt comme un artiste parisien qui honorait la régence de sa présence. L'année précédente, il s'était vu réserver une salle entière au Salon tunisien, l'exposition annuelle de beaux-arts qui rythmait la vie artistique locale en matière d'arts plastiques. Un critique, Henri Leca-Beuque, professeur de dessin du lycée de garçons de Tunis, y avait vu « le plus intéressant, le plus français, le plus profondément artiste » des « hôtes passagers du Salon » et l'avait comparé à Molière pour ses « réflexions solides, teintées parfois d'ironie amère, mais soutenues toujours par une très généreuse aspiration vers plus de franchise, autant que stimulées par le mépris implacable de la machiavélique hypocrisie de notre temps[75] ». Les œuvres présentées à Tunis par Jossot se fondaient sur une observation directe des paysages et des habitants de la régence alors même que c'était par son activité de caricaturiste que l'artiste s'était fait connaître, et par la vigueur dénonciatrice de ses caricatures anticléricales et anticoloniales.

Il pouvait sembler paradoxal que ce converti soit un dessinateur et un peintre, alors que l'islam était au Maghreb généralement associé à l'aniconisme. Certains critiques ont d'ailleurs considéré que Jossot ne pouvait réellement continuer à peindre tout en étant musulman[76]. Mais Jossot avait affirmé la primauté de l'imagination sur le travail d'observation de la nature en art. Dans une chronique publiée dans le numéro même de la *Tunisie illustrée* qui rendait compte du Salon tunisien de 1912, Jossot avait présenté son travail de caricaturiste comme une « œuvre purement imaginative et philosophique[77] ». S'il était utile de dessiner d'après nature pour faire provision de formes, de tonalités, cela ne valait que si l'on dépensait ce trésor amassé pour réaliser autre chose :

[1re édition, 1967]). On pourra aussi lire avec intérêt l'autobiographie de Robert Irwin, qui fut adepte de la confrérie et vécut quelques années à Mostaganem dans les années 1960, *Memoirs of a Dervish : Sufis, Mystics and the Sixties*, Londres, Profile Books, *2011*.

75 Henri Leca-Beuque, recension du Salon tunisien de 1912 publiée dans *La Tunisie illustrée*, n° 45, 5 mai 1912.

76 C'est le cas de Paul Pavin de Courteville, dans sa sévère recension du *Sentier d'Allah* déjà citée.

77 Jossot, « Chronique d'art », *La Tunisie illustrée*, n° 45, 5 mai 1912.

> Il n'y a point d'œuvre d'art sans imagination : le réalisme absolu n'est pas de l'Art. L'artiste doit être un medium de génie, [...] et non un pâle copiste des matérialités contingentes. Ayons l'horreur du réel ; cherchons l'Étrange. [...] En vérité, en vérité, je vous le dis : toute œuvre doit être conçue dans la fièvre d'esprit.
>
> L'art est la matérialisation du Rêve : l'artiste doit simplement transposer en mode humain la vision qu'il a des mondes supérieurs ou inférieurs [...] tout paroxysme est de l'Art [...] Exacerbons notre vision, notre technique. Et qu'importe si nous sommes incompris. Le peintre qui n'ose pas choquer le public n'est pas un artiste. [...] Nous abaisser vers les profanes, quelle abjection ! C'est la foule qui doit se donner la peine de monter jusqu'à nous[78].

Cette conception de l'art comme fruit de l'imaginaire et non comme copie de la nature levait tout risque d'incompatibilité avec l'islam. De fait, Dinet ne mit pas fin à sa pratique du dessin et de la peinture après sa conversion, malgré des périodes d'interruption. La conversion confirme un mouvement qui tendait à lui faire abandonner la caricature qui, en dénonçant les travers de la société, pouvait sembler « un exutoire de la haine[79] ». Il se concentre désormais sur des œuvres sans signification politique explicite, à travers lesquelles il peut célébrer la beauté de la création divine, à partir d'éléments naturels ou d'édifices religieux, sous une forme qui, derrière son aspect « décoratif », est expressive. Jossot a ainsi pu traiter à la façon d'un visage le mausolée de Sidi bel Hassen, qui domine le cimetière du Jellaz[80]. Signe que la foi dans la valeur des images et l'islam étaient à ses yeux compatibles, Jossot avait prévu une édition illustrée du *Sentier d'Allah*[81]. Mais le manuscrit comportant texte et dessin, après être passé d'un éditeur à l'autre (Fasquelle, E. Rey, Crès), aurait été repris des mains d'Ambroise Vollard par Jossot : le petit livret publié en Tunisie à compte d'auteur ne contient pas d'autres illustrations

78 *Ibid.*

79 « Lettre à Jehan Rictus », juin 1904, citée par M. Dixmier et H. Viltard, *Jossot. Caricatures. De la révolte à la fuite en Orient (1866-1951)*, *op. cit.*, p. 104. Ces derniers ont noté que Jossot n'a de fait publié aucune caricature entre novembre 1907 et son installation en Tunisie en 1911 (*ibid.*, p. 116).

80 « Entretien avec Narriman El Kateb ben Romdhane », printemps 2012. Ce tableau faisait partie de la collection de la veuve de Hamouda Skandrani, épousée par ce dernier en secondes noces. On pourrait sans doute faire une lecture religieuse d'une grande partie de sa production picturale représentant des paysages, comme par exemple ses *Aloès à Sidi bou Saïd* (vers 1925) ou sa *Bibliothèque* (vers 1925), reproduits par M. Dixmier et H. Viltard, *Jossot. Caricatures. De la révolte à la fuite en Orient (1866-1951)*, *op. cit.*, p. 159-160.

81 Jossot avait certainement connaissance de l'édition de *La Vie de Mohammed, prophète d'Allah* d'Étienne Dinet, illustrée par Mohamed Racim, Paris, Piazza, 1918.

que celle de la page de couverture[82]. Cette volonté de rompre avec l'affiche publicitaire et la caricature connaît des exceptions, sans doute parce que Jossot doit s'assurer quelques revenus. Dans ses productions commerciales, il parvient à délivrer un contre-discours : on peut ainsi lire, dans son affiche pour la compagnie du Paris-Lyon-Méditerranée, une paradoxale dénonciation de la façon dont le chemin de fer et le tourisme dévastent la nature et portent atteinte à la dignité des hommes qui constituaient la société indigène traditionnelle[83].

L'année même de la publication du *Sentier d'Allah*, Jossot témoigne d'un certain détachement vis-à-vis de l'islam : dans une lettre adressée en 1927 au philosophe individualiste Han Ryner en vue d'obtenir de lui une aide pour publier *Le Fœtus récalcitrant*, il dit n'appartenir « plus à aucune religion. Je les ai toutes étudiées : mais j'ai eu beau m'allonger de grands coups de pied sur le coccyx, je n'ai pas réussi à croire en elles[84] ». Il reste cependant attaché au soufisme[85]. Selon Henri Viltard, qui se fonde sur un article de la revue *Leïla* dont le fondateur, Mahmoud Zarrouk, résidait à Sidi-Bou-Saïd, et sur un témoignage oral, vers 1939, il n'aurait plus porté son nom musulman, ni le burnous, ce qui aurait suscité une certaine déception au sein de la population musulmane[86]. Il ne survit que peu de temps à la mort de sa femme en septembre 1947, et c'est civilement qu'il est enterré au cimetière de Dermech en avril 1951[87]. Cette fin explique sans doute qu'il soit tombé dans un oubli relatif dans la Tunisie indépendante et que sa figure ne soit pas commémorée aujourd'hui dans les milieux soufis. C'est au sein de la

82 Jossot, *Le Sentier d'Allah*, Tunis, Imprimerie-Publicité V. Hababou et Cie, 1927. La couverture illustrée est reproduite dans M. Dixmier et H. Viltard, *Jossot. Caricatures. De la révolte à la fuite en Orient (1866-1951)*, *op. cit.*, p. 148.

83 Pour une reproduction et une mise en perspective de cette affiche, voir *ibid.*, p. 145-146.

84 Lettre écrite à Hammamet le 4 avril 1927, citée par H. Viltard, « Jossot philosophe. Caricature et métaphysique », *Le Fœtus récalcitrant*, *op. cit.*, p. 121-122.

85 Jossot lui consacre un court article dans une revue publiée entre 1932 et 1936 à Tunis sous la direction d'Anne Denis-Dagieu, « Les sentiers du çoufisme », *Les Papiers du merveilleux*, n° 3, p. 76-78.

86 Khaled, « Émancipation », *Leïla*, 4e année, n° 2, juillet 1939 et témoignage d'Ahmed ben Mbarek, né vers 1919, cités par H. Viltard, « Abdoul-'l-Karim Jossot : polémiques d'un renégat en Tunisie », art. cité, p. 29.

87 Jean Maitron, « Gustave, Henri Jossot », *Le Maitron. Dictionnaire biographique. Mouvement ouvrier. Mouvement social*, version mise en ligne le 24 novembre 2010, dernière modification le 16 mai 2011 (http://maitron-en-ligne.univ-paris1.fr/spip.php?article114651, consulté le 16 février 2021).

mouvance libertaire qu'il reste le mieux connu, et chez les caricaturistes. Ironie cruelle de l'histoire, c'est au nom de l'islam que le directeur de la rédaction de *Charlie Hebdo* Stéphane Charbonnier dit Charb, qui exprima son admiration pour Jossot et lui consacra un dessin[88], fut assassiné en janvier 2015.

Alain MESSAOUDI
MCF à l'université de Nantes

88 Ce dessin, qui met en scène un dialogue entre deux policiers (« Jossot, c'est un islamiste. – Ça m'étonne pas, chacun de ses dessins était un attentat ») est reproduit sur le site que Henri Viltard consacre à l'œuvre de Jossot (http://gustave.jossot.free.fr/actu.html, consulté le 16 février 2021).

MICHEL AFLAK, DU PANARABISME À L'ISLAM

Compte tenu du contexte actuel au Proche-Orient, où l'islamisme se présente sous un jour triomphant et où tant de chrétiens en souffrent, il peut sembler incroyable que, voici moins d'un siècle, un membre éminent d'une église levantine, intellectuel de haute volée, et de surcroît connu comme un fervent militant de la laïcité, ait pu finir sa vie en se déclarant musulman. Telle est pourtant la trajectoire accomplie par Michel Aflak, principal fondateur du Parti Baas (Résurgence[1]), parti qui est encore aux commandes dans son pays natal, la Syrie.

Après avoir retracé les grandes étapes de son parcours intellectuel et politique, j'essaierai de comprendre les motifs du choix religieux de la dernière heure, en soulignant au passage quelques aspects relatifs au rapport que certains chrétiens d'Orient entretiennent avec l'islam.

DE LA SORBONNE AU NATIONALISME ARABE

Michel Aflak est né à Damas en 1910, dans une famille de la petite bourgeoisie grecque-orthodoxe, communauté chrétienne alors la plus nombreuse en Syrie, ce qui est encore le cas aujourd'hui. C'est à Damas que se trouve le siège patriarcal de cette Église, par ailleurs présente dans les autres pays arabes.

Voyons d'abord le contexte de l'époque. Dans les provinces arabes de l'Empire ottoman qui vient de s'effondrer après quatre siècles de domination, l'hostilité envers les Turcs est vive. Elle se manifeste dans toutes les confessions, chrétiennes et musulmanes. Mais ce sont d'abord

1 Le mot *Baas* s'écrit aussi *Ba'th*. Il peut aussi signifier « Renaissance » ou « Résurrection ».

des chrétiens de Syrie et du Liban qui, à la fin du XIXe siècle, ont conçu un programme de renaissance culturelle arabe, la *Nahda*. La famille Aflak est profondément marquée par cet idéal émancipateur qui s'oppose aussi aux Puissances européennes, France et Grande-Bretagne, après que celles-ci ont décidé de se partager les dépouilles de l'Empire, obtenant ensuite, en 1920, l'attribution par la Société des Nations de Mandats sur le Levant. À la France sont confiés le Liban et la Syrie ; l'Irak, la Transjordanie et la Palestine reviennent à la Grande-Bretagne. Chez les Aflak, on milite donc contre la tutelle française, qui se concrétise par l'instauration du haut-commissariat (établi à Beyrouth) et l'occupation militaire. Ils participèrent d'ailleurs au soulèvement anti-français qui se déroula à Damas en 1925 et fut durement réprimé par l'armée française.

C'est néanmoins en France que le jeune Michel poursuit ses études supérieures puisqu'en 1928 il s'inscrit à la Sorbonne où il choisit l'histoire. Il s'intéresse particulièrement aux grands courant d'idées politiques en vigueur en Europe depuis le XIXe siècle, découvrant des penseurs tels qu'Henri Bergson, Emmanuel Mounier, André Gide, Charles Maurras, Romain Rolland, Pierre-Joseph Proudhon, mais aussi Karl Marx, Lénine, Nietzsche. Leurs enseignements l'amènent à concevoir les fondements du nationalisme arabe sur des bases rationnelles, à l'opposé des approches émotionnelles propres aux mentalités proche-orientales.

De nombreux jeunes Arabes de toutes confessions étudient alors à Paris et se retrouvent autour d'aspirations communes. C'est ainsi que Michel Aflak fait la connaissance de son compatriote musulman sunnite, Salah el-Din Bitar, lui aussi natif de Damas. Étudiant en sciences naturelles et physique, Bitar est attiré par le même idéal. Ensemble, ils fondent l'Union des Étudiants arabes en France. Rentrés à Damas, à partir de 1932, ils enseignent au lycée *Tajhiz el-Ula*, le meilleur de la ville, profitant de leur position pour sensibiliser leurs élèves aux problèmes politiques du monde arabe et les influencer sur leur vision de l'avenir. Ils font aussi connaître leurs idées par des articles publiés dans des journaux hostiles au mandat français, dont certains sont clairement marxistes, ce qui leur vaut d'être sanctionnés par le ministère de l'Éducation. Ils prennent alors leurs distances avec l'Internationale prolétarienne, affirmant ne pas vouloir « passer d'une domination à une autre ».

En 1939, rompant officiellement tout lien avec les milieux communistes, Aflak et Bitar fondent le Cercle de la résurgence arabe. On y exalte l'âge d'or des Arabes, leurs conquêtes et leur mission à l'égard de l'humanité. Les deux militants sont alors rejoints à Damas par un autre de leurs compatriotes, Zaki Arsouzi, de confession alaouite. Lui aussi diplômé de la Sorbonne, il était rentré à Alexandrette, sa région natale, où il enseignait la philosophie ; il y avait créé une Ligue d'action nationaliste et un Cercle de l'arabisme, deux mouvements précurseurs du Baas. S'ils partagent les mêmes idées, leur alliance ne dure pas car Arsouzi, malgré son militantisme arabe, condamne le soutien qu'Aflak apporte au coup d'état fomenté en Irak en 1941 contre la monarchie et le mandat britanniques.

1943 est l'année de fondation du Parti de la renaissance arabe, *Baas* en abrégé. Michel Aflak en rédige le programme autour de cette devise : « Une nation arabe avec une mission éternelle ». S'adressant aux chrétiens, il leur demande de participer à son mouvement et d'accepter l'islam comme culture nationale des Arabes.

Les premiers bureaux du Baas sont ouverts dans la capitale syrienne en 1945. L'année suivante, le parti se donne un quotidien, qui prend son nom : *El-Baas*. 1946 est aussi celle de l'indépendance de la Syrie, événement que Michel Aflak commente dans un éditorial, tout en annonçant le combat pour l'unité arabe. « Il faut maintenant créer les conditions de la grande révolution arabe du XXe siècle qui permettra aux Arabes de réintégrer l'histoire. » Mais ce n'est que le 7 avril 1947 que le Parti Baas Arabe et Socialiste (son nom définitif) est officiellement créé. Il est doté d'une charte lors d'un congrès qui se déroule au café Luna-Park (Damas) et auquel participent non seulement des Syriens mais aussi des Palestiniens, des Libanais, des Irakiens et des Jordaniens. Aflak est élu secrétaire général. Sa carrière l'a rarement appelé à des fonctions gouvernementales. Il ne fut qu'une seule fois ministre, titulaire du portefeuille de l'Éducation nationale.

Suite à l'instauration de la dictature à Damas, en 1966, le parti est interdit. Aflak est plusieurs fois emprisonné ou contraint à l'exil : Beyrouth, l'Allemagne, le Brésil. En 1968, il est accueilli en Irak où le Baas a été adopté comme doctrine officielle du régime révolutionnaire de Hassan El-Bakr. Il y est nommé secrétaire général du comité panarabe du Baas.

Michel Aflak meurt le 23 juin 1989 à l'hôpital militaire du Val-de-Grâce à Paris. Son corps est rapatrié à Bagdad où le président Saddam Hussein déclare sa conversion à l'islam et où il est enterré comme musulman. Les autorités irakiennes lui érigeront un mausolée surmonté d'une statue monumentale qui porte son nouveau nom : Ahmed Michel Aflak.

LE PANARABISME ET L'ISLAM

Le Parti Baas ne s'est jamais voulu confessionnel, mais il n'a pas non plus opté pour le rejet de la religion. L'idée maîtresse qui a présidé à sa naissance est l'arabité, élément constitutif d'« une nation pas comme les autres » et, au-delà, le panarabisme. Aflak n'a jamais donné une définition scientifique de la nation arabe. Mais il tenait à réserver la primauté aux éléments d'ordre spirituel sur ceux d'ordre matériel, comme il l'écrivit dans un article de la revue *Orient* : « Le nationalisme est dans ses aspects positifs l'expression des liens spirituels et historiques entre les membres d'une même nation marquée par l'histoire d'un cachet particulier[2]. »

Sa vision reposait sur le personnalisme, héritage de ses études en Sorbonne. C'est pourquoi l'individu est au centre de ses préoccupations : il s'agit de créer un homme nouveau dans une société régénérée par le nationalisme. La nation arabe, explique-t-il, est bien autre chose qu'une simple « addition numérique de gens » : elle est une « idée éternelle, omniprésente, puissante et créatrice, qui pousse l'être arabe à l'action et stimule les sacrifices[3] ».

Michel Aflak portait un jugement sévère sur l'état des Arabes, mais il voulait leur proposer une espérance. Il tenait pour cela à exalter leur histoire et à stimuler leur désir de renouveau. « Si leur nation, dont le passé fut glorieux, est aujourd'hui minée par la désintégration et soumise à la domination étrangère, décadente, en proie à la "maladie du verbe" dont son impuissance se vêt », les Arabes peuvent néanmoins se ressaisir, car « l'âme arabe qui s'est épanouie à l'âge d'or ne s'est pas éteinte quand le déclin est survenu ». Cette conviction est inscrite dans la Constitution du Baas (3e principe).

Il justifie ainsi le projet du Baas en le présentant comme unique moyen pour sortir de la décadence :

> Notre parti est le meilleur parce qu'il place au centre de son existence la nécessité pour la société arabe de se dépasser, de recouvrer sa vraie personnalité et de retrouver à travers un dur effort une authenticité originelle. Seulement

2 *Orient*, nº 30, 1964, p. 107. Cité par Claude Palazzoli, *La Syrie, le rêve et la rupture*, Paris, Le Sycomore Éditions, 1977, p. 108.

3 Cité par Claude Palazzoli, *ibid.*

ainsi le peuple arabe pourra se libérer de la dénaturation qu'il a subie. Cette libération ne sera pas facile [...]. Les maux dont souffre notre société ne sont pas minces. [...] La personnalité superficielle, peu confiante en elle-même, incapable d'assumer son indépendance et de faire front aux problèmes. L'esprit y est pauvre, stérile, ses horizons sont limités. L'atmosphère dans laquelle il baigne est celle de la décadence[4].

Pour guérir la conscience collective arabe du sommeil où elle est plongée, pour l'aider à « ressurgir, radieuse, des dépôts de pourriture qui la recouvrent [...] un soulèvement est nécessaire, un éveil brutal, total, rapide et vif, que seule une avant-garde opèrera : des bataillons de jeunes hommes formés dans l'idéal d'un esprit neuf et sain qui refusent de marcher sur les traces honteuses de leurs aînés. Libérés des tares de la compromission, de la servitude et de l'immoralité et portés par l'amour de la patrie, ils ne sauraient manquer de vaincre[5]. » « Unité, liberté, socialisme », tels sont les trois piliers du Baas. Par socialisme, Aflak entend la promotion de la justice, du bien commun, de la pleine citoyenneté pour tous, y compris les femmes et les non-musulmans.

Dans un livre publié en 1940 sous le titre *L'Amour de la nation arabe*, Michel Aflak attribue une forme de messianisme à la nation arabe, comme l'exprime d'ailleurs la devise du Baas : « Une nation arabe avec une mission éternelle ». Les Principes fondamentaux de la Constitution du parti reprennent cette idée : « La nation arabe constitue une entité spirituelle et culturelle, et toutes les divergences entre ses enfants sont contingentes et fausses. Elles cesseront avec l'éveil de la conscience arabe » (§ 1-2).

Mais cette conscience doit correspondre à une identité. En quoi consiste donc l'identité arabe ? La définition en est donnée dans les Principes généraux de la Constitution du Baas. « Est arabe quiconque dont la langue est l'arabe et vit sur le sol arabe et aspire à y vivre, et est convaincu de son appartenance à la nation arabe » (§ 6-10). Il convient donc de « lutter contre le colonialisme pour libérer notre patrie de façon absolue et totale » (§ 6-1) et de « lutter pour rassembler tous les Arabes dans un État indépendant unique » (§ 6-2). C'est d'ailleurs pourquoi le Baas se posa comme une force de dépassement des autres mouvements

4 Cité par Kassim Sallam, *Le Ba'th et la Patrie arabe*, Paris, Éditions du Monde arabe, 1982, p. 113-114.

5 C. Palazzoli, *La Syrie, le rêve et la rupture*, *op. cit.*, p. 109.

idéologiques surgis au début du XXe siècle tels que le Parti populaire syrien, le Parti communiste ou encore les Frères musulmans dont les objectifs étaient plus étroits. Pour Aflak, le nationalisme arabe est incompatible avec les patriotismes locaux. « La Patrie arabe forme une unité politique et économique indivisible [...]. La Nation arabe forme une unité culturelle. Toutes les différences qui existent entre ses fils sont momentanées et illusoires. Elles sont annulées par le réveil de la Conscience arabe » (1er principe de la Constitution du Baas).

Quant aux limites géographiques de cet unique état, Michel Aflak les envisage très étendues. « Notre objectif est clair et il ne souffre aucune ambiguïté : une seule nation arabe, de l'Atlantique au golfe Persique. » Les territoires concernés sont énumérés dans la Constitution du Baas (Principes généraux, art. 7). Ce projet suscite l'adhésion d'une partie de l'opinion arabe dans la plupart des pays de la région. C'est d'ailleurs pourquoi Aflak s'est investi personnellement dans la création de la République Arabe Unie (RAU) conclue en 1958 entre le président égyptien Abdel-Gamal Nasser et son homologue syrien, Choukri Kouatly. Le *raïs* égyptien jouissait alors d'un prestige immense dans le monde arabe pour avoir tenu tête à l'Occident et à Israël lors de la crise de Suez, en 1956. Mais la dissolution du Baas, exigée par Nasser qui imposait son autorité à l'ensemble Égypte-Syrie, entraîna l'échec de la RAU, qui fut dissoute en 1961. Cette rupture scella la fin du rêve d'un état arabe unique. Le Baas s'est reconstruit grâce à un Comité militaire clandestin fondé par trois alaouites (dont Hafez El-Assad[6]) issus de l'Académie de Homs. Ces officiers étaient très critiques envers Michel Aflak, coupable à leurs yeux d'avoir précipité la Syrie dans les bras de l'Égypte. Ils s'emparèrent du pouvoir à Damas en 1963. Le Baas s'est alors décentralisé, ouvrant des antennes dans plusieurs pays de la région.

Pour Michel Aflak la participation à la défense active des grandes causes arabes devait contribuer au renouveau souhaité, ce qui explique ses positions très hostiles au sionisme et à l'immigration des juifs en Palestine. L'un de ses premiers combats fut la lutte pour la préservation d'une Palestine arabe. Avec Salah el-Din Bitar, il participa personnellement à la guerre israélo-arabe de 1948. Il créa aussi à Damas un bureau permanent pour la Palestine. L'opposition à l'existence d'Israël a profondément marqué les militants et sympathisants du Baas, jusqu'en 2003 en Irak et aujourd'hui encore en Syrie.

---

6 Voir Pierre Guingamp, *Hafez El Assad et le parti Baath en Syrie*, Paris, L'Harmattan, 1996.

L'autre caractéristique du Baas était sa neutralité religieuse. C'est pourquoi, dès sa fondation, il recruta massivement parmi les minorités : chrétiens, druzes, alaouites. En Syrie, ceux-ci s'inquiétaient de ne pas avoir leur place dans un état indépendant dominé par l'islam sunnite. Ce qui les attirait aussi était la garantie offerte par Aflak dans le domaine des libertés. « La liberté est l'essence de l'arabisme », disait-il en 1943. « Et la liberté de pensée est l'un des aspects les plus importants de la liberté [...]. Une nation libre est faite d'individus libres. » La doctrine du Baas exprime donc d'abord les préoccupations des minoritaires qui voudraient se libérer de la prépondérance socio-politique de l'islam.

Bien que n'ayant aucun fondement religieux, et tout en préconisant le respect de toutes les libertés (art. 41 de la Constitution du Baas) – la liberté de religion n'est cependant pas mentionnée –, selon Michel Aflak, le nationalisme arabe ne pouvait se concevoir en dehors de l'islam, compris comme élément décisif de l'arabité. Il en était tellement convaincu qu'il insista beaucoup et souvent sur ce point. « Arabisme et islam ne sont pas antagonistes et ils ne peuvent pas l'être puisqu'ils sont tous deux de même nature », écrivait-il en 1940[7]. Est-ce pour cette raison que la liberté de religion et de conscience ne figure pas dans la Constitution du Baas ?

À l'adresse des chrétiens du Proche-Orient, Aflak soulignait la nécessité pour eux de « reconnaître en l'islam une culture nationale au sein de laquelle ils doivent s'immerger, afin de la comprendre et de l'aimer » et de « s'attacher à lui comme à l'élément le plus précieux de leur arabisme[8] ». Il considérait même la division de l'univers arabe en confessions distinctes comme une survivance néfaste du passé, un ferment de dispersion et de zizanie de nature à retarder la libération nationale, dès lors, notamment, que l'étranger serait tenté de jouer sur elle[9].

La Constitution du Baas répond à ces exigences. On y lit ceci : Toutes les différences existantes entre les Arabes doivent être éliminées avec l'éveil de la conscience arabe » ainsi que « les séquelles de la ségrégation politico-religieuse érigée en politique d'État par les Ottomans et qui tendent à privilégier, dans les populations, le sentiment d'appartenance à un groupe donné, aux

7 Cité par Olivier Carré, « Le mouvement idéologique ba'thiste », *La Syrie d'aujourd'hui*, CNRS Éditions, 1980, p. 200.

8 *Orient*, n° 33, 1965, p. 72. Cité par Claude Palazzoli, *op. cit.*, p. 112.

9 *Cf.* C. Palazzoli, *La Syrie, le rêve et la rupture*, *op. cit.*, p. 112.

dépens de l'idée de communauté nationale » (Principes fondamentaux, § 1 et 2). Il s'agit ici d'une allusion au *millet* (mot turc signifiant « nation », compris dans un sens confessionnel) institué par l'Empire ottoman, qui permettait aux minorités non-sunnites de s'organiser autour de leurs hiérarchies religieuses. Ainsi, l'article 15 de la Constitution du Baas condamne « tous les fanatismes confessionnels, tribaux, raciaux et particularistes ».

À cet égard, le texte le plus engagé d'Aflak reste sans doute le long discours qu'il prononça le 5 avril 1943 à l'Université de Damas en l'honneur de Mahomet. « L'arabisme est le corps dont l'âme est l'islam », affirme-t-il dans ce texte apologétique intitulé *À la mémoire du prophète arabe*. En voici quelques autres idées-maîtresses :

> L'islam, incarné dans la vie du prophète, n'est pas aux yeux des Arabes un simple événement historique qu'on expliquerait en termes de temps et d'espace, de causes et d'effets. C'est un mouvement si profond, si impétueux et si vaste qu'il est directement lié à la vie intrinsèque des Arabes prise dans l'absolu. [...] L'islam est l'élan vital qui actionne les forces latentes de la Nation arabe [...]. En outre, si l'islam a engendré nombre de conquêtes et de civilisations, il les contenait en germe durant les vingt premières années de sa mission.
>
> [...] Chaque Arabe aujourd'hui est capable de revivre la vie du prophète [...]. Autrefois, Mohamed a personnifié tous les Arabes ; aujourd'hui, tous les Arabes doivent incarner Mohamed.

La suite est particulièrement surprenante de la part d'un chrétien :

> Un Arabe [*Mahomet*] reçut un jour un message céleste et se mit à le prêcher à l'humanité qui, autour de lui, se composait d'Arabes. Un petit nombre d'entre eux répondit à son appel, mais la majorité y résista. Il émigra donc avec les croyants et fut combattu par les polythéistes, jusqu'au jour où la vérité triompha et que tout le monde y crut. [...] En effet, il est une vérité éclatante que seuls les obstinés arrogants peuvent nier : les Arabes furent choisis pour transmettre le message islamique en raison de qualités et de vertus qui leur sont inhérentes ; et l'époque qui a vu naître l'islam fut choisie parce que les Arabes avaient atteint la maturité et la plénitude nécessaires pour recevoir un tel message et le transmettre à l'humanité [...]. L'islam fut donc un mouvement arabe qui avait pour signification le renouvellement et la plénitude de l'arabisme.

Michel Aflak s'abstient en outre de critiquer certaines pratiques contestables de l'islam. Ainsi, dans le même discours, il affirme qu'aucune intention conquérante, aucune volonté de domination ou d'asservissement ne motiva l'expansion musulmane. Il distingue aussi une cause première, la foi en un seul Dieu, et une cause seconde, la législation élaborée par l'islam. C'est pourquoi, tout en admettant la légitimité de la charia enracinée dans la religion, car « tout ce que Dieu ordonne est juste et bon », il n'entend pas accepter la soumission des Arabes à cette loi, refusant de considérer l'islam comme un système figé, réfractaire à tout changement. En cela, il s'oppose à la doctrine des Frères musulmans, adeptes du « tout islam » comme solution aux maux dont souffrent les Arabes. Pour Aflak, le temps du califat est révolu mais le nationalisme arabe, à la différence du kémalisme turc qui a manifesté une véritable hostilité à l'héritage musulman, ne rejette pas une religion dont l'histoire s'est largement confondue, pendant plusieurs siècles, avec celle de l'expansion arabe.

Pour lui, les Arabes ont un avantage sur le plan religieux : la religion est inhérente à leur être profond ; ils ne l'ont pas reçue de l'extérieur comme les Européens, sous-entendu avec le christianisme. « Il n'est donc pas possible, affirme-t-il, de célébrer un de nos immortels en tant qu'Arabe et de l'ignorer ou de le rejeter en tant que musulman [...]. En conséquence, le lien qui unit l'islam à l'arabisme n'a aucune similitude avec celui qui existe entre d'autres religions et d'autres nationalismes. » Et revenant à l'attitude que les chrétiens doivent avoir envers l'islam, il poursuit :

> Un jour, lorsque leur nationalisme sera pleinement épanoui et qu'ils renoueront avec leur caractère original, les Arabes chrétiens sauront que l'islam représente pour eux une culture nationale dont ils devront s'imprégner afin de la comprendre, de l'aimer et de la protéger en tant qu'aspect le plus précieux de leur arabisme. Et si la réalité est encore loin de ce vœu, il incombe à la nouvelle génération d'Arabes chrétiens d'œuvrer avec courage et abnégation pour le réaliser, sacrifiant à cette fin leur orgueil et leurs intérêts.

Manifestement, Aflak envisage l'islam d'abord comme une réalité culturelle : il voit en lui la première manifestation historique de l'arabité.

Commentant ce discours, l'orientaliste Olivier Carré écrit : « Aflak entend capter la force mobilisatrice de l'islam au service de la résurgence de la Nation arabe. Mais sans les prescriptions légales islamiques[10]. » Son projet est laïque. Le Baas n'est pas pour autant athée, puisqu'il milite pour une « promotion morale et spirituelle » (art. 5 de la Constitution du parti). Sur la laïcité, il se veut prudent et flou. Le mot est absent de ses textes fondateurs. La Constitution se contente d'indiquer la nécessité de « lutter

10 Olivier Carré, « Le mouvement idéologique ba'thiste », art. cité, p. 201.

contre les superstitions et les traditions rétrogrades » (art. 44). Il s'agissait sans doute de ne pas provoquer la suspicion des musulmans conservateurs. En réalité, « c'est un laïcisme très teinté d'islam », conclut Olivier Carré[11].

Sous le régime baassiste de Saddam Hussein (1979-2003), l'islam avait été proclamé religion officielle de l'État irakien malgré le peu d'intérêt du *raïs* pour la religion. Son vice-président, le chrétien chaldéen Tareq Aziz ne portait pas son prénom de baptême, Michaël, mais celui du conquérant de la Péninsule ibérique (711) tel que son père l'avait inscrit à l'état civil lors de sa naissance. Et, en Syrie, Hafez El-Assad, parvenu au pouvoir en 1970, a inscrit dans la Constitution l'obligation pour le président de la République d'être musulman sunnite, cédant ainsi à la pression des dignitaires de cette religion, majoritaire dans son pays. On voit ainsi l'ambiguïté qui entache cette forme de nationalisme arabe.

INTERROGATIONS AUTOUR DU CHOIX DE L'ISLAM

Bien que réputé mort musulman et enterré comme tel, il n'existe aucune preuve absolument formelle et officielle de la conversion de Michel Aflak à l'islam. Des membres de sa famille en doutaient d'ailleurs. Cependant, son fils, Iyad Aflak, a publié une lettre manuscrite rédigée par son père et datée du 12 juillet 1980. L'auteur y atteste ce choix religieux. Il y explique que si un accident lui arrivait il trouverait la mort en tant que musulman. Il y copie aussi la *chahada* : « Je témoigne qu'il n'y a pas d'autre dieu qu'Allah et que Mohamed est son messager », et signe du nom : *Ahmed Michel Aflak*. D'après son fils, cette lettre a été écrite durant un voyage en avion entre Paris et Bagdad, alors que l'appareil avait un problème technique. Il précise qu'elle avait été trouvée dans un *Coran* que son père portait sur lui à ce moment-là.

À part cela, Michel Aflak n'a produit aucun autre écrit relatif à cette conversion. On ne lui connaît aucune profession de foi musulmane qui aurait été prononcée en public ou devant des témoins accrédités. On ignore s'il a pratiqué les rites religieux islamiques. Nous en sommes donc réduits à émettre des hypothèses, ce à quoi je vais me risquer maintenant.

11 *Ibid.*

Le fondateur du Baas n'a jamais parlé publiquement de la foi chrétienne héritée de sa famille. Il était pourtant imprégné de ses principes humains et sociaux, comme le montre le projet baassiste, qui est indéniablement inspiré par cet héritage. Seul un chrétien pouvait élaborer un tel programme excluant toute vision confessionnelle.

En fait, une certaine ambiguïté semble avoir marqué son engagement au service de l'idéal nationaliste arabe. Certes, l'importance qu'il accorde à l'islam comme élément central de ce nationalisme concerne avant tout l'histoire et la culture. Mais l'islam ne se comprend pas lui-même seulement comme une religion puisque ses textes fondateurs (*Coran*, *Sunna*, *Sîra*) mêlent le religieux et le temporel. Aflak le sait très bien, d'autant plus que, selon certaines sources, il avait lu beaucoup d'ouvrages sur l'islam, Mahomet et les premières dynasties musulmanes. Reconnaître l'islam comme intrinsèque à la culture arabe fut peut-être pour lui un moyen de se faire légitimer en tant qu'intellectuel arabe aux yeux d'une opinion prompte à associer islam et arabité. Que l'on se souvienne des exhortations que le colonel Kadhafi adressait aux Libanais chrétiens, les invitant à se reconnaître musulmans s'ils voulaient vivre en paix car, pour le dictateur libyen, arabité rimait avec islam.

Il faudrait peut-être s'interroger sur la nature du christianisme d'Aflak. Son appartenance à l'Église grecque-orthodoxe pourrait nous éclairer sur ce point. Cette Église est l'héritière de Byzance et de Constantinople ; elle a donc connu une tradition impériale, ce qui la rendait proche du pouvoir politique. Ce lien s'est perpétué après la conquête turque de l'Asie Mineure, à partir du XIe siècle, et plus encore de Constantinople, devenue Istanboul en 1453. Il est arrivé que des titulaires du Patriarcat œcuménique se compromettent avec tel ou tel sultan, ce qui empêcha d'ailleurs la réalisation de l'union de cette Église avec Rome[12]. L'Orthodoxie ne se considère-t-elle pas comme une religion nationale, tandis que le catholicisme revêt par principe une dimension universelle ?

Par ailleurs, sous l'Empire ottoman, les chrétiens étaient soumis à la dhimmitude, système juridique qui accorde aux « gens du Livre » (juifs et chrétiens) une certaine protection à condition qu'ils acceptent de ne pas bénéficier en droit du principe d'égalité avec leurs compatriotes musulmans. Cette situation humiliante a produit ce qui peut être défini

---

12 *Cf.* Lina Murr-Nehmé, 1453, *Mahomet II impose le schisme orthodoxe*, éd. F.-X. de Guibert, Paris, 2003, p. 138-148.

comme le « syndrome du dhimmi », selon la formule proposée par Mgr Jean-Benjamin Sleiman, archevêque des Latins à Bagdad, dans son livre *Dans le piège irakien*[13]. Michel Aflak aurait-il été marqué, même inconsciemment, par ce conditionnement qui peut aller jusqu'à une auto-soumission au pouvoir politique ou, plus généralement, à la confession majoritaire ? On n'imagine pas un maronite ou un chaldéen, fidèles d'Églises catholiques, ayant vanté la grandeur de l'islam, ou son rôle fédérateur, comme il le fit lui-même. Ni même affirmer « Nous sommes l'Église de l'islam », comme le font certains prélats melkites, encore aujourd'hui.

Il est frappant, pour ne pas dire troublant, de constater qu'Aflak n'évoque – et encore moins n'exalte – la contribution du christianisme arabisé du Proche-Orient à la civilisation. Celui-ci a pourtant joué un rôle essentiel dans ce domaine, et ceci encore après l'apparition de l'islam. Il suffit de rappeler l'apport considérable des chrétiens de Mésopotamie. Ce sont eux qui ont transmis aux Arabes non-musulmans les grands textes de l'Antiquité grecque, traduits par leurs soins de l'araméen à l'arabe, langue qu'ils avaient adoptée lors de la conquête arabo-musulmane de leur territoire. Aflak ne se réfère pas non plus aux savants chrétiens qui, grâce à leurs rapports privilégiés avec l'Europe, notamment à partir du XVIe siècle, ont généralisé l'enseignement dans leurs pays respectifs et introduit tant d'autres formes de progrès. La *Nahda*, surgie en milieu chrétien oriental au XIXe siècle pour dégager la culture arabe longtemps méprisée par l'Empire ottoman et pour intégrer les éléments de la modernité, ne semble pas avoir été pour lui une source d'inspiration.

Faut-il conclure de tout cela que l'idéologie panarabe du Baas peut aller jusqu'à finalement se confondre avec l'islam, au point d'absorber, de dévorer ou de convertir certains de ses militants chrétiens ? Faut-il qualifier la conversion de Michel Aflak de « politique » ? Celle-ci fut-elle sincère ou opportuniste ? Quoi que l'on pense de cet étonnant parcours, les motifs réels de son adhésion à l'islam demeurent largement énigmatiques.

Annie LAURENT
Docteure en sciences politiques
Journaliste et écrivaine

13 Benjamin Sleiman, *Dans le piège irakien*, Paris Presses de la Renaissance, 2006.

LA CONVERSION À L'ISLAM CHEZ LES JAZZMEN NOIRS AMÉRICAINS

> […] si je devais indiquer une préférence religieuse, je crois que ce serait pour l'islam, je serais musulman. Mais je n'y connais rien.
> Miles DAVIS[1]

Divers titres devenus des standards : *Caravan* (Duke Ellington, 1936), *A Night in Tunisia* (Dizzie Gillespie, 1942), *Larry of Arabia* (Chico Hamilton, 1966), témoignent de la séduction exercée par le proche-orient sur les musiciens de jazz ; à vrai dire, ils trahissent davantage un goût pour l'exotisme qu'un intérêt spécial pour la spiritualité propre aux pays que marque le croissant. En revanche, durant les deux décennies qui ont suivi la seconde guerre mondiale, et même au-delà, un nombre non négligeable de jazzmen noirs américains, quelques-uns des plus notoires, ont abjuré leur religion, protestante en l'occurrence, pour devenir musulmans, jusqu'à modifier parfois tout ou partie de leur nom. Familière aux spécialistes qui, la tenant pour un épiphénomène, se contentent de la mentionner en passant (le chercheur et excellent saxophoniste Raphaël Imbert excepté), la chose a de quoi surprendre quand on connaît la méfiance, voire l'intolérance, des exégètes du *Coran* à l'égard de la musique, hormis en Inde du nord et dans la tradition soufie, minoritaire, considérée comme hérétique par les branches dominantes de l'islam et à ce titre souvent persécutée ; quand on sait, d'autre part, que pendant plus d'une douzaine de siècles des millions d'Africains ont été réduits en esclavage par des négriers arabo-musulmans[2].

1 Miles Davis avec Quincy Troupe, *L'Autobiographie* (1989), Paris, La Table Ronde, 2017, p. 608.
2 *Cf.* Marc-Antoine Pérouse de Montclos, « Les esclaves invisibles de l'islam : à quand l'heure de vérité ? », *Études*, 2002/6, p. 751-759 ; Jacques Heers, *Les Négriers en terre d'islam*, Paris,

Quels facteurs ont pu provoquer pareilles apostasies et ont-elles entraîné des changements notables dans leur musique ? Tel est le propos de cette communication.

Les origines du jazz sont obscures et font encore l'objet de débats – celles du mot ne le sont pas moins –, mais la plupart des experts s'accordent à reconnaître qu'il est né de la conjugaison des rythmes africains et des musiques religieuses, qu'elles soient de source catholique ou protestante. « Pour faire des "cantiques blancs" des *negro spirituals*, les Noirs se sont servis de tous les procédés de la musique africaine : rythme syncopé, polyphonie, déplacement des accents, modification des timbres et effets de vibrato divers[3]. »

Qu'ils soient majoritaires parmi les musiciens de jazz, la chose ne prête évidemment pas à controverse ; ce sont eux, les descendants d'esclaves[4], qui l'ont inventé, au tout début du XXe siècle, en Louisiane ; eux qui, fuyant la misère consécutive à la grande dépression, l'ont propagé vers le nord du pays, Chicago puis New-York ; eux qui l'incarnent à peu près partout dans le monde, quand bien même les Blancs auraient joué, depuis le début ou presque, un rôle appréciable – un rôle que des critiques, sans doute inquiets à l'idée de passer pour des racistes, ont sciemment minimisé en les ravalant à la condition de pâles imitateurs ou de plagiaires, ce qui justifiait à leurs yeux qu'ils soient écartés des palmarès ou des anthologies bien qu'une mutuelle entente, pas seulement musicale, réunît Noirs et Blancs sur scène ou en studio ; seuls les musiciens de couleur, en revanche, guère plus d'une centaine, se sont convertis à l'islam. Les motivations de ce processus sont multiples et paradoxales à certains égards.

C'est vers le milieu des années quarante, à New-York, au *Minton's club* de Harlem – La Mecque du jazz ! – qu'est né le *be-bop*, sous l'impulsion de jeunes loups nommés Charlie Parker, Dizzie Gillespie, Kenny Clarke, sans oublier Bud Powell, Charlie Christian, Thelonius Monk ou Charlie

---

Perrin/Tempus, 2003 ; Malek Chebel, *L'Esclavage en terre d'islam*, Paris Fayard, 2007 ; Tidiane N'Diaye, *Le Génocide voilé*, Paris, Gallimard, 2008.

3 LeRoi Jones, *Le Peuple du blues*, Paris, Folio, 2015, p. 81.

4 Si la traite négrière dans sa version occidentale – essentiellement orientée vers le sud des États-Unis pour des raisons tenant au climat – a occasionné le surgissement de musiques spécifiques, *worksongs*, *negro spirituals*, *gospel*, *ragtime*, *blues*, dont le jazz est l'héritier direct, du côté oriental de l'Afrique, où l'esclavage avait commencé quelques siècles plus tôt, elle a puissamment contribué à l'essor et au développement de la musique arabe. *Cf.* appendice.

Mingus ; une révolution dans le monde musical qui déclencha des réactions hostiles chez les tenants du *swing*, un style plus classique et plus confortable, qui dominait la scène depuis les années vingt. L'aversion qu'inspirait à ces turbulents virtuoses une musique devenue paresseuse et composée en vue du seul succès, auprès des bourgeois surtout, une musique qui s'éloignait de plus en plus de ses racines proprement noires, le *blues*, une musique inauthentique où ils se sentaient trahis, provoqua la volonté farouche de pratiquer un art à peu près inaudible à des exécutants devenus selon eux stériles et surtout complaisants à l'égard d'un public friand de spectacles faciles. Échappant aux pièges d'une routine habilement dissimulée par des variations séduisantes, les créateurs du *be-bop* avaient conçu une musique destinée à déplaire aux Blancs, à les choquer en prenant à contrepied leurs attentes – c'est du moins ce qu'ils affirmaient, confondant peut-être le résultat obtenu avec le projet initial –, une musique exigeante et complexe, dont peu d'instrumentistes étaient capables à l'époque[5] ; il faut reconnaître que la stupéfiante maîtrise instrumentale de Charlie Parker ou de Dizzie Gillespie, leur vitesse d'exécution, leur génie de l'improvisation, devinrent vite légendaires, ce qui augmenta *ipso facto* le nombre des envieux et des réfractaires.

> Les boppers cherchent, tout comme les peintres modernes qui se détournent du figuratif et les musiciens d'avant-garde du système tonal au début du XXe siècle, à réagir face à une conception de l'art comme marchandise mécanisée, en l'occurrence ce qu'est devenu le swing avec ses stéréotypes rythmiques et harmoniques[6].

Fait inédit, c'est à la même époque que des artistes de premier ordre se convertirent à l'islam, joignant la dissidence religieuse à la révolte musicale, une façon spectaculaire de lutter contre la ségrégation dont leur communauté était l'objet en épousant une religion censée ne pas établir de hiérarchie entre les races, conversion qui avait en outre l'avantage, mais tous n'allèrent pas jusque-là, de permettre l'effacement du nom propre (plutôt impropre) imposé à leurs aïeux par leurs maîtres, une

5 « Nous allons créer une musique qu'ils ne pourront pas nous voler, parce qu'ils ne sauront pas la jouer. » (Propos de Thelonius Monk rapportés par Mary Lou Williams *in* Nat Hentoff & Nat Shapiro, *Écoutez-moi ça !* (1955), Buchet-Chastel, Paris, 2015, p. 395.)

6 Éric Gonzalez, « Le jazz : modernité, modernisme, identité », *Revue française d'études américaines*, 2001/5, hors-série, p. 89.

manière hautement symbolique, personnelle et résolument assumée, d'abolir une deuxième fois l'esclavage, du moins l'un de ses stigmates les plus coriaces. À la différence du christianisme, pourtant bien implanté et depuis longtemps sur l'ensemble du territoire américain, mais dont les Noirs jugeaient les représentants trop tièdes, ou trop passifs, dans la lutte contre le racisme et les discriminations, l'islam apparaissait à beaucoup comme une alternative plus légitime et surtout plus efficace afin de restituer au « peuple du blues » une dignité bafouée par des siècles de servitude et de mépris. Les divergences profondes quant aux stratégies à mettre en œuvre pour y parvenir entre le bouillant, le belliqueux Malcolm X et le placide Martin Luther King cristalliseront plus tard cette situation.

Fondé, en Inde, à la fin du XIXe siècle, par le vénérable et exalté Mirza Ghulam Ahmad, un néo-prophète natif de Qadian, l'Ahmadisme, mouvement islamique, et messianique, marginal dans le reste du monde, voire menacé[7], a rapidement essaimé aux États-Unis, dès le début des années vingt, sous l'influence de Mufti Muhammad Sadiq, un Indien du Penjab passé par Londres, puis de Mirza Basheer-ud-Din Mahmood Ahmad, fils du fondateur ; ce courant dont les missionnaires zélés assuraient l'expansion dans les grandes villes suscita d'assez nombreuses adhésions parmi les musiciens de jazz. Comme y insiste justement Raphaël Imbert, résolument multiraciale, cette religion était plus ouverte, plus conciliante, avec la musique spécialement, que *Nation of Islam*, née aux États-Unis une dizaine d'années plus tard. Sensible aux vertus de cette spiritualité issue de l'Inde, bien qu'il n'ait jamais pu se résoudre à franchir le pas, Dizzie Gillespie évoque avec humour les motivations de ses collègues fraîchement convertis :

> Les boppers avaient une préférence pour des religions autres que le christianisme. [...] « Écoute, si tu te fais musulman tu n'es plus noir, tu deviens blanc », disait-on. « Tu prends un nouveau nom et terminé, tu ne seras plus un "nègre". » Et tout le monde a commencé à se convertir parce qu'il semblait assez avantageux de ne plus être noir à l'époque de la ségrégation. J'y ai pensé moi aussi, mais je me suis dit que la plupart de mes congénères essayaient de devenir n'importe quoi plutôt que de rester des « nègres ». Ils n'avaient pas pris conscience de l'identité de leur race et cherchaient simplement à se

7 Considérés comme hérétiques dans les pays où règnent les formes majoritaires de l'islam, et à ce titre pourchassés, les Ahmadis n'ont plus le droit d'effectuer le pèlerinage à La Mecque depuis 1974.

> débarrasser de ce qu'ils croyaient être une tare. Quand tous ces gens-là ont su par exemple qu'Idriss Sulieman, qui venait de se faire musulman, pouvait se permettre d'entrer dans les restaurants réservés aux Blancs et ramener des sandwiches aux autres parce que lui n'était plus « noir » – malgré sa teinte de cheminée mal ramonée – ils se mirent à se convertir par fournées[8].

Si on ne peut sous-estimer le ressort proprement religieux de ces conversions, l'attestent celle d'Art Blakey, dont la plupart des membres de son orchestre, les *Jazz Messengers* (un nom significatif), étaient musulmans, Art Blakey, qui fit un long séjour en Afrique de l'ouest afin de renouer avec la dimension sauvage, la pulsation primitive des *Black roots* (titre d'une des plus belles compositions de Rahsaan Roland Kirk) ; celle d'Ahmad Jamal, qui chaque jour lisait le *Coran*, ou de Yusef Lateef, qui fit deux fois le pèlerinage à La Mecque, les raisons pragmatiques l'emportaient dans bien des cas sur la dimension spirituelle. Charlie Parker – dont la ferveur coranique est d'ailleurs sujette à contestation – est mort à trente-cinq ans, démoli par l'alcool et l'héroïne. Dans les territoires où prévaut la tradition mahométane, l'alcool et les drogues sont interdits et leur usage sévèrement réprimé – du moins si le délit est découvert –, mais au pays de l'Oncle Sam le respect de tels tabous se heurtait à des conduites addictives autrement installées ; en outre, la vie nocturne et trépidante des musiciens réclamait tour à tour excitants et sédatifs ; reconnaissons cependant que les jazzmen convertis trouvaient dans la lecture du *Coran* et la prière de quoi mieux résister que les « infidèles » à la tentation quasi permanente de chercher un refuge dans la consommation de stupéfiants. Il ne faut pas négliger non plus le fait qu'en dépit d'un changement d'identité religieuse revendiqué parfois haut et fort, la majorité de ces convertis conservaient leur patronyme anglo-saxon sur les pochettes de disques et les affiches de leurs concerts, c'est que les auditeurs étant majoritairement des *wasps*[9] il ne fallait peut-être pas courir le risque de les rebuter en affichant de manière trop ostensible un rejet onomastique de leur culture, d'autant que les patrons des maisons de disques et les organisateurs de concerts étaient eux aussi des Blancs, réalisme oblige ! Le nom musulman était en général réservé à un usage interne, comme l'attestent les confidences de proches d'Art Blakey qui appelaient leur leader par son diminutif, *Bu*, pour Abdullah Ibn Buhaina ; du reste, les titres de morceaux directement

8 Dizzie Gillespie, *To Be or not to Bop*, Paris, Presses de la Renaissance, 1981, p. 271.

9 Acronyme de *White Anglo-Saxon Protestant.*

référés à l'islam sont relativement rares : *Buhaina* (1953), *Abdallah's Delight* (1957), composés par Art Blakey, *Oud blues* (1961), par Ahmed Abdul-Malik, *Hum-Allah-Hum-Allah-Hum-Allah* (1969), par Pharoah Sanders, ou *Allah be praised* (1970), par Larry Young (Khalid Yasin), font figure d'exceptions. Si sensibles fussent-ils aux injustices dont leurs frères étaient l'objet – eux-mêmes eurent des altercations avec la police et connurent la prison –, si soucieux d'œuvrer pour la défense et la promotion de la cause noire, les *boppers* étaient trop engagés dans la musique pour être des militants opérationnels, et s'ils pouvaient comprendre l'activisme des *Black Muslims* ils n'en partageaient pas le racisme inversé.

Aux États-Unis, l'impact de l'islam était évidemment sans commune mesure avec celui dont il pouvait se prévaloir dans tous les domaines de la vie, qu'elle soit publique ou privée, sur ses terres d'élection, d'autant que par l'ancienneté de leur présence, la masse imposante des fidèles, la confiance que les pasteurs inspiraient à leurs ouailles, sans parler de leur puissance financière, les diverses chapelles du christianisme lui laissaient peu de place. Si énergique, si bien représenté fût-il, l'Ahmadisme était limité dans son extension par le nombre relativement réduit de ses membres (environ 10 000 après la guerre) ; outre cela, il eut à pâtir de la pugnacité d'un concurrent de poids. En 1930, à Détroit, Wallace Fard Muhammad, un personnage au passé pour le moins opaque, avait fondé *Nation of Islam*, un courant politico-religieux, hétérodoxe lui aussi, animé par une idéologie ouvertement nationaliste, comme son titre l'indique (c'est-à-dire favorable à la création d'un État noir, sorte d'utopie monochrome indépendante de Washington), que le très prosélyte Elijah Muhammad, son successeur à la tête du mouvement, organisa d'une façon plus offensive et statistiquement plus efficace. Dogmatique, hostile aux Blancs[10], la *N.o.I.* trouva en Malcolm Little, alias Malcolm X (subterfuge différent de celui des Ahmadis, la substitution du X au nom propre avait des effets comparables), un porte-parole particulièrement impliqué ; devenu un prédicateur dont le charisme faisait l'admiration des foules, cet ancien détenu octroya à la *N.o.I.* une popularité qui alla croissant jusqu'à son départ, le 8 mars 1964, suite à de multiples différends avec son leader. Sa conversion au sunnisme, à

10 « Pour les Black Muslims, l'Islam signifie le refus de tout ce qui est occidental, européen, américain. » ; Vittorio Lanternari, « Les Black Muslims. Du messianisme populaire à l'institution bourgeoise », *Archives de sociologie des religions*, n° 24, 1967, p. 109.

l'issue d'un pèlerinage à La Mecque, les tensions de plus en plus graves et fréquentes avec Elijah Muhammad, envieux des succès de son rival, ne furent pas pour rien dans son assassinat, le 21 février 1965. Composé par le chanteur Leon Thomas et Pharoah Sanders, *Malcolm's gone* (1969) est un bel hommage à sa mémoire.

Fer de lance de la modernité jazzistique pendant près de quinze ans, le *be-bop* allait subir peu à peu les effets de l'usure, conformément à la loi d'entropie qui affecte tous les champs de l'inventivité artistique ; plus sobrement, disons que se sont fait sentir les effets du temps, une certaine inaptitude au renouvellement et la lassitude qui l'accompagne. Soutenu par la phénoménale énergie d'un maître du rythme comme Art Blakey, et par le jeu percussif du pianiste Horace Silver, le *hard-bop* a réussi à prolonger quelque peu la vitalité du style dont il était l'héritier direct, mais au prix de simplifications harmoniques, d'un ralentissement du tempo et d'un jeu plus accentué, plus martelé, plus dur. Le jazz venu de Californie, couramment baptisé *west coast*, ou *cool*, pratiqué pour l'essentiel par des Blancs[11], et par Miles Davis à ses débuts, allait plus ou moins détrôner le *be-bop*, avant la survenue d'une déferlante nommée *free jazz*[12], au tout début des années soixante. Refusant, comme les *boppers* avant eux, de caresser dans le sens du poil les mélomanes installés, cultivant un attrait manifeste pour l'impureté, multipliant les dissonances, les ruptures de tempo, les improvisations disloquées, la plupart des adeptes de la *new thing* revendiquaient un double engagement, musical et politique, dans les deux cas contestataire, qu'il s'agisse des formes antérieures du jazz ou du pouvoir aux mains des Blancs.

> Non seulement la nouvelle musique se produisait et se jouait selon d'autres normes esthétiques et d'autres codes culturels que les nôtres, non seulement elle transgressait la plupart des règles alors tenues pour spécifiques du jazz – mais elle prétendait porter témoignage sur l'oppression des Noirs américains, exprimer leurs révoltes, et même jouer un rôle dans leur lutte révolutionnaire. Bref, elle mêlait l'immiscible : musique et politique[13].

---

11 Citons, parmi les plus remarquables, Gerry Mulligan (saxophone baryton), Stan Getz (saxophone ténor), Chet Baker (trompette), Lee Konitz (saxophone alto), Art Pepper (saxophones alto et ténor), Paul Desmond (saxophone alto), Joe Pass (guitare), Lennie Tristano (piano).

12 C'est en janvier 1961 qu'est publié *Free jazz*, l'album historique du double quartet d'Ornette Coleman, dont la pochette, choix symptomatique, montre une reproduction de *White Light*, un tableau majeur de Jackson Pollock (1954).

13 Philippe Carles & Jean-Louis Commoli, *Free jazz Black power*, Paris, Folio, 2014, p. 36.

Certains transfuges du *be-bop*, comme ils l'avaient été du christianisme – mais je dois exagérer l'importance du phénomène –, se lancèrent à corps perdu dans cette aventure, Muhal Richard Abrams et Pharoah Sanders en particulier, jusqu'à épuisement de la formule et sans que l'on discerne dans leur art une quelconque trace de la culture musulmane, et pour cause ; il n'en allait pas autrement dans le cas du *be-bop.* De même que l'Ahmadisme allait tant bien que mal subsister malgré le développement irrésistible d'un islam plus conformiste et plus sectaire, de tendance sunnite, le *be-bop* allait mener de son côté une existence discontinue et discrète, dont on rencontre néanmoins de belles résurgences dans le jazz, disons hybride, qui a cours aujourd'hui.

Gilbert Pons
Agrégé de philosophie,
critique d'art
Février 2018

APPENDICE
La musique & l'islam

> Sans doute le *Coran* reste-t-il complètement muet sur ce sujet [le statut de la musique], mais une certaine doctrine va se développer qui fixera l'attitude de l'Islam religieux à l'égard de la musique : un certain rigorisme puritain va condamner celle-ci comme une « œuvre du mal », en s'appuyant le cas échéant sur l'attitude du Prophète et ses enseignements. Sans doute les docteurs de la loi musulmane ont-ils voulu associer à la poésie et aux poètes – qui se trouvent, eux, condamnés dans le *Coran* – la musique qui leur est intimement liée. Mais si certains Hadith de Mahomet réprouvent en effet le chant et les musiciens comme étant « inspirés par Satan », d'autres témoignent de l'admiration que le Prophète avait pour certains chanteurs, surtout quand ils exaltaient l'islam[14].

Quelques convertis du jazz, célèbres ou non :

- Rudy Powell (1907-1976) – Musheed Karweem, saxophoniste et clarinettiste
- Kenny Clarke (1914-1985) – Liaquat Ali Salaam, batteur
- Art Blakey (1919-1990) – Abdullah Ibn Buhaina, batteur et chef d'orchestre
- Charlie Parker (1920-1955) – Abdul Karim, saxophoniste (conversion douteuse)
- William Emanuel Huddleston (1920-2013) – Yusef Lateef, saxophoniste
- Jaki Byard (1922-1999) – Jamil Bashir, pianiste
- Leonard Graham (1923-2002) – Idrees Sulieman, trompettiste
- Alfonso Nelson Rainey (1923-1999) – Talib Dawud, trompettiste
- Kenny Dorham (1924-1972) – Abdul Hamid, trompettiste et compositeur
- Edmund Gregory (1925-1989) – Sahib Shibab, saxophoniste et flûtiste
- Jonathan Tim, Jr. (1927-1993) – Ahmed Abdul-Malik, contrebassiste
- Fritz Jones (1930-) – Ahmad Jamal, pianiste

14 Simon Jargy, *La musique arabe*, Paris, PUF, 1971, p. 17-19.

- Richard Lewis Abrams (1930-2017) – Muhal Richard Abrams, pianiste et chef d'orchestre
- Abbey Lincoln (1930-2010) – Aminata Moseka, chanteuse
- Adolph Johannes "Dollar" Brand (1934-) – Abdullah Ibrahim, pianiste sud-africain
- Everett LeRoi Jones (1934-2104) – Amiri Baraka, écrivain et intellectuel noir engagé
- Robert Patterson (1935-2009) – Rashied Ali, batteur
- Raymond Patterson (1936-) – Muhamad Ali, batteur
- Billy Higgins (1936-2001) – Abdal Karim, batteur
- Alfred McCoy Tyner (1938-) – Sulaimon Saud, pianiste
- Leo Morris (1939-2014) – Idris Muhammad, batteur
- Larry Young (1940-1978) – Kalid Yasin, organiste
- James Blood Ulmer (1940-) – Damu Mustafa Abdul Musawwir, guitariste
- Farrell Sanders (1940-) – Pharoah Sanders, saxophoniste free
- Jean Henri Sarbib (1944-) – Saheb Sarbib, contrebassiste

Quelques intellectuels musulmans, américains d'origine ou non, influents aux États-Unis :

- Mirza Ghulam Ahmad (1835-1908), écrivain et prédicateur indien, inspiré, pacifiste, fondateur de l'Ahmadisme en 1889
- Wallace Fard Muhammad (1877-1934), fondateur de Nation Of Islam en 1930
- Mufti Muhammad Sadiq (1872-1957), propagateur de l'Ahmadisme aux États-Unis
- Mirza Basheer-ud-Din Mahmood Ahmad (1889-1965), fils de Mirza Ghulam Ahmad
- Elijah Poole [alias Elijah Muhammad] (1897-1975), successeur de Wallace Fard Muhammad
- Malcolm X [alias El-Hajj Malek El-Shabazz, nom qu'il prit à son retour de La Mecque] (1925-1965)

BIBLIOGRAPHIE SÉLECTIVE

CARLES, Philippe et COMMOLI, Jean-Louis, *Free jazz Black power*, Paris, Folio, 2014.

CARLES, Philippe et COMMOLI, Jean-Louis, CLERGEAT André (sous la direction de), *Dictionnaire du jazz*, Paris, Robert Laffont-Bouquins, 1988.

FRANCIS, André, *Jazz*, Paris, Éditions du Seuil, 1977.

FRAZER, Al, GILLESPIE, Dizzie, *To Be or not to Bop*, Paris, Presses de la Renaissance, 1981.

HABIB HASSAN, Touma, *La Musique arabe*, Paris, Buchet-Chastel, 1977.

HEUVELMANS, Bernard, *De la bamboula au be-bop*, Verviers, Marabout, 1959.

IMBERT, Raphaël, *Jazz suprême*, Paris, Éditions de l'Éclat, 2014.

JAMIN, Jean et WILLIAMS Patrick, *Une Anthropologie du jazz*, Paris, CNRS Éditions, 2010.

JARGY, Simon, *La Musique arabe*, Paris, PUF, 1977.

LEROI, Jones Everett, *Le Peuple du blues*, Paris, Folio, 2015.

MALSON, Lucien, *Histoire du jazz et de la musique afro-américaine*, Paris, 10/18, 1976.

MARABLE, Manning, *Malcolm X, une vie de réinventions 1925-1965*, Paris, Syllepses, 2014.

PÉTRÉ-GRENOUILLEAU, Olivier, *Les Traites négrières* [2004], Paris, Folio, 2015.

SHAPIRO, Nat et HENTOFF, Nat, *Écoutez-moi ça !*, Paris, Buchet-Chastel, 2015.

TENOT, Frank et CARLES, Philippe, *Le Jazz*, Paris, Encyclopédie Larousse, 1977.

TERCINET, Alain, *Be-bop*, Paris, P.O.L., 1991.

EVA DE VITRAY-MEYEROVITCH, LE VISAGE INTÉRIEUR DE L'ISLAM

Lorsqu'Eva de Vitray-Meyerovitch décède à l'âge de 90 ans, le 24 juillet 1999, ses proches décident de l'enterrer dans le carré musulman du cimetière parisien de Thiais, dans le Val-de-Marne. Ce jour-là, elle est entourée de ses deux fils, d'un représentant de la Mosquée de Paris et de quelques amis[1].

Le 17 décembre 2008, neuf ans après son décès[2], le vœu qu'elle avait formulé de reposer à Konya en Turquie, dans le cimetière d'Üçler, se réalise. À l'origine de cet événement insolite : Yildiz Ay, qui accompagnait sa sœur Mukerrem au domicile d'Eva de Vitray à la fin de sa vie[3], Aziz Kaya, responsable de la librairie Mevlana de Paris, et un ami turc d'Eva de Vitray, le Dr Abdullah Öztürk, vice-doyen de la Faculté des Lettres à l'Université Selçuk de Konya. Ce dernier avait été témoin, avec Halil Cin, recteur de l'Université, avec des professeurs et des journalistes turcs, de la dernière volonté d'Eva de Vitray-Meyerovitch d'être enterrée à Konya. Dès l'annonce de son décès en France en 1999, la mairie de la ville avait décidé de réserver une place symbolique à son nom derrière le mausolée de Mevlana « en raison de tous les services qu'elle avait rendus en faisant connaitre l'œuvre du grand mystique de l'islam et la culture turque ».

Mevlana, ou *Mawlana* en arabe, qui signifie « Notre maître », est le titre que ses contemporains ont donné à Jalâl al-dîn Rûmî, le fondateur

---

1 Son amie et garde malade Aïcha Sassi, ses amis Colette Nour Brahy, Tewfik et Michèle notamment. Je remercie Aïcha Sassi et Colette Nour Brahy d'avoir partagé avec moi leurs souvenirs.

2 La concession funéraire de 10 ans dans le cimetière de Thiais allait prendre fin. Ses fils donnèrent leur accord pour son transfert dans le cimetière de Konya et les démarches, facilitées par les autorités turques prirent plus d'un an. Yildiz Ay a été la cheville ouvrière de ce transfert.

3 Alitée durant les sept dernières années de sa vie, Eva de Vitray-Meyerovitch recevait de très nombreuses personnes dans son appartement de la rue Claude Bernard dans le 5e arrondissement de Paris.

de la confrérie soufie des Mevlevîs[4]. Eva de Vitray qui le considérait comme le maître spirituel de son cheminement en islam, lui avait consacré la plus grande partie de sa vie.

Le 17 décembre n'est pas choisi par hasard. En effet, chaque année à cette date, les Turcs célèbrent à Konya ce qu'ils appellent *Şeb-i Arûs*, les noces de Rûmî, pour commémorer son mariage mystique avec le Créateur et la joie du retour à l'Unité : « Notre mort, c'est nos noces avec l'éternité » disait Mevlana[5].

Eva de Vitray a souvent participé aux festivités officielles entourant cette célébration annuelle. Elle était connue par les notables de la ville, les enseignants et plus largement par la population de Konya. En 1987, elle reçoit le titre de Docteur *honoris causa* de l'Université Selçuk. Le 17 décembre 2008, Konya l'accueille donc une dernière fois. La cérémonie de son enterrement est annoncée par les mosquées pour que tout Konya en prenne connaissance. À 11h, une prière est dite selon le rite funéraire musulman devant la mosquée de Selimiye, à l'intérieur du musée de Mevlana. Des centaines de personnes participent au cérémonial. Son cercueil, entouré d'un tissu vert est ensuite transporté au cimetière d'Üçler, en passant devant le mausolée à dôme vert de Mevlana. La veille, une conférence à sa mémoire avait été organisée dans le Centre Culturel de la ville[6].

Konya n'est pas une ville comme les autres. Une légende phrygienne rapporte qu'elle aurait été la première à émerger après le Déluge. Au Ier siècle, de nombreux juifs résidaient dans la cité, alors dénommée

---

4 Voir l'article de H. Ritter et A. Bausani « Djalāl al-Dīn Rūmī », *Encyclopédie de l'Islam*, 2e éd. (désormais *EI*²), P. Bearman, Th. Bianquis, C. E. Bosworth, E. J. van Donzel et W. P. Heinrichs (dir.), Leyde-Paris, Brill/Klincksieck, 1954-2009, 12 vol., vol. 2, p. 404-408. Né à Balkh en 1207, Rûmî meurt à Konya le 17 décembre 1273. Il est le fondateur éponyme de la confrérie soufie Mawlawiyya : T. Yazici, D. S. Margoliouth et F. de Jong, *EI*², *op. cit.*, vol. 6, p. 874-880.

5 Rûmî, *Odes mystiques*, trad. Eva de Vitray-Meyerovitch et Mohamed Mokri, Paris, Klincksieck, 1973, p. 318.

6 D'après les notes prises par Yildiz Ay, étaient notamment présents : M. Tahir Akyürek, Maire de Konya, le Dr Agah Oktay Güner, ancien ministre turc de la Culture, les professeurs Gabriel Mandel Khan, Abdullah Öztürk, Kenan Gursoy, Halil Cin, Hüseyin Saak, mais aussi le professeur Mahmud Azab venu de France et un groupe d'amis français d'Eva de Vitray. (http://www.dubretzelausimit.com/article-26410449.html : blog de Nathalie Reizmann avec des photos de l'événement par Şamil Kucur, journaliste turc d'Istanbul [dernière consultation le 6 nov. 2020]. De nombreux articles ont paru en Turquie pour relater l'événement.

Iconium, lorsque Saint Paul s'y réfugia avec Barnabé après avoir quitté Damas[7]. Tous deux évangélisèrent la région entre 45 et 47 et Saint Paul y fit plusieurs séjours. Parmi les premiers convertis, sainte Thècle a fait l'objet d'un culte, notamment en Séleucie d'Isaurie[8]. Konya est une ville de symbiose selon Eva de Vitray, aussi importante pour les chrétiens que pour les musulmans et à l'époque de Rûmî, au XIIIe siècle, les trois religions monothéistes y vivent en harmonie[9].

Dans son ouvrage *Manâqib al-'Ârifîn*, le biographe et historien Shams al-dîn Ahmad Aflâkî (m. en 1360) relate les obsèques de Rûmî qui ont lieu en 1273 à Konya :

> Après qu'on eût apporté dehors le corps sur le brancard, la totalité des grands et du peuple se découvrit la tête… Les membres des différentes communautés et nations étaient présents, chrétiens, juifs, Grecs, Arabes, Turcs… Ils marchaient devant, chacun tenant haut leur Livre. […] la nouvelle parvint au grand Sultan et au Perwâné, son ministre, et on leur demanda quel rapport cet événement pouvait avoir avec eux. Ils répondirent : En le voyant, nous avons compris la vraie nature de Jésus, de Moïse et de tous les Prophètes ; nous avons trouvé en lui la même conduite que celle des prophètes parfaits, telle que nous l'avons lue dans nos livres[10].

7 Nikita Eliséef, « Konya ou Konia, anc. Iconium », *Encyclopædia Universalis* [en ligne], consulté le 14 juin 2018. URL : http://www.universalis-edu.com/encyclopedie/konya-konia-iconium/

8 Elle doit notamment sa notoriété à un apocryphe du IIe siècle : *Les actes de Paul et de Thècle*. Le culte se répandit jusqu'en Syrie, en particulier à Ma'lûlâ. Chrétiens et musulmans venaient se recueillir jusqu'à très récemment dans la grotte où elle se serait éteinte. Voir à ce sujet l'article de R. Thoumin, « Le culte de Sainte Thècle dans le jebel Qalamun », *Mélanges de l'Institut Français de Damas. Section Des Arabisants*, t. 1, Damas, IFPO, 1929, p. 161-180. http://www.jstor.org/stable/41619141. Dernière consultation : 30 novembre 2020.

9 Eva de Vitray a consacré à la ville un ouvrage : *Konya ou la danse cosmique*, Paris, éditions Jacqueline Renard, 1989. L'ouvrage a été traduit en turc par Abdullah et Melek Öztürk : *Kozmik raks*, Ankara, Elips Kitap, 2011.

10 Extrait de la seule traduction en français : *Les Saints des derviches tourneurs*, trad. Clément Huart, Paris, E. Leroux, 1918-1922, p. 96-97. L'ouvrage a fait l'objet d'une nouvelle édition en persan en 2017 par Narjis Tawḥ ī dī'far (Téhéran). La traduction la plus proche de la version originale est la traduction anglaise du persan par John O'Kane, *The Feats of the knowers of God*, Leyde, Boston, Cologne, Brill, 2002.

LE CHEMINEMENT D'EVA DE VITRAY-MEYEROVITCH VERS L'ISLAM

Rien en réalité ne prédestinait Eva Mary Cécile Liliane Lamacque à devenir musulmane. Elle naît le 5 novembre 1909 à Boulogne-sur-Seine. Elle suit sa scolarité dans un pensionnat à Boulogne puis dans un collège proche de Notre-Dame à Paris. Eva de Vitray se décrit comme une petite fille pieuse élevée dans un milieu pratiquant et qui à dix-huit ans s'imagine devenir carmélite[11].

Le personnage clé de son enfance, celle qui lui transmettra les valeurs auxquelles elle restera attachée toute sa vie, est sa grand-mère maternelle, Mary. Écossaise et anglicane, cette dernière s'était convertie au catholicisme pour épouser l'homme qu'elle aimait. « Pour elle le mensonge le plus innocent était considéré comme quelque chose de très grave » écrit Eva de Vitray-Meyerovitch. L'honnêteté foncière de cette aïeule, son souci permanent de sincérité et sa droiture façonneront sa propre existence.

Dès l'enfance, Eva de Vitray se montre d'une curiosité peu conventionnelle et surprend son confesseur par ses questions. Les réponses qu'elle reçoit lui semblent vagues et ne la satisfont guère. Jeune fille, elle s'interroge sur le mystère de la connaissance et sur le phénomène des vies antérieures. Quels mécanismes entrent en jeu dans l'acquisition d'une nouvelle connaissance ? Pourquoi est-on attiré par un Absolu dont on n'a aucune idée préalable ?

Élève brillante, elle entreprend des études de droit. Première de sa promotion en Licence, elle se dirige ensuite vers les lettres et la philosophie. Le sujet doctoral qu'elle choisit est dans la continuité de ses interrogations : « La symbolique chez Platon[12] ». Elle pouvait ainsi se

11 Les éléments biographiques de cet article sont pour l'essentiel tirés de l'ouvrage *Islam, l'autre visage*, Paris, Critérion, 1991, réédité au format de poche par Albin Michel en 1995, réimpr. 2016, trad. en angl. par Catherine Goddard, *A woman's Path ti the Hearth of* Islam, Louisville, *Fons Vitæ*, 2020. L'ouvrage se présente sous forme d'entretiens d'Eva de Vitray-Meyerovitch avec Rachel et Jean-Pierre Cartier.

12 Jean-Louis Girotto, « Eva de Vitray-Meyerovitch, un itinéraire de Platon à Rûmî », posté sur internet le 26 mai 2015 : http://www.kodon.fr/eva-de-vitray-meyerovitch-un-itineraire-de-platon-a-rumi/ Dernière consultation : 30 novembre 2020.

consacrer à l'étude de la théorie de la réminiscence, *l'anamnesis* : l'âme, selon Platon ayant séjourné dans d'autres mondes où elle a pu contempler et acquérir des connaissances dans un état de perfection. La symbolique platonicienne, notamment développée dans *La République*, donnait déjà des réponses théoriques à ses questionnements sur le visible et l'invisible[13].

Nous sommes dans les années 1930 et Eva de Vitray a épousé à l'âge de 22 ans un jeune homme d'origine juive lettone, Lazare Meyerovitch, rencontré au cours de ses études. Elle occupe en 1937 un emploi administratif au cabinet du sous-secrétariat d'État à l'éducation nationale puis elle intègre en 1939 le laboratoire de Frédéric Joliot au Collège de France et prépare le concours de Rédacteur[14]. Frédéric Joliot avait obtenu en 1935 avec sa femme Irène Curie le prix Nobel de chimie, en récompense de leurs travaux communs sur la radioactivité artificielle. Elle qualifie cette période d'avant-guerre d'extraordinaire. Littéraire, elle se passionne pour tous les sujets et décide de suivre des études de psychiatrie durant trois années, en même temps que sa thèse de doctorat.

La seconde guerre mondiale éclate et interrompt ses recherches. Elle part à Toulouse puis revient à Paris. Frédéric Joliot l'appelle le 11 mai 1940 et met une voiture à sa disposition pour qu'elle puisse quitter Paris avec son tout jeune fils. Dans cette voiture qui la dépose dans le Loiret chez une amie, il y avait une bouteille d'eau lourde[15]. Son mari fuit en Espagne puis s'engage dans les Forces françaises libres (1re DFL) où il fait la campagne d'Afrique et d'Italie avant de revenir en France. Les époux ne se retrouveront qu'à la fin de la guerre dans leur appartement parisien visité quatre ou cinq fois par la Gestapo et entièrement vide[16].

Dans l'immédiat après-guerre, elle se dit toujours assoiffée d'absolu et mal dans sa peau, physiquement et moralement. Elle réintègre son poste de contractuelle au Ministère de l'éducation nationale, réussit en 1948 le concours de secrétaire d'administration et devient la collaboratrice

---

13 Le mythe de la caverne dans le Livre VII de *La République* donne une représentation imagée de la nature humaine en lien avec la connaissance. Dans le *Coran*, la sourate XVIII porte le nom « La caverne » ; elle débute par l'histoire des dormants, ces jeunes gens réfugiés dans une grotte où ils séjournent trois siècles avant que Dieu ne les ressuscite.

14 Les informations concernant sa carrière sont tirées de son dossier de carrière consulté aux archives du CNRS à Gif-sur-Yvette.

15 *Ibid.*, p. 18. Hans von Halban et Lew Kowarski, l'un autrichien, l'autre russe, collaborateurs de Frédéric Joliot quittent aussi la France en emportant le stock d'eau lourde du laboratoire.

16 D'après le témoignage de la concierge de l'immeuble, Cécile Bocher, le 28/02/1948.

de Georges Jamati, directeur du département des sciences humaines du CNRS de 1949 à 1954. Malade, ce dernier quitte ses fonctions en septembre 1953 et elle assure l'intérim durant 18 mois jusqu'à la nomination au printemps 1955 d'un successeur, Michel Lejeune.

À cette époque, ses activités administratives ne lui permettent guère de poursuivre ses travaux de recherche. La destinée fait alors entrer dans son bureau un ami indien, musulman, perdu de vue depuis quinze ans et qu'elle avait rencontré en prenant des cours de sanskrit. La *Bhagavad Gîta* était, dit-elle, son livre de chevet et elle s'intéressait aussi bien à la philosophie indienne qu'au bouddhisme. Cet ami qui avait été l'élève d'Einstein et exerçait la fonction de recteur de l'université d'Islamabad lui confie un ouvrage en anglais de Mohamed Iqbal intitulé *The Reconstruction of religious thought in Islam* (Lahore, 1954), ouvrage qu'elle traduit de l'anglais au français à Paris chez Adrien Maisonneuve dès 1955[17]. Dès les premières pages, l'ouvrage déclenche en elle un véritable bouleversement. « Je dirais qu'il a été un rappel. Pour moi la découverte de l'islam a été comme des retrouvailles[18]. » Poète, homme politique et philosophe, Mohamed Iqbal est considéré comme le père spirituel et le concepteur de l'État islamique du Pakistan[19]. Ce penseur qui avait séjourné en Europe voulait faire dialoguer le monde musulman et la pensée européenne dans les domaines de la théologie, de la philosophie sociale, de la philosophie du droit et de la philosophie des sciences. Il a été l'ami de Bergson, du Père Teilhard de Chardin qu'Eva de Vitray a aussi rencontré, et de Louis Massignon, Professeur au Collège de France et à l'École Pratique des Hautes Études avec lequel elle-même tisse des liens d'amitié après la guerre[20].

---

17 *Reconstruire la pensée religieuse en islam* (réimpr. Éditions du Rocher en 1996). Eva de Vitray-Meyerovitch était parfaitement bilingue grâce à sa grand-mère écossaise et elle a traduit plusieurs ouvrages de l'anglais au français. Dans l'immédiat après-guerre, ces traductions étaient pour elle le moyen de faire vivre sa famille ; *cf.* E. De Vitray-Meyerovitch, *Islam, l'autre visage*, *op. cit.*, p. 27.

18 *Ibid.*, p. 52.

19 Mohamed Iqbal (1877-1938) fut marqué par deux expériences : la prise de conscience de l'écart scientifique et technique séparant le monde musulman et le monde occidental à l'aube du XXe siècle et sa prise de contact avec la philosophie d'Henri Bergson. Voir Souleymane Bachir Diagne, *Bergson postcolonial. L'élan vital dans la pensée de Léopold Sédar Senghor et de Mohamed Iqbal*, Paris, CNRS, 2011.

20 Louis Massignon préface sa traduction de l'ouvrage de Mohamed Iqbal et il la soutient durant des années pour l'obtention de ses allocations de recherche pour préparer sa thèse de doctorat.

Dans cet ouvrage, elle trouve la réponse à toutes les questions qu'elle continuait de se poser et c'est pour elle une forme de révélation. Elle est profondément touchée par la recherche d'unité dans la vision du monde que Mohamed Iqbal expose et elle dit avoir une grande affinité de pensée avec l'auteur. Elle citera souvent dans ses conférences cette phrase extraite de l'un de ses ouvrages : « Il n'y a ni Afghan, ni Turc, ni fils de Tartarie. Nous sommes tous les fruits d'un même jardin, d'un même printemps. »

Au fil du texte, un nom qu'elle ne connaît pas encore apparait souvent et l'intrigue, celui de Jalâl al-Dîn Rûmî, auprès duquel elle repose aujourd'hui. Sur cet auteur qui est considéré comme l'un des grands maîtres de la spiritualité et de l'ésotérisme de l'islam[21], il existait au milieu du XXe siècle en Occident une seule édition critique en anglais du texte persan[22]. En 1955, Eva de Vitray demande son intégration dans le corps des chercheurs et elle renonce à sa thèse de doctorat sur Platon pour s'orienter vers la mystique musulmane avec comme sujet « Thèmes mystiques dans l'œuvre de Djalal al-Dîn Rûmî ». Pour elle, aborder cet auteur est une continuité dans sa recherche sur le mystère de la réminiscence, fondée selon Platon sur le postulat de l'immortalité de l'âme. Coïncidence : selon Aflâki, biographe de Rûmî, il existe dans les environs de Konya « un monastère de Platon, situé au pied d'une colline, avec une caverne dont sortait un ruisseau d'eau froide. L'abbé de ce monastère, "vieillard versé dans les sciences", raconte qu'un jour Mevlana se rendit à ce couvent et entra dans la caverne où il resta pendant sept jours et sept nuits[23]. »

Dans la confrérie soufie fondée par Rûmî et dont les rites ont été codifiés par son fils, Sultân Valâd (m. 1312), les disciples tournoient sur eux-mêmes au son de la flûte, le *ney*, une main levée vers le ciel, l'autre vers la terre. Ils sont toujours neuf ou un multiple de neuf. « Plusieurs chemins mènent à Dieu et j'ai choisi celui de la danse et de la musique »

21 Le second, dénommé le « cheikh al-akbar », est Ibn Arabi, né en al-Andalus et mort à Damas en 1240.

22 Reynold Nicholson (1868-1945) a réalisé cette édition scientifique augmentée d'une traduction en anglais et d'un commentaire entre 1925 et 1940. Les travaux d'Eva Meyerovitch sur Rûmi, remarque Robert Brunschvig, son professeur à la faculté de Lettres de la Sorbonne, « contribueront utilement à faire connaitre au public non orientaliste ce grand penseur et poète presque ignoré en France ».

23 Eva de Vitray, *Konya ou la danse cosmique*, *op. cit.*, p. 156.

disait Rûmî[24]. Cette danse est le symbole de la danse des astres dans le cosmos et la musique crée un état où le temps est suspendu. L'âme peut alors se souvenir. Cet état, appelé *dhikr* par les soufis et qu'Eva de Vitray traduit par « mémoration » peut être mis en lien avec *l'anamnesis* au sens platonicien, le souvenir de l'état d'Unité.

Assoiffée de connaissances et d'une inlassable curiosité, Eva de Vitray-Meyerovitch entreprend non pas un mais trois travaux de recherche doctorale. Outre sa thèse principale, elle commence la traduction d'une autre œuvre de Rûmî, *Fîhi mâ fîhi* (« Le livre du dedans »), en tant que thèse complémentaire et s'inscrit à l'École des Hautes Études pour étudier le thème « Christologie et naissance spirituelle chez Rûmî[25] ». Son objectif : mettre en parallèle l'œuvre de Rûmî avec celles d'autres mystiques, chrétiens et musulmans. Durant une dizaine d'années, Eva de Vitray fait ses premiers pas en islam mais son perpétuel souci de sincérité la retient. Comme elle le dit elle-même, « on ne change pas de tradition comme on change de chemise[26] » et par souci d'honnêteté intellectuelle, elle décide de suivre durant trois années des cours d'exégèse chrétienne à la Sorbonne, notamment ceux d'Annie Jaubert et d'Oscar Cullmann, tous deux exégètes néo-testamentaires[27]. Elle décrit ce dernier comme un luthérien « de sensibilité très catholique ». Membre du conseil œcuménique des églises, il était proche du pape Paul VI. Elle étudie avec lui la question des araméismes et des locutions hébraïsantes dans les Évangiles mai aussi celle de leur compréhension et de leur traduction. Finalement, elle dira que ces années d'exégèse lui ont posé plus de problèmes qu'elles n'en ont résolus car elle continue de se heurter aux dogmes, en particulier celui de l'Assomption, adopté en 1950 par le pape Pie XII. Elle débat avec franchise de tous ces thèmes avec son

24 « Comment le soufi pourrait-il ne pas se mettre à danser, tournoyant sur lui-même comme l'atome, au Soleil de l'éternité, afin qu'il la délivre de ce monde périssable ? », Rûmî, *Divân-e Shams-e Tabriz*, *L'éloge du vin*, Paris, Véga, 1931.

25 Son directeur pour sa thèse complémentaire est le philosophe Maurice de Gandillac. Dans son travail mené à l'École des Hautes Études, elle s'interroge sur les thèmes judéo-chrétiens présents dans le *Mathnawî*. Elle renonce à ce 3e travail de recherche en 1960 pour se consacrer à sa thèse principale et aux traductions des œuvres de Rûmî et de son fils Sultan Valâd.

26 E. De Vitray-Meyerovitch, *Islam, l'autre visage*, *op. cit.*, p. 39.

27 Elle suit en outre les cours d'André Dupont-Sommer sur les manuscrits de la Mer Morte au Collège de France, d'Henri Corbin sur la gnose chiite et d'Henri-Charles Puech sur la gnose, le manichéisme et l'histoire des dogmes aussi bien à la Sorbonne qu'au Collège de France.

ami Louis Massignon qui avait été agnostique avant de se convertir au catholicisme[28] et elle lui fait tout naturellement part de son attirance pour l'islam et de ses hésitations. Il lui conseille, avant de prendre sa décision définitive, de rencontrer l'évêque de Strasbourg, théologien et professeur à la Faculté de théologie catholique. Lorsque Monseigneur Nédoncelle la reçoit, il lui fait remarquer qu'elle pourrait devenir protestante, sa grand-mère ayant elle-même été anglicane. Eva de Vitray-Meyerovitch lui répond « par un cri du cœur » : « Mais Monseigneur ce serait trop facile ! ». Après l'avoir regardé longtemps, il lui dit alors : « Je comprends, vous avez raison, faites ce que vous voulez[29] ».

Entrer dans l'islam, dira Eva de Vitray, signifie une longue ascèse. Il faut d'abord s'y préparer. Pourtant sur un plan strictement formel, la démarche est fort simple. « La profession de foi qui suffit, sans aucun intermédiaire ni sacrement, à faire entrer dans la communauté musulmane, est un témoignage (*chahâda*) : "J'atteste qu'il n'y a de dieu que Dieu"[30] », formule qu'elle préfère traduire par : « Il n'y a pas de réalité si ce n'est la Réalité ». Ce à quoi il faut ajouter « J'atteste que Mohamed est son prophète ». « J'insiste, ajoute-t-elle, sur le fait qu'il ne s'agit pas d'adorer Mohammed. En le reconnaissant, on reconnaît de fait tous les autres puisqu'il est leur continuateur [...] Je peux continuer à croire en la mission de Jésus et à la Vierge Marie[31]. » Si l'on souhaite faire reconnaître sa conversion, ce qu'elle ne semble pas avoir fait, seuls deux témoins sont nécessaires.

Ainsi, pour Eva de Vitray, le chemin fut d'abord intellectuel, parsemé de questionnements, d'hésitations durant bien des années. Lorsqu'elle se sent pleinement musulmane, elle a environ cinquante ans. Les « convertis » à cette époque ne sont pas nombreux, ou du moins ils ne le font pas savoir, à quelques exceptions près qui font l'objet de cet ouvrage[32]. Nous sommes au début des années 1960. Son mari, Lazare Meyerovitch, décède brutalement le 24 janvier 1961[33]. S'il avait été plutôt indifférent à la démarche

28 Louis Massignon a publié son récit de conversion dans le texte « Visitation de l'Étranger », *L'Âge nouveau* n° 90 (janv. 1955), p. 72-74.

29 E. De Vitray-Meyerovitch, *Islam, l'autre visage*, *op. cit.*, p. 62-63.

30 *Id.*, *Universalité de l'islam*, sélection d'articles présentés, commentés et annotés par Jean-Louis Girotto, Paris, Albin Michel, 2014, p. 114.

31 *Id.*, *Islam, l'autre visage*, *op. cit.*, p. 57.

32 Parmi les femmes, on peut citer la romancière et journaliste de la fin du XIXe siècle, Isabelle Eberhardt, qui cheminera comme Eva de Vitray-Meyerovitch dans la voie soufie.

33 Il décède d'un infarctus à l'âge de 52 ans à leur domicile, rue Claude Bernard.

spirituelle de son épouse, « il savait, dit-elle, respecter la différence ». Commence alors la seconde étape de son cheminement vers l'islam de l'intérieur ou l'islam du cœur, celui du soufisme (*tasawwuf* en arabe).

RÛMÎ ET LA QUÊTE INTÉRIEURE

Aux débuts de sa recherche sur les écrits mystiques de Rûmî, Eva de Vitray-Meyerovitch fait un rêve :

> J'étais enterrée et, par une sorte de dédoublement, je voyais ma tombe, une tombe comme je n'en avais jamais vue et sur laquelle mon prénom, Eva, avait été écrit en caractères arabes ou persans, ce qui donnait Hawa[34].

Intriguée, elle en conclut qu'elle serait enterrée comme une musulmane.

Quinze ans plus tard, elle se rend pour la première fois à Istanbul[35] et rencontre un derviche tourneur, architecte de métier, qui l'emmène voir un chantier dans une ancienne maison de retraite de derviches devenue musée. Elle y découvre avec stupeur une tombe identique à celle de son rêve lointain et apprend qu'il s'agit de la pierre tombale d'une femme, disciple de Rûmî[36]. Dans l'islam et plus particulièrement dans le soufisme, le rêve est un moyen d'accéder à des messages divins. Durant sa vie, Eva de Vitray a été sensible à tous les signes qui la confortaient dans son cheminement spirituel[37]. En 1968, elle soutient sa thèse de doctorat en Lettres à la Sorbonne[38] et le jury reconnaît à « la candidate d'avoir beaucoup lu et médité et d'avoir écrit son livre avec amour et foi ». Après sa soutenance, elle multiplie les missions de recherche et

34 *Islam, l'autre visage*, p. 55.

35 Dans l'un de ses rapports annuels au CNRS, elle signale une première mission en Turquie en 1968. Elle s'y rend ensuite presque chaque année et participe notamment aux festivités de Konya à l'occasion des 700 ans des « noces » de Rûmî en 1973. Annemarie Schimmel la rencontre à cette occasion.

36 Elle relate ce rêve et son voyage en Turquie dans *Islam, l'autre visage*, p. 55-56.

37 Pierre Lory a consacré un ouvrage à ce sujet : *Le Rêve et ses interprétations en islam*, Paris, Albin Michel, 2003, réimp. 2015.

38 Sous la direction de Robert Brunschvig, professeur d'islamologie. Elle la publie en 1972 chez Desclée de Brouwer sous le titre *Mystique et poésie en islam*. Dès sa parution l'ouvrage est traduit en turc, en arabe et en italien. Il sera réimprimé en 1982.

d'enseignement à l'étranger, notamment au Maroc, en Turquie, en Égypte, au Liban et au Koweit. Son appartenance à l'islam est connue et elle intervient lors de colloques, dans des associations ou à la radio. Interrogée sur sa « conversion » par des collègues, des écrivains ou des journalistes, elle répond invariablement en récusant le terme :

> Ce mot de conversion qu'on emploie à tout bout de champ, je ne l'aime pas du tout. D'autant plus qu'il y a autant de cheminement que d'individus. Pour certains c'est le coup de foudre, pour d'autres l'itinéraire avec deux pas en avant et un pas en arrière qui a été le mien pendant longtemps[39].

Aujourd'hui encore, des chrétiens « convertis » à l'islam, notamment ceux qui entrent dans une voie soufie, tiennent des propos semblables. L'explication est simple : leur démarche est comprise par leurs proches comme un abandon complet et public de leur foi d'origine, lorsqu'ils en ont une, ce qui était le cas d'Eva de Vitray-Meyerovitch qui avait reçu une éducation religieuse dans son enfance. C'est pourquoi elle prenait soin de préciser :

> Comment voulez-vous que je renie le message du Christ ? Je ne le peux pas. En tant que musulmane, je peux penser que Jésus est complètement habité par le Divin. S'il n'est pas Dieu, l'Absolu, créateur des galaxies, il n'en est pas moins entièrement rempli de l'esprit divin[40].

Elle affirme donc se sentir pleinement musulmane, sans avoir renié son amour pour Jésus, mais en ayant mis de côté le dogme. Elle utilisait volontiers l'expression « embrasser l'islam » plutôt que se convertir. Ce qui la comblait, c'est l'universalisme de l'islam mais aussi l'absence de clergé et de conciles et la simplicité du dogme. Être musulman, c'est avant tout se situer par rapport à une transcendance. L'islam est la religion de l'unicité divine (*dīn al-tawḥīd*). Par sa foi même, le musulman, rappelle-t-elle, est amené à reconnaître le message des autres prophètes et donc à croire à la Torah et à l'Évangile puisque le *Coran* est un rappel des autres religions.

---

39 E. De Vitray-Meyerovitch, *Islam, l'autre visage*, *op. cit.*, p. 64.

40 *Ibid.*, p. 59. Les figures de Jésus et de Marie sont éminemment présentes dans la littérature de la mystique musulmane. Le maître soufi de la voie *'alawiyya* en Algérie, le cheikh Adda Bentounes, a intitulé un de ses textes : « Jésus, âme de Dieu ». Il a été édité en 2013 chez Albin Michel sous le titre *Jésus, le chœur des prophètes*.

> Dis : Nous croyons en Dieu ; à ce qui nous a été révélé ; à ce qui a été révélé à Abraham, à Ismaël, à Isaac, à Jacob et aux tribus ; à ce qui a été donné à Moïse, à Jésus, aux prophètes de la part de leur Seigneur. Nous n'avons pas de préférence pour l'un d'entre eux. Nous sommes soumis à Dieu[41].

En 1969, sa notoriété grandit dans le monde musulman et elle est invitée à l'université d'al-Azhar au Caire par le cheikh Shaarawi, directeur de cabinet du recteur de l'époque. Al-Azhar était et demeure l'un des lieux d'enseignement les plus prestigieux dans le monde musulman sunnite[42]. Eva de Vitray-Meyerovitch est la première occidentale à s'y rendre en tant que chargée de cours, ce qu'elle fait durant cinq années lors de missions de longue durée. Son enseignement portait sur l'étude des religions comparées[43].

Rûmî est quotidiennement présent dans sa vie de musulmane et sa lecture la nourrit spirituellement. Elle augmente et revoit sa traduction du *Fîhi mâ fîhi* à partir d'une nouvelle édition du texte en persan[44]. Elle se rend à Tabriz en Iran et en Turquie dans une quête continue de nouvelles copies manuscrites des œuvres méconnues de Rûmî et de son fils Sultân Valâd pour améliorer ses traductions avant la publication.

En 1971, durant l'un de ces séjours au Caire, elle décide de se rendre en pèlerinage à la Mecque. Un cheikh lui conseille de prendre un prénom musulman et il lui propose de conserver le sien, présent dans le *Coran* sous la forme *Hawa*, nom qu'elle avait vu en rêve sur sa tombe des années auparavant. Lorsqu'elle se remémore ce pèlerinage, elle décrit son émerveillement :

> Pour la première fois de ma vie, ce n'étaient pas les côtés ou les dos de ceux qui priaient à côté de moi que j'apercevais, mais le visage d'un autre fidèle, me faisant face, puis que nous étions tous deux prosternés vers un même centre, l'espace étant aboli. C'est donc d'autre que l'on retrouve lorsque toutes les frontières sont annihilées et là encore je pensais à la merveilleuse parole de Rûmî évoquant « le visage sans visage », puisque aussi bien partout où l'on se trouve est la « Face de Dieu » (*Coran*, II, 115) dont la figure humaine n'est que le reflet[45].

---

41 *Coran*, sourate 3, verset 84.

42 Fondée au IVe/Xe siècle, al-Azhar devient à partir du XVIIIe s. la principale université religieuse du monde musulman sunnite. Voir l'*Encyclopédie de l'islam*, 2e éd., *op. cit.*, J. Jomier, « al-Djami' al-Azhar », vol. 1, p. 813-821, p. 837-844.

43 Elle y donne sept conférences par semaine en français et en anglais et elle enseigne également à l'Université *'Ayn Shams*, à l'Université du Caire et au Centre culturel français.

44 E. de Vitray-Meyerovitch, *Le Livre du Dedans*, Paris, éd. Sindbad, 1975, rééd. 1982 puis 1997 par Albin Michel.

45 *Id.*, *Universalité de l'islam*, Paris, Albin Michel, 2014, p. 163.

De retour du Caire en 1973, Eva de Vitray termine sa carrière au CNRS et se consacre pleinement à la traduction en français des 51 000 vers du *Mathnawî*, l'œuvre majeure de Rûmî, composée de poèmes, de sagesses, de paraboles et d'allégories. Selon elle, le soufisme a atteint son apogée avec Rûmî et sa relation avec cet auteur est celle d'un disciple avec son maître. Elle pensait que son message était d'une telle urgence et d'un tel universalisme qu'il était impossible de ne pas le faire connaitre. C'est « un message d'amour qui reprend les valeurs les plus essentielles du christianisme et de l'islam, sans rien renier, et en leur donnant une dimension tout à fait fraternelle et œcuménique[46]. » La traduction du *Mathnawî* l'occupe durant plus de vingt ans, en collaboration avec un ami iranien, Djamchid Mortazavi, avec lequel elle publie aussi les *Quatrains* de Rûmî[47]. Les Éditions du Rocher, en la personne de Jean-Paul Bertrand, acceptent de publier le résultat de ce véritable voyage initiatique. L'ouvrage qui contient 1 705 pages parait en 1991[48]. « Être traducteur, disait Eva de Vitray-Meyerovitch, ce n'est pas seulement un métier, c'est aussi vivre en communion avec une autre civilisation ». Jean de Menasce, iranologue qui maîtrisait lui-même une quinzaine de langues reconnaissait la « précision et l'élégance de ses traductions » :

> Ô jour, lève-toi ! Des atomes dansent,
> Les âmes, éperdues d'extase dansent,
> À l'oreille je te dirai où l'entraîne sa danse.
> Tous les atomes dans l'air et dans le désert,
> Sache-le bien, sont tels des insensés
> Chaque atome, heureux ou misérable,
> Est épris du Soleil dont rien ne peut être dit[49].

L'essentiel de son travail est en lien avec Rûmî jusqu'à la fin de sa vie. Avec lui, elle est soufie et, comme lui, elle dit le soufisme indéfinissable car il y a autant de définitions du soufisme qu'il y a de soufis, autant de voies qu'il y a de pèlerins. L'islam le permet puisqu'il n'existe aucun clergé, et donc aucun intermédiaire en Dieu et sa créature, et aucune excommunication possible. « Dès les débuts de l'islam nous avons des

---

46 E. de Vitray-Meyerovitch, *Islam, l'autre visage*, *op. cit.*, p. 69-70.

47 La première publication a lieu en 2000 chez Albin Michel, réimpr. 2005.

48 Sous le titre *Mathnawî : la quête de l'absolu*. La réimpression a été faite en 2 volumes par le même éditeur en 2013. La ville de Konya a aussi réimprimé l'ouvrage en 6 volumes.

49 Quatrain de Rûmî, cité dans E. de Vitray-Meyerovitch, *Islam, l'autre visage*, *op. cit.*, p. 78.

mystiques qui ont eu cette recherche et le Prophète était pour les Soufis le premier des Soufis » écrit Eva de Vitray.

C'est l'œcuménisme de Rûmî qui l'émerveille : « Sans le savoir très clairement, c'est cela que je cherchais, un œcuménisme qui ne soit pas un syncrétisme[50] ». Pleinement investie dans la voie soufie, elle insiste sur le fait que chacun doit aller au bout de sa tradition, dans l'acceptation. C'est alors que tous se retrouvent au centre de la roue. La symbolique de la roue est très présente dans les écrits des mystiques musulmans comme dans bien des traditions et ce thème avait fait l'objet d'un séminaire de mystique musulmane qu'elle animait avec l'islamologue Roger Arnaldez dans les années 1970.

> Le centre, c'est la remise à Dieu, l'abandon de soi en toute confiance. Les fondamentalistes et les fanatiques sont sur la jante, avec tous ceux qui croient être les seuls à posséder la vérité et par conséquent sont prêts à imposer cette vérité par tous moyens… Au centre, nul ne peut plus avoir l'insupportable prétention d'être le seul à posséder la vérité[51].

Après avoir terminé la traduction de l'essentiel des œuvres de Rûmî, Eva de Vitray le relit en posant sur lui le regard d'une disciple. Le soufisme est une tentative d'intériorisation vécue de l'islam par des êtres en quête d'absolu. « Il ne s'agit aucunement, contrairement à ce qu'ont trop souvent prétendu de nombreux orientalistes, d'un courant de pensée marginal. […] Le soufisme est expérience spirituelle, une voie, un itinéraire vers la Réalité ultime – *haqq* – qui est l'Universalité absolue et que les pèlerins s'efforcent d'atteindre[52]. » Il s'agit en définitive « d'une lancinante nostalgie qui pousse l'amoureux de Dieu à vouloir par-dessus tout retrouver l'Unité perdue. Hors de cette Unité, nous vivons dans l'illusion[53]. » Elle suit ainsi cette voie pas à pas, étape par étape, en franchissant un à un les degrés (*maqâmat*), nourrie par sa proximité avec les écrits de son Guide absent.

Les maîtres soufis d'hier et d'aujourd'hui sont, dit-elle, « des êtres de tendresse et d'ouverture ». Le destin met tardivement sur sa route, elle a

50 *Ibid.*, p. 80.
51 *Ibid.*, p. 45-46.
52 E. de Vitray-Meyerovitch, *Universalité de l'islam*, *op. cit.* p. 175. Extrait de son article « La doctrine du pur amour dans le soufisme dans L'Amour trans-personnel », éditions Trismégiste, 1989.
53 *Id.*, *Islam, l'autre visage*, *op. cit.*, p. 88-89.

76 ans, un maître vivant, Sidi Hamza al-Qâdiri al-Boudchichi, cheikh de la confrérie Boudchichiyya au Maroc (1922-2017) auprès duquel elle prend le rattachement[54]. Elle-même restera très discrète sur sa relation avec son maître : « Il m'a beaucoup donné, mais je ne peux rien dire de plus… ». Dans l'un de ses articles, elle propose cette définition :

> Le rôle du maître vivant – le *chaykh* – ne consistera pas seulement dans l'enseignement d'une méthode conformément aux aptitudes des disciples, mais d'une transmission initiatique, de la communication d'un influx divin que seul peut conférer un représentant d'une chaîne remontant au Prophète lui-même[55].

Sur ce chemin jalonné d'étapes, le degré le plus élevé est l'amour. Dans les dernières années de sa vie, Eva de Vitray-Meyerovitch reçoit souvent à son domicile un autre maître, le cheikh Khaled Bentounes[56], « lumineux et serein », lorsqu'elle a besoin d'une direction spirituelle. Elle aborde avec lui tous les sujets qui n'ont cessé de l'accompagner tout au long de son parcours de chercheuse passionnée et de croyante. « Le rôle du maître, en dernière analyse, écrit-elle, consiste à faire devenir l'homme ce qu'il est. Il est un accoucheur qui doit mettre au monde cet homme parfait que nous sommes tous appelés à devenir[57] ». Sa recherche ultime est celle de l'unité intérieure, ce qui évoque le thème de la mort et de la renaissance.

> Les mystiques musulmans ont beaucoup médité la parole de Saint Jean : « L'homme doit renaître ». Je pense aussi, écrit-elle, à cet extrait d'un traité mystique persan qui fait allusion à cette mort et à cette renaissance :
>
> « L'être humain doit naître deux fois,
> Une fois de sa mère,
> Et une autre fois à partir de son propre corps
> Et de sa propre existence.
> Le corps est comme un œuf,

54 Cette rencontre a été relatée par l'un des disciples de la confrérie, Fawzi Skali, avec lequel elle écrit à cette époque un ouvrage : *Jésus dans la tradition soufie*, Le Plan d'Aups, Saint-Zacharie, Éditions de l'Ouvert, 1985, réédité et complété en 2004 chez Albin Michel.

55 E. de Vitray-Meyerovitch, *Universalité de l'islam*, *op. cit.*, p. 175-176.

56 Né en 1949, il est le guide spirituel de la voie *alawiyya* depuis 1975. Parmi ses ouvrages, le plus connu est *Le soufisme, cœur de l'islam*, Paris, La Table ronde, 1999. Réimprimé par Albin Michel en 2014, il a été traduit en anglais et en arabe.

57 E. de Vitray-Meyerovitch, *Islam, l'autre visage*, *op. cit.*, p. 94.

L'essence de l'homme doit devenir dans cet œuf un oiseau
Grâce à la chaleur de l'amour.
Alors il échappera à son corps
Et s'envolera dans le monde éternel de l'âme
Au-delà de l'espace[58]. »

Muriel ROILAND
Ingénieure de recherche au CNRS
CNRS-IRHT

58 Extrait d'un entretien avec Claude Métra et Olivier Marck sur France Culture dans les années 1970. Ces entretiens sont publiés par l'association « Les amis d'Eva de Vitray-Meyerovitch ». Créée en 2009, l'association a pour objectif de faire connaître les ouvrages et la pensée d'Eva de Vitray-Meyerovitch afin de faire rayonner l'islam du cœur, de l'ouverture et du partage. Elle organise notamment des cercles de lecture du *Mathnawî*, éclairés régulièrement par l'enseignement de cheikha Nûr Artiran, guide spirituelle de la confrérie des Mevlevis à Istanbul. On consultera avec profit H. Nûr Artirân, *Rûmî. L'épreuve de l'amour*, Paris, Bayard, 2020. Site internet de l'association : http://eva-de-vitray.blogspot.com/ [dernière consultation le 8 nov. 2020].

MAURICE BÉJART, LA DANSE ET L'ISLAM

Conversion ou rencontre ?

BÉJART, INTRODUCTION, GÉNÉRALITÉS
Enracinement et liberté

Lors du colloque sur La Vendée littéraire II[1], j'avais évoqué le poète, traducteur et philosophe Bernard Grasset et son lien à la Vendée qui, selon ses propres termes, était « à la fois radical[2] et libre ». Je pourrais aussi bien les réemployer afin de présenter le danseur et chorégraphe Maurice Béjart. Mais, pour ce qui concerne ses racines qu'il n'a jamais reniées alors même qu'il s'est converti à l'islam en 1973 – initié par le soufi, haut magistrat et musicien Nur Ali Elahi, plus connu sous le nom d'Ostad Elahi – elles sont plus familiales et culturelles que géographiques. En effet, selon ses dires, il n'a jamais été attaché à Marseille, ville dans laquelle il voit le jour un premier janvier 1927 et où il passe toute son enfance jusqu'à l'âge de 18 ans. Il poursuit ensuite ses études à Paris qu'il quitte pour installer sa première compagnie de danse à Bruxelles, puis une deuxième en Suisse, à Lausanne où il meurt le 22 novembre 2007, à l'âge de 80 ans. Voyageur et toujours en mouvement vers de nouveaux horizons artistiques, spirituels, culturels et géographiques, il s'est toujours senti partout chez lui. Il va là où la danse l'entraîne. S'il est cosmopolite dans l'âme, ce n'est pourtant pas pour suivre cette mode qui survient souvent lorsqu'une civilisation devient décadente et conduit à se penser déraciné, à nier ses propres origines culturelles pour

1 *La Vendée littéraire II*, dir. J.-M. Joubert, La Roche-sur-Yon, CVRH, 2016.

2 De l'étymologie latine *radicalis*, dérivé de *radix*, signifie ce qui est relatif à la racine, à l'essence, au fondement ou à l'origine de quelque chose.

en épouser une autre dont les valeurs sont à leur apogée. La diversion ou l'aversion pour ses racines originelles peut effectivement conduire à une conversion religieuse, à ce que l'on entend communément par ce terme à savoir : un changement radical d'orientation psychologique, intellectuel, émotionnel, affectif et comportemental. Entre détournement, rejet et changement d'orientation, la diversion, l'aversion et la conversion nous interrogent donc sur ce lien aux racines et sur le problème de l'identité individuelle et collective qu'elle soulève.

Qu'en est-il pour Maurice Béjart qui préfère du reste le terme rencontre à celui de conversion ? Faut-il parler de conversion à l'islam ou bien faut-il repenser le terme en fonction de sa ou de ses significations et de l'expérience singulière qu'elle sous-entend ? Il y aurait ainsi autant de conversions qu'il y a de convertis. Pour Béjart qui n'a jamais été un militant et qui se méfie de tout sectarisme, si l'on doit parler de conversion, elle ne serait pas *métanoïa* mais *épistrophê*. Dans l'*Encyclopedia Universalis*, Pierre Hadot nous rappelle à brûle-pourpoint l'étymologie du terme. En latin, *conversio* signifie l'action de se tourner vers Dieu mais

> correspond en fait à deux mots grecs de sens différents, d'une part épistrophê qui signifie changement d'orientation et implique l'idée d'un retour (retour à l'origine, retour à soi), d'autre part métanoïa qui signifie changement de pensée, repentir, et implique l'idée d'une mutation et d'une renaissance. Il y a donc, dans la notion de conversion, une opposition interne entre l'idée de « retour à l'origine » et l'idée de « renaissance ».

Dans le cas d'une conversion radicale où l'on renonce définitivement à ses racines et à sa religion originelle, il s'agit donc davantage de métanoïa. Mais, chez Maurice Béjart, il n'y a aucune volte-face, aucune rupture, aucune discontinuité, ni diversion, ni aversion, ni renoncement à ses anciennes convictions. Au contraire, il y a un embrassement, une convergence et un accomplissement, ce qui définirait davantage l'expérience mystique. Il croit d'ailleurs qu'on ne peut pas vraiment se convertir dans la mesure où l'être est déjà formé à la naissance. Il est donc déjà ce qu'il est, prédéterminé et originellement enraciné, c'est-à-dire fidèle à ses racines, au sens premier du terme radical. Dans un entretien avec Michel Robert[3], Maurice Béjart s'en explique :

---

3 Michel Robert et Maurice Béjart, *Ainsi danse Zarathoustra*, Arles, Actes sud, 2006, p. 82.

se convertir est un verbe qui ne me convient pas. Je n'ai pas abandonné une croyance au profit d'une autre. Se convertir, c'est renier quelque chose au profit d'une autre, c'est dire que l'on était dans l'erreur… Rencontrer l'islam ne m'a pas une seconde détourné de mon enfance catholique, ne m'a pas empêché d'être un fervent adepte du bouddhisme et ne m'a pas fait perdre l'amour d'autres merveilles de l'esprit. Je vois mon cheminement spirituel comme une grande continuité.

Maurice Béjart est donc en chemin et l'islam s'inscrit pour lui dans une continuité, celle d'une initiation spirituelle et œcuménique guidée par le principe de l'unité dont cette religion témoignerait tout particulièrement.

C'est ce cheminement intérieur, éclairé par ce retour à la source originelle – pour parodier la pensée de Blaise Pascal à propos de la vérité divine « tu ne me chercherais pas si tu ne m'avais déjà trouvé », on pourrait dire « Tu ne te convertirais pas si tu ne m'avais déjà trouvé » – que je vous propose de découvrir. Chez Maurice Béjart, ce sont d'abord des rencontres capitales et des lectures qui l'ont orienté et nourri. Mais c'est surtout la danse qui le révèle à lui-même et par laquelle il communie avec Dieu. Ainsi peut-on se demander si ce n'est pas en cet art que réside définitivement chez lui la seule vraie conversion à laquelle il s'adonne depuis l'adolescence ?

MAURICE BÉJART
Influences et rencontres

La première grande figure déterminante dans la vie spirituelle de Maurice Béjart est sans aucun doute celle de son père, le philosophe Gaston Berger né à Saint-Louis au Sénégal en 1896 et mort à Longjumeau en 1960. Ouvert à toute culture, il est d'abord épris de culture allemande dans laquelle Maurice Béjart est bercé dès son enfance, notamment à travers la poésie dont il apprend par cœur le fameux poème de Goethe, *Erlkönig*, « Le roi des Aulnes ». Dans un entretien avec Michel Robert, il raconte comment son père l'a mis à califourchon sur son dos et a galopé dans la cour de l'usine où il travaillait en lui faisant répéter chaque vers. Rappelons rapidement le parcours atypique de Gaston Berger, très tôt parti du Sénégal, sa mère s'étant séparé de son père, il arrive en France où il doit interrompre son activité de lycéen pour faire vivre sa mère et sa grand-mère. Il s'engage volontairement le 30 septembre 1914 et à la fin de la guerre, il reprend ses études à Marseille tout en travaillant dans une usine d'engrais chimiques et organiques. Il obtient son baccalauréat puis sa licence et le diplôme d'études supérieures de philosophie, ainsi qu'un certificat d'études supérieures de physiologie à la faculté des sciences de Marseille. Il fonde avec quelques amis dont le chanoine Bourgarel, la Société des études philosophiques du Sud-Est qui devient par la suite, une revue à part entière, *Les Études philosophiques.* Il traduit Husserl et lui consacre sa thèse de doctorat portant sur *Le Cogito dans la philosophie d'Husserl*, thèse qu'il soutient en 1941 à Aix-en-Provence en même temps qu'une autre thèse : *Recherche sur les conditions de la connaissance. Essai d'une théorétique pure.* Il est par ailleurs connu pour ses travaux sur la caractérologie[4] et la prospective[5]. Après la guerre de 39-45, il devient maître de conférences, puis professeur titulaire à la faculté des lettres d'Aix, puis directeur général de l'enseignement supérieur en France, membre de l'Académie des sciences morales et politiques où il succéda à René Le Senne (1955) et fondateur du centre d'études prospectives.

On comprend dès lors qu'un tel père, doué pour beaucoup de choses, – « il parlait six langues, jouait du violon et de la guitare, montait à cheval, travaillait la terre, réparait un moteur, peignait une toile, traçait des centaines d'idéogrammes chinois, récitait le *Bhagavad-Gita* en sanskrit[6] » – fut pour Maurice Béjart qui perdit sa mère alors qu'il n'avait que sept ans, une précieuse source culturelle, spirituelle, et surtout un excellent père. Il bénéficia dans son enfance, de riches discussions[7] lorsque son père recevait chez eux des philosophes célèbres à l'époque comme

4 Gaston Berger publie aux PUF en 1950 son *Traité pratique d'analyse du caractère*, puis son *Questionnaire de caractérologie et caractère et personnalité* en 1954, également aux PUF.

5 Il est le père fondateur de la prospective. Il crée en 1957, une revue qu'il intitule *Prospective.* Le mot, qui n'existait pas jusque-là, connaît un rapide succès, au point que, quand il quitte son poste de directeur pour une chaire à l'École pratique des hautes études, celle-ci reçoit le nom de « chaire de prospective ». Gaston Berger invente non seulement le mot mais aussi la méthode fondée sur la conviction de l'existence d'un authentique déterminisme historique, et sur la modélisation économique.

6 M. Robert et M. Béjart, *Ainsi danse Zarathoustra*, *op. cit.*, p. 14.

7 M. Béjart écrit à ce propos dans *Un instant dans la vie d'autrui*, Paris, Flammarion, 1979, p. 240 : « Dans *Les vainqueurs*, j'avais mis toute ma dévotion pour le bouddhisme, depuis les conversations de jadis où mon père, retour du Japon, m'en parlait, jusqu'à mon premier voyage au Japon et mon émotion devant les temples *in situ* en passant par

René Le Senne ou Maurice Blondel. Catholique non pratiquant, Gaston Berger était surtout ouvert à toute spiritualité et religions, particulièrement orientales. Passionné par la Chine dont il apprend la langue à la fin de sa vie, « il avait aussi beaucoup étudié la philosophie indienne. Il recevait des penseurs indiens de passage[8]. » Maurice Béjart a hérité de son père cet intérêt pour les cultures orientales mais pour sa part, il s'est plutôt intéressé à la culture japonaise, en découvrant d'abord le cinéma de Mizoguchi et de Kurosawa puis en allant régulièrement au Japon depuis 1966. Il rencontre plus tard à Paris le moine Daisen Deshimaru « que son monastère a délégué en Europe non pas pour y prêcher, bien sûr, mais pour y être[9]. » Il l'initie à la méditation zen et au *kendo*. Il devient alors « un fervent adepte du bouddhisme[10]. » Nulle mode, ni recherche exotique ne justifient cet attrait si ce n'est, dit-il :

> ce que nous avons perdu en Occident [...]. Je retrouve dans quelques civilisations asiatiques, des éléments philosophiques, religieux ou formels qui faisaient partie de notre culture. Il ne s'agit donc pas de m'évader, mais de retrouver une essence de l'humanité que nous avons oubliée ou occultée[11].

On revient ici au sens du terme conversion comme *épistrophê*, ce retour à l'origine auquel du reste n'est pas étranger René Guénon que Maurice Béjart a lu. En effet, dans *La Métaphysique orientale*, René Guénon écrit :

> S'il en est ainsi, pourquoi parler plus spécialement de métaphysique Orientale ? C'est que, dans les conditions intellectuelles où se trouve actuellement le monde occidental, la métaphysique y est chose oubliée, ignorée en général, perdue à peu près entièrement, tandis qu'en Orient, elle est toujours l'objet d'une connaissance effective. Si l'on veut savoir ce qu'est la métaphysique, c'est donc à l'Orient qu'il faut s'adresser[12].

Cet Orient (étymologiquement, naître, surgir, faire apparaître), terre mère originelle, qui s'étend jusqu'aux portes du Moyen Orient, Maurice Béjart s'y tourne aussi. Doit-on voir dans ce retour aux racines, la nostalgie d'une

---

les longues heures où je lisais et relisais ses livres de Suzuki sur le zen – et les autres heures, innombrables elles aussi, passées à écouter la musique de Wagner [...] ».

8 M. Béjart, « Entretiens avec René Zahnd », *L'Esprit danse*, Lausanne, La Bibliothèque des Arts, 2001, p. 33.

9 M. Béjart, *Un instant dans la vie d'autrui*, *op. cit.*, p. 270.

10 *Ibid.*, p. 82.

11 M. Béjart, Entretiens avec René Zahnd, *op. cit.*, p. 33-34.

12 R. Guénon, *La Métaphysique orientale*, Saligny, Éditions Traditionnelles, 2006, p. 5.

mère trop tôt disparue dont le souvenir hante inconsciemment la psyché du danseur ? En tout cas, c'est en Iran, lors d'une tournée pour les fêtes de Persépolis où il tient à travailler sur une œuvre iranienne, *Le Jardin des roses de Saadi*, (poète persan du XIIe siècle) aussi appelé *Le Golestân*, qu'il va rencontrer son deuxième et dernier grand maître, le soufi Nur Ali Elahi :

> C'était un maître musicien qui ne donnait jamais de concert : il ne jouait que pour ses élèves et dans le cadre de cérémonies religieuses [...] À un moment donné, alors que nous étions seuls dans une pièce, il a commencé à jouer du setar. Au bout de quelques secondes, je me suis endormi. Endormi n'est pas le terme exact. Je suis entré dans un état second. J'ai complètement perdu conscience. J'ai alors fait un voyage extraordinaire... Il s'est arrêté je ne savais pas s'il avait joué deux minutes ou deux heures[13].

Il précise aussi que ce maître lui a dit que quel que soit le lieu où il se trouverait, il pouvait communiquer mentalement avec lui et lui exposer ses problèmes en l'« assurant d'une réponse très rapide à chaque fois[14]. » Ce fut le cas lorsqu'il dut un jour répondre à une commande concernant un ballet qui devait se jouer à Florence pour rendre hommage à Pétrarque. Hésitant en raison de son ignorance de l'auteur, il consulte mentalement son maître puis, chemin faisant il rencontre au jardin du Luxembourg un ami qu'il n'avait pas vu depuis longtemps. Dans leur conversation, il est question de Gustave Moreau et de son musée, rue de La Rochefoucauld, que n'a jamais vu Maurice Béjart. Ils décident d'y aller ensemble. Le hasard veut que le jour même un petit tableau de Gustave Moreau vient d'entrer au musée dont le titre est : *Les Triomphes de Pétrarque*. Maurice Béjart avait trouvé la réponse à sa question[15]. Ce maître, Nur Ali Elahi est un penseur spirituel musicien et haut magistrat iranien né le 11 septembre 1895 au Kurdistan et mort le 19 octobre 1974 à Téhéran. Dès l'âge de 6 ans, il montre certaines dispositions pour la musique et devient un enfant prodige du *tanbur*. À 9 ans il entame une période d'ascétisme qui durera 12 années. Si les mystiques se retirent habituellement après une vie sociale bien remplie, Ostad Elahi fait exactement l'inverse et décide de se consacrer à une vie spirituelle qu'il considère plus difficile

---

13 M. Béjart, « Entretiens avec René Zahnd », art. cité, p. 37-39.

14 M. Béjart, *Un instant dans la vie d'autrui*, *op. cit.*, p. 129.

15 *Ibid.*, p. 129-130. Maurice Béjart relate un deuxième fait concernant un petit sanctuaire situé en Iran, à Jam-Karan précisément, lieu qu'Henry Corbin mentionne dans l'un de ses ouvrages. Il veut s'y rendre mais n'arrive pas à le trouver...

à mener avec ses semblables car toute tentation est plus présente dans la vie communautaire où rester intègre et en accord avec ses valeurs est une gageure. C'est pourtant ce qu'il fera en devenant haut magistrat à Téhéran. Il met en place un système judiciaire laïc et inspiré de l'Occident. À sa retraite, en 1957, il se consacre à sa pensée spirituelle qu'il oriente vers l'importance de l'action sur les mots, vers l'éthique dans la vie quotidienne et vers la quintessence des religions. C'est à partir de cette exceptionnelle rencontre que Maurice Béjart se convertit à l'islam chiite en 1973 sans toutefois pouvoir l'expliquer par des mots. Il nous faut néanmoins tenter de la comprendre.

Cette conversion est tout d'abord intérieure et mystique. Le choix de l'Islam chiite et du soufisme n'est par conséquent pas anodin. Voici ce qu'il répond à Michel Robert : « l'islam chiite [...] m'apparaît beaucoup plus mystique que l'islam sunnite. » S'il est certes le résultat d'une rencontre fulgurante, proche du coup de foudre et de la révélation qui réveillent le désir mystique, il est aussi guidé par ce long et silencieux processus de maturation spirituelle, fait de réminiscence, d'un retour aux origines, aux racines, à l'essence spirituelle commune à toute religion. Nul doute que la musique céleste d'Ostad Elahi aux sons purs et cristallins, tels ceux émanant des trompettes tenues par les anges musiciens au paradis, ait réveillé cette mémoire des origines. C'est pourquoi, le terme conversion en tant que *métanoïa* impliquant la rupture et le changement brusque, ne semble pas être adapté au cheminement intérieur de Maurice Béjart qui, soit dit en passant n'a jamais changé de tenue vestimentaire, ni bouleversé ses créations chorégraphiques, même si le soufisme est pour lui un nouveau souffle créateur. Par ailleurs, sa pratique religieuse régulière reste œcuménique, fidèle à l'ouverture spirituelle que son père lui a transmise : « Deux prières ont ma faveur. La première est musulmane, c'est la Fâtihat, le notre père des musulmans, la prière de base du *Coran* que je récite en arabe cinq fois par jour. L'autre est tibétaine[16]. » Maurice Béjart partage cette sage pensée d'Ibn Arabi :

> Mon cœur est devenu de toute forme : il est un pâturage pour les gazelles et un couvent pour les moines chrétiens, et un temple pour les idoles et la ka'ba du pèlerin et la table de la *Torah* et le *Coran*. Je suis la religion de l'amour, quelque route que prennent ses chameaux[17].

16 M. Robert, M. Béjart, *Ainsi danse Zarathoustra*, *op. cit.*, p. 82.
17 *Ibid.*, p. 86.

Epistrophê convient donc mieux et qualifie davantage l'expérience mystique qui se fait l'écho d'un retour à l'origine et recherche d'une unité dans le dépassement de soi. Maurice Béjart la croit plus accomplie dans l'islam : « Je dirais que ma recherche a toujours été guidée par le principe de l'unité et qu'elle m'apparaît plus évidente dans l'islam que dans les autres traditions[18]. » L'islam est donc pour lui l'aboutissement de cette recherche de l'unité, c'est-à-dire de la non-dualité. Selon Béjart, on la retrouve dans toutes les religions, mais surtout dans le soufisme. Il cite notamment Al Hallâj, le martyr de l'islam, torturé et pendu pour avoir affirmé : « Je suis Dieu ». Loin d'une pensée blasphématoire, Al Hallâj invite tout homme à perdre son moi pour s'unir à Dieu, pour se retrouver en lui, non pour être face à lui. Il faut donc se perdre, s'abandonner, se dépouiller de toute richesse matérielle, renoncer à chercher une fin, à chercher Dieu. Être en lui ou lui en nous, au-delà de toute dichotomie intériorité/extériorité, telle est l'expérience mystique. Se convertir, c'est être en compagnie de Dieu (cum) et plus encore, c'est être en lui. C'est l'avoir retrouvé en perdant son moi. Tu ne te convertirais pas si tu ne m'avais déjà trouvé. Au bout du chemin, il n'y a rien, rien à attendre. L'unité implique de rompre avec tout but visé, tel que l'enseigne aussi le bouddhisme zen dans l'exercice du tir à l'arc. Ce rien, Maurice Béjart, le retrouve chez Jean de la Croix :

> Dans le catholicisme, notre plus grand soufi est Jean de la Croix, qui a été emprisonné et qui en est mort. La non-dualité des hindous, on la retrouve d'ailleurs dans un ouvrage extraordinaire qui s'appelle *La Montée du carmel*, où il décrit la montée traditionnelle, mais chaque degré est ponctué du mot « nada », c'est-à-dire rien. Au sommet de la montagne, la découverte de Dieu est également suivie de « nada » [...]. En réalité, cette posture signifie que même s'imaginer avoir découvert Dieu est une erreur. Nous sommes ici dans la non-dualité radicale[19].

Si dans le cheminement intérieur de Maurice Béjart, les rencontres témoignent sans aucun doute du coup de foudre relatif à l'expérience charnelle de la conversion, il n'en reste pas moins que cette dernière est aussi le fait d'un artiste/intellectuel cultivé dont les nombreuses lectures le guident et l'éclairent progressivement. Il explique notamment que :

> pour un occidental, cet islam devient compréhensible grâce à l'œuvre magistrale d'Henry Corbin, qui a consacré sa vie à l'étude du chiisme, des origines à

18 *Ibid.*, p. 83.
19 M. Béjart, « Entretiens avec René Zahnd », art. cité, p. 192.

> nos jours. Mon livre, *L'Autre Chant de la danse*, sorte de cérémonie initiatique imagée, a été profondément inspiré par son enseignement [...]. Je conseille souvent un de ses livres, *En islam iranien*, composé de quatre tomes[20].

Le philosophe Henry Corbin, notamment traducteur de Heidegger, ne s'est jamais converti mais, disciple de Louis Massignon, il est connu pour être un des grands orientalistes du XXe siècle. Il questionne d'ailleurs l'origine du terme soufi. Une des significations les plus admises vient de la racine arabe (*al-souf*) laine qui donne laineux, du fait que le soufi porte un vêtement de laine bleue, couleur de la spiritualité, en signe de modestie et de pauvreté, contrairement aux vêtements de soie représentant un certain rang social et la richesse. Pour sa part, Henry Corbin pense que la racine première est grecque et viendrait du terme *sophos.* Ce qui n'a finalement rien d'étonnant puisque, en effet, le soufisme est ce courant mystique influencé par le christianisme, le zoroastrisme, le bouddhisme et la philosophie grecque. Le soufi serait donc avant tout celui qui est sage, celui qui possède la sagesse divine.

On peut ainsi dire que Maurice Béjart s'inscrit dans cette lignée d'intellectuels français convertis à l'islam, tels Eva de Vitray ou René Guénon qu'il a d'ailleurs également lus. Il emprunte notamment à ce dernier ce dialogue entre Orient et Occident et cette critique adressée à l'Occident moderne devenu profane. Mais il a surtout la même posture concernant ce terme conversion qui ne convient guère mieux à René Guénon. Si, dans leur cas, on doit néanmoins utiliser ce vocable, il peut trouver justification à travers cette distinction que propose le professeur de sciences politiques spécialiste de l'islam, Franck Frégosi qui précise par ailleurs leur attirance spécifique pour le soufisme comme spiritualité authentique et traditionnelle. Selon lui, il y a en effet, trois types de conversions : les conversions intellectuelles, les conversions relationnelles et les conversions matrimoniales[21]. Ces dernières sont davantage exotériques et portées vers l'islam sunnite, plus orthodoxe et conventionnel, suivant à la lettre les versets du *Coran* tandis que le soufisme s'adresse aux plus lettrés. Dans *D'une foi l'autre*, Lisbeth Rocher et Fatima Cherqaoui qui ont pendant trois ans, mené une enquête sur ce

20 M. Robert, M. Béjart, *Ainsi danse Zarathoustra*, *op. cit.*, p. 83.

21 Guillaume Gendron, Interview de Franck Frégosi, « Autant de modes de conversion à l'islam que de convertis », août 2013 https://www.liberation.fr/societe/2013/08/22/autant-de-mode-de-conversion-a-l-islam-que-de-convertis_926335 [dernière consultation le 16 nov. 2020].

phénomène moderne des conversions à l'islam, justifient la distinction notionnelle entre ésotérisme et exotérisme :

> Il semble bien, en effet, que la distinction entre ésotérique (*eso* signifie « de l'intérieur ») et exotérique recoupe, bien que de façon un peu informelle, la séparation entre intellectuel et non intellectuel. Comment s'en étonner ? Il y a dans la vie mystique un langage fondé sur l'allusion, le symbole, l'allégorie, qui exige une certaine discipline mentale. La réflexion permanente, la méditation ont de quoi décourager les âmes simples qui se contentent de vivre un changement mieux approprié à leur quotidien. En revanche, il y a chez les intellectuels une volonté d'aller jusqu'au bout de leur quête spirituelle, c'est-à-dire au-delà de la simple observance des dogmes, jusqu'à la mystique[22].

Le soufisme propose donc une lecture ésotérique et critique du *Coran* que les sunnites et surtout les salafistes, les fondamentalistes de l'islam, voient d'un mauvais œil. Si Maurice Béjart s'est d'ailleurs toujours gardé de parler de conversion à l'islam, c'est aussi pour cette raison d'une association systématique de la conversion à une forme d'intégrisme religieux. À Jean-Édern Hallier qui l'interroge sur l'islam obscurantiste et le terrorisme, Maurice Béjart répond sans ambages : « Toute religion où la loi, la Charia, la loi coranique, devient plus importante que la mystique, devient totalitaire. » (Interview publiée dans *Le Figaro magazine* de novembre 1986).

Il resterait à évoquer ce lieu réel et symbolique du désert, un espace de solitude, un espace vide. Traversée du désert donc mais en même temps source spirituelle intarissable. On pense notamment à la résistance de Jésus face aux tentations démoniaques. Chez Maurice Béjart qui a toujours beaucoup aimé le désert et aimé y faire de longues marches, le désert est le lieu de l'expérience intérieure du rien dont l'islam témoigne :

> Il n'y a que dans le *Coran* que je retrouve cette voie du désert, ce souffle, cet absolu. [...]. Je me suis toujours senti conduit. [...] Un jour, comme un gosse, je vole à une amie l'ouvrage qui l'absorbait. Je me suis réveillé musulman à la suite du livre d'Eva de Vitray sur Rumi, le mystique persan[23].

Si l'islam complète et parachève ce voyage intérieur spirituel et artistique chez Maurice Béjart, il n'en reste pas moins que toutes les religions sont autant de chemins qui se rejoignent et se fondent dans un seul et même

22 Lisbeth Rocher et Fatima Cherqaoui, *D'une foi l'autre, Les conversions à l'islam en Occident*, Paris, Seuil, 1986, p. 43.

23 *Ibid.*, p. 200.

amour du divin et de la danse. Ainsi, Dieu et danse ne font qu'un et l'art n'est rien sans transcendance, la transe sans danse, non plus. On nous pardonnera ce jeu de mots. La conversion s'inscrit dès lors pour lui dans cet élan vers Dieu, ce mouvement même de la grâce, mouvement courbe, continu et souple, celui du danseur dessinant d'arabesques figures et trouvant l'union de l'homme dans l'harmonie du corps et de l'âme, l'union de l'homme avec le cosmos, l'union de l'homme avec Dieu.

DIEU, LA DANSE ET L'ISLAM

Évoquer la figure de Maurice Béjart, c'est nécessairement revenir à son art, la danse. Un médecin lui a recommandé de la pratiquer alors qu'il était un enfant chétif et valétudinaire. Avant de s'adonner à ce qui deviendra une vocation, Maurice Béjart est tout petit passionné d'opéra, de musique et de théâtre et, par exemple, il n'hésite pas à incarner le personnage de Méphisto tandis que sa sœur Paulette, joue le rôle de Faust. Son premier public sera sa famille. L'art de la mise en scène ne lui est donc pas étranger qui s'inspire avant tout de la première culture dans laquelle il a été bercé, la culture allemande. C'est par elle qu'il découvre également le lien de la danse à la spiritualité grâce à Friedrich Nietzsche dont les lectures l'accompagneront toujours et l'inspireront pour ses chorégraphies. Pourquoi Nietzsche est-il pour Maurice Béjart la première révélation et le premier guide dans son cheminement intérieur ? Parce qu'il est le seul philosophe dont le style même est une danse, justifie-t-il dans *Ecce homo*, et parce qu'il affirme, notamment dans *Ainsi parlait Zarathoustra* l'origine divine de la danse : « Je ne pourrais croire qu'en un Dieu qui saurait danser[24]. » « Zarathoustra est un danseur[25] », précise également Maurice Béjart qui cite Nietzsche dans *Ecce Homo*[26]. En 2005, il intitule l'un de ses ballets *Zarathoustra, le chant de la danse* et lui rend ainsi hommage.

24 M. Robert, M. Béjart, *Ainsi danse Zarathoustra*, *op. cit.*, p. 75. On retrouve également cette traduction dans le chapitre « Lire et écrire » : « Je ne croirai qu'en un dieu qui s'entendrait à danser ». Friedrich Nietzsche, *Ainsi parlait Zarathoustra*, trad. G.-A. Goldschmidt, Paris, Le livre de Poche, p. 52.

25 *Ibid.*, p. 120.

26 Friedrich Nietzsche, *Ecce Homo*, trad. Henri Albert, Paris, 1996, p. 129.

Zarathoustra, faut-il le rappeler, est ce sage iranien quasiment divin, fondateur du zoroastrisme, religion iranienne monothéiste et réformiste du mazdéisme. La légende veut que Zoroastre soit né en riant[27], témoignant dès sa naissance d'une sage dérision lui faisant considérer avec distance la comédie de la vie. Zarathoustra rieur, Zarathoustra danseur, est donc à plus d'un titre une source d'inspiration pour Maurice Béjart qui par ailleurs a beaucoup d'humour et aime rire. Mais c'est surtout cette pensée nietzschéenne qu'il va faire sienne « je ne pourrais croire qu'en un Dieu qui saurait danser ». Elle lui révèle du même coup ce qu'il a toujours pensé de la danse et de son lien originel au sacré et à la divinité :

> La danse est toujours née d'un rituel. Qu'il soit social, magique ou pour la plupart du temps, sacré. C'est là son élément naturel. C'est un univers transcendant qui fait appel au subconscient, je dirais même aux forces occultes[28].

À cet égard, comment ne pas faire le rapprochement avec les derviches tourneurs dont Maurice Béjart s'est notamment inspiré dans un ballet datant de 2005 et intitulé *Rumi.* Reprise d'un précédent ballet sur les *Illuminations* de Rimbaud, une trentaine de garçons, tout de blanc vêtus comme pour accentuer l'atmosphère de transcendance et d'immatérialité, entrent en scène avant d'entamer un long tournoiement de derviches sur une musique turque. Les derviches tourneurs font partie de ce qu'on appelle l'ordre des *Mevlevi*, un ordre musulman soufi fondé au XIIIe siècle par Jalal al-Din Rûmî à Konya, dans l'actuelle Turquie. Ses membres sont souvent appelés « derviches tourneurs » en référence à leur danse appelée *samā'* (ou *sema*), dont les mouvements circulaires rappellent ceux d'une toupie. La tête inclinée sur le côté, les bras levés vers le ciel, les derviches montrent la direction ascensionnelle vers Dieu. Le *samā'* est une des trois techniques pratiquées dans le soufisme, avec le *Zikr* et la retraite. Les unes et les autres se complètent. Elles visent :

> la production et la maîtrise d'un état de mort du corps et de cessation de ses fonctions sensuelles et imaginatives qui permettent au soufi de surmonter la

27 *Denkard*, livre VII, chap. 3, trad. angl. Edward William West, *Sacred Books of the East*, volume 5, Oxford, University Press, 1897. – « *About the marvellousness which is manifested after the birth of that most auspicious of offsprings from his mother, till his coming to a conference with Ohrmazd. One marvel is this which is declared, that on being born he laughed outright ; the seven midwives (dayah), who sat around him, were quite frightened thereby* ».

28 M. Robert, M. Béjart, *Ainsi danse Zarathoustra*, *op. cit.*, p. 74.

> mort physique à venir. La pleine maîtrise de ces exercices est souvent interprétée comme une deuxième naissance, comme une mort avant la mort[29].

Le *samā'* développe l'oreille intérieure qui permet la compréhension du sens caché des Sourates du *Coran*. Selon Thierry Zarcone, « La musique occupe une place grandissante dans le *samā'* en dépit de l'opposition de nombreux mystiques qui mettent en garde contre ses côtés frivoles et sensuels[30]. » Le *Zikr*, qui étymologiquement signifie se souvenir, est quant à lui une technique de répétition incantatoire proche de la prière du cœur. La répétition, qu'elle soit orale ou gestuelle dans le mouvement circulaire des derviches tourneurs permet, bien au-delà des états de transe et extatiques, ce que les soufis nomment « attraction vers le haut ou vers l'intérieur (*djadhb*)[31]. » Au contraire, nos sociétés modernes, obnubilées par le changement incessant et la nouveauté, l'associent à l'absurdité et l'ennui existentiels, telle l'interprétation camusienne d'un Sisyphe sans horizon. La répétition est pourtant un mode d'apprentissage et de création nécessaires qui scande la musique et la danse. Répéter jusqu'à connaître par cœur et sans défaillance. Répéter jusqu'à sortir de soi. La répétition est rythme et mouvement que partagent réciproquement religion et danse.

On ne s'étonnera donc pas que le chorégraphe s'inspire de textes religieux, notamment ceux de la *Bible*, (le cantique des cantiques où se mêlent érotisme et sacré), de saint Jean de la Croix et de son fameux *nada*, de l'hindouisme et du Dieu Shiva qui créa le monde en dansant. Pour lui, l'art et la religion sont indissociablement liés. C'est ce qu'il répond à Michel Robert : « L'art est le point de jonction entre le réel et le transcendant, cela ne fait aucun doute. L'art est né en même temps que la religion et grâce à la religion. Il y est profondément lié. Il faut bien le dire, en dehors du phénomène religieux, l'art n'a aucun intérêt[32]. » Maurice Béjart les considère même avec la musique comme le fondement commun à toutes les cultures :

> La danse est sans doute un des premiers arts qui est apparu. Qui a précédé l'autre : la musique ou la danse ? Le type qui a joué du tam-tam ou le type qui

29 Thierry Zarcone, *Le Soufisme, voie mystique de l'islam*, Paris, Gallimard, 2009, p. 37.

30 *Ibid.*, p. 36.

31 *Ibid.*, p. 25.

32 *Ibid.*, p. 74.

> a tapé du pied ? La danse actuelle remonte à deux origines. La danse sacrée, ou un personnage seul entre en communication avec la divinité, avec les esprits, avec les morts, avec l'âme de la tribu. Il danse avec une entité dont il est l'interprète. Il fait le lien entre une vérité cachée et la vérité de la tribu vivante. La danse sociale se pratique évidemment en groupe, dans le même rythme. On y retrouve presque toujours le geste de la farandole, du cercle, de l'union des mains. Il n'existe pas d'autres origines. Le reste vient plus tard, par certaines déformations : la danse spectacle, la danse mondaine, ainsi de suite[33]...

Mais, pour Maurice Béjart, se divertir, n'est pas se convertir. La danse n'est pas un divertissement dont le mouvement de fuite, à défaut de point, ne peut être qu'horizontal. Au fond, le mouvement qui caractérise la conversion, l'action de se tourner vers Dieu selon l'étymologie latine, rejoint, chez lui, celui de la danse. Appelons-le élan et grâce. Danse, connaissance, spiritualité sont donc un seul et même appel de Dieu (mouvement vertical descendant), un appel vers Dieu (mouvement vertical ascendant) dont la voix/voie se dessine vers l'Orient (mouvement horizontal), lieu de convergence, symbolique et originel de toute naissance. Béjart est un mystique dont l'expérience singulière de Dieu remonte à une première rencontre, celle de la danse, vocation exclusive, seul sacerdoce. Concluons ainsi avec lui : « Peut-être n'ai-je qu'une seule religion : la danse. Mais la danse est déboussolée. Si Dieu n'intervient pas, je ne serai qu'un fabricant de ballets, un grossiste, un artiste au sens étroit des musées et de leurs catalogues[34]. »

Sylvie PAILLAT
Docteure en philosophie
CRICES

---

33 Maurice Béjart, Entretiens avec René Zahnd, *op. cit.*, p. 197.

34 M. Béjart, *Un instant dans la vie d'autrui*, *op. cit.*, p. 273.

BIBLIOGRAPHIE

Barus-Michel, Jacqueline, « Hypothèses sur les processus de conversion », *Les cahiers psychologie politique n° 15.* http://lodel.irevues.inist.fr/cahierspsychologiepolitique/index.php?id=762 [dernière consultation le 16 nov. 2020]

Béjart, Maurice, *L'autre chant de la danse*, Paris, Flammarion, 1974.

Béjart, Maurice, *Un instant dans la vie d'autrui*, Paris, Flammarion, 1979.

Béjart, Maurice, *L'esprit danse, entretien avec René Zahnd*, Lausanne, La Bibliothèque des Arts, 2001.

Béjart, Maurice, *Ainsi danse Zarathoustra, entretien avec Michel Robert*, Arles, Actes sud, 2006.

Berger, Gaston, *Traité pratique d'analyse du caractère*, Paris, PUF, 1950.

Berger, Gaston, *Questionnaire de caractérologie et caractère et personnalité*, Paris, PUF, 1954.

Cherqaoui, Fatima et Rocher, Lisbeth, *D'une foi l'autre, Les conversions de l'islam en Occident*, Paris, Seuil, 1986.

Guénon, René, *La métaphysique orientale*, Saligny, Éditions Traditionnelles, 2006.

Nietzsche, Friedrich, *Ainsi parlait Zarathoustra*, trad. fr. Georges-Arthur Goldschmidt, Paris, Le Livre de Poche, 1983.

Nietzsche, Friedrich, *Ecce Homo*, trad. Alexandre Vialatte, Paris, Mille et une nuit, 1996.

Zarcone, Thierry, *Le soufisme, Voie mystique de l'islam*. Paris, Gallimard, 2009.

« VENIR À L'ISLAM N'EST PAS POUR MOI RENIER JÉSUS NI MARX »

La (re)conversion polémique de Roger Garaudy

Le 18 juin 2012, dans l'après-midi, à peine deux cents personnes se réunissent au crématorium de Champigny-sur-Marne, avenue Maurice-Thorez, pour rendre un dernier hommage à Roger Garaudy, décédé cinq jours plus tôt à l'âge de 98 ans. La cérémonie a été préparée par ses proches. Dans la grande salle, derrière le cercueil, un diaporama alterne des photos du grand homme en compagnie d'illustres personnalités, telles que Jean-Paul II ou Fidel Castro, et des couvertures de ses principaux ouvrages. L'un de ses livres, cependant, est délibérément occulté : il s'agit des *Mythes fondateurs de la politique israélienne*, paru en 1995, qui lui a valu une condamnation pour diffamation raciale et contestation de crime contre l'humanité. En raison de sa réputation sulfureuse, le public venu saluer l'ancien philosophe du PCF est clairsemé : surtout des anonymes, de vieux amis et quelques partisans, parmi lesquels l'humoriste Dieudonné M'Bala M'Bala. Sont également présents des musulmans pratiquants, qui comprennent mal pourquoi leur frère de religion, converti en 1982, va être incinéré au lieu d'être inhumé selon le rite islamique. Malgré les souhaits de la famille du défunt, qui a demandé d'éviter toute manifestation religieuse, quelques-uns d'entre eux décident de réciter la *Fatiha* à voix haute, mais dans les jours qui suivent, lorsque certains prennent contact avec les autorités de la Mosquée de Paris pour qu'une prière y soit organisée pour Garaudy, l'initiative se heurte à une fin de non-recevoir, au motif qu'il s'agirait d'une « affaire politique » et que son appartenance à la communauté musulmane ne serait pas pleinement établie[1].

1 Maria Magassa-Konaté et Huê Trinh Nguyên, « Hommage à Roger Garaudy, le philosophe à contre-courant de la "pensée unique" », 19 Juin 2012, https://www.saphirnews.com/Hommage-a-Roger-Garaudy-le-philosophe-a-contre-courant-de-la-pensee-unique_a14663.html [dernière consultation le 15 nov. 2020] ; Ali Nafez Al-Maghribi, « La famille du philosophe Radja (Roger) Garaudy a procédé à la crémation du corps du défunt », 26 juin 2012, www.alterinfo.net

Cet effacement de l'identité confessionnelle du défunt tranche radicalement avec les hommages qui lui sont alors rendus dans les pays arabes, où la presse exalte le « plus bel ambassadeur de l'islam en Europe et dans le monde[2]. » En France même, durant les trente dernières années de sa vie, Garaudy a été couramment présenté comme le plus fameux des convertis célèbres, l'exemple-type de l'intellectuel français qui a embrassé l'islam[3]. Comment expliquer un tel contraste ? Il ne s'agit pas uniquement d'une forme de *damnatio memoriæ* motivée par ses positions négationnistes. Cette mise en doute de son islamité témoigne aussi du caractère éminemment controversé de sa conversion qui, dès qu'elle fut médiatisée par Garaudy lui-même, fit l'objet d'une multitude d'appréciations critiques. De fait, en raison de la trajectoire politique sinueuse du personnage et malgré ses stratégies d'auto-justification, son statut de philosophe musulman n'a cessé de faire polémique. L'homme fut souvent brocardé pour ses revirements de « girouette[4] ».

La compréhension des ressorts de son parcours ne va certes pas de soi, d'autant que si les logiques confessionnelles qui mènent à l'engagement politique ont été bien étudiées[5], y compris chez les convertis à l'islam[6], les trajectoires inverses, conduisant de l'appartenance partisane à une conversion religieuse, sont moins bien connues[7]. Pourtant, au moment où elle est survenue, la conversion de Roger Garaudy ne constituait ni une anomalie ni une rupture radicale dans sa biographie. Lui-même a beaucoup écrit pour donner de la cohérence à son propre itinéraire, et bien qu'il faille évidemment se méfier des plaidoyers *pro domo* du mémorialiste, il apparaît que cette conversion résulte non pas d'une simple foucade, mais

2 *Al-Yawm Al-Sabi'*, 19 juin 2012, cité dans « Hommages à Roger Garaudy dans la presse arabe », www2.memri.org, 2 juillet 2012.

3 Lisbeth Rocher et Fatima Cherqaoui vont même jusqu'à le qualifier, quelque peu abusivement, de « doyen des convertis célèbres », *cf. D'une foi l'autre. Les conversions à l'islam en Occident*, Paris, Seuil, 1986, p. 191.

4 Pour un exemple récent de ce motif récurrent à propos de Garaudy, voir Bruno Fuligni, *L'art de retourner sa veste. De l'inconstance en politique*, Paris, Vuibert, 2016, p. 265-279.

5 Voir par exemple Julie Pagis, « La politisation d'engagements religieux. Retour sur une matrice de l'engagement en mai 68 », *Revue française de science politique*, vol. 60, n° 1 (2010), p. 61-89.

6 Loïc Le Pape, « Engagement religieux, engagements politiques. Conversions dans une confrérie musulmane », *Archives de sciences sociales des religions*, n° 140 (2007), p. 9-27.

7 Le phénomène des conversions motivées par des convictions politiques fait cependant l'objet d'analyses éclairantes dans l'ouvrage de Stefano Allievi, *Les Convertis à l'islam. Les nouveaux musulmans d'Europe*, Paris, L'Harmattan, 1998, p. 128-138.

d'un cheminement de plusieurs années qui, rétrospectivement, semble presque naturellement déboucher sur l'adhésion à l'islam. Cependant, en refusant de renier son passé, en insistant constamment, dans ses multiples écrits, sur la continuité de ses convictions et son œcuménisme tout en revendiquant des engagements politiques radicaux, Garaudy a lui-même contribué à brouiller la netteté de sa nouvelle foi et donné prise aux accusations de dilettantisme. Ce faisant, critiqué en France, encensé mais pas toujours bien compris dans le monde musulman, il a opté pour une posture médiatiquement payante, lui assurant une certaine notoriété, mais qui, dans les controverses, sur le plan des idées, s'est avérée difficilement tenable.

DANS LE CHAMP MAGNÉTIQUE DU « SOCIALISME ISLAMIQUE »

Lorsque, fin juillet 1983, le quotidien *Le Monde* publie une tribune de Roger Garaudy intitulée « Pourquoi je suis musulman[8] », la nouvelle de sa conversion n'a qu'un retentissement limité et ne constitue pas une véritable surprise. La publicité qu'il décide de lui donner intervient plus d'un an après sa profession de foi et depuis déjà plusieurs mois la presse s'est fait l'écho de son rapprochement avec l'islam. L'homme est un personnage médiatique qui a beaucoup fait parler de lui en 1970, quand, après avoir été le philosophe « officiel » du Parti communiste sous la direction de Maurice Thorez, il en est exclu lors de son XIXe Congrès en raison de ses théories hétérodoxes et de sa condamnation véhémente de l'écrasement du Printemps de Prague par l'Armée rouge en 1968. Cette exclusion, minutieusement préparée par l'entourage de Georges Marchais, met un terme à la carrière militante de Garaudy et aux honneurs dont il bénéficiait en tant que parlementaire et membre éminent de la direction du PCF[9]. Dans les années qui suivent, tentant de rompre son isolement, Garaudy multiplie les conférences et les publications dans

8 Roger Garaudy, « Pourquoi je suis musulman », *Le Monde*, 30 juillet 1983. L'article a été publié une première fois, sous le même titre, dans la revue *Proche-Orient et tiers-monde*, n° 7 (juin 1983), p. 57-65.

9 Sur sa trajectoire politique, voir Michaël Prazan et Adrien Minard, *Roger Garaudy. Itinéraire d'une négation*, Paris, Calmann-Lévy, 2007.

lesquelles il se revendique d'un gauchisme post-68, imprégné des utopies de l'époque, à la fois autogestionnaire, tiers-mondiste et écologiste[10]. Ses positions découlent d'une analyse critique de la philosophie occidentale qui, de Platon à Descartes, se serait traduite par un primat de la raison et de l'individu ayant mené à un dualisme mutilant, séparant le corps et l'âme, à une fragmentation de la société et à un rapport instrumental à la nature. Dans le domaine de l'économie, le positivisme scientifique, en objectivant les relations entre individus et sociétés et en excluant toute considération éthique, aurait, selon Garaudy, conduit à la justification des inégalités et au dogme de la croissance comme fin en soi, dépourvu de toute réflexion sur le sens de la vie humaine[11]. En quête d'alternatives au modèle productiviste de l'Occident, il s'enthousiasme pour les mouvements sud-américains qui se réclament de la théologie de la libération et insiste de plus en plus, dans ses ouvrages destinés au grand public, sur le besoin d'une transcendance, conçue comme un mouvement de dépassement de l'existant, et la nécessité de lutter contre le capitalisme en conjuguant spiritualité et action.

Cette quête s'accompagne d'abord d'une forme de *revival* chrétien. Issu d'une famille athée de la petite bourgeoisie marseillaise, Roger Garaudy s'est converti au protestantisme vers 14 ans, puis a adhéré à 20 ans, en 1933, au Parti communiste, avant d'en gravir les échelons jusqu'au Bureau politique dont il devient membre en 1956. Durant les années 60, il s'est fait le fervent défenseur d'une nouvelle politique de « main tendue » vers les fidèles de l'Église et a été l'initiateur de nombreux événements consacrés au dialogue entre communistes et catholiques[12]. Pour autant, peu avant son exclusion du PCF, il se présentait encore comme matérialiste et athée[13]. Mais en 1975, il publie *Parole d'homme*, un livre d'introspection qui, après des considérations sur l'amour, la mort, la vie, assimilait la résurrection de Jésus à la capacité de l'homme à rompre avec la fatalité et se terminait par ces trois mots : « Je suis

10 Sur les positions politiques de Garaudy dans les années 1970, voir Jean Jacob, *Le Retour de « l'ordre nouveau ». Les métamorphoses d'un fédéralisme européen*, Genève, Droz, 2000, p. 231-246.

11 Neal Robinson, « From Marxism to Islam : The Philosophical Itinerary of Roger Garaudy », *Issues in Contemporary Western Philosophy*, vol. 6, 2003, p. 317-336.

12 Frédéric Gugelot, « Un dialogue avec l'humanisme athée. Roger Garaudy et les théologiens », *Un nouvel âge de la théologie ? 1965-1980. Colloque de Montpellier, juin 2007*, dir. D. Avon et M. Fourcade, Paris, Karthala, 2009, p. 285-299.

13 *Garaudy par Garaudy. Entretiens avec Claude Glayman*, Paris, La Table ronde, 1970, p. 190.

chrétien[14] ». Il s'agit d'une foi indissociablement spirituelle et politique, l'objectif de Garaudy étant de revivifier son projet révolutionnaire grâce à une perspective eschatologique susceptible d'orienter l'acte humain de création vers l'invention d'un autre futur[15].

Malgré ce christianisme revendiqué, sa volonté de lier politique d'émancipation et foi religieuse l'amène assez tôt à porter une attention croissante aux élaborations théoriques sur lesquelles s'appuient les dirigeants arabes qui se revendiquent d'un « socialisme islamique ». Cet intérêt remonte aux années 1960 lorsqu'il a rencontré quelques-uns de ceux qu'il considère comme ses pères fondateurs. Parmi eux, Ahmed Ben Bella, avec lequel Garaudy s'est entretenu à Alger en mars 1965, quelques semaines seulement avant que le dirigeant algérien soit évincé par le coup d'État de Houari Boumediene. Pour le philosophe communiste, ce séjour en Algérie revêt alors une signification personnelle particulière, puisqu'il y a été interné par le régime de Vichy dans les camps de Djelfa et de Bossuet de 1941 à 1943[16]. Peu après sa libération, il était resté quelque temps sur place, avait adhéré au Parti communiste algérien et s'était intéressé, déjà, d'un point de vue marxiste, à la culture islamique[17]. Mais ce n'est qu'en 1965 qu'il manifeste pour la première fois un véritable attrait pour l'islam dont il souligne, au cours d'une conférence qui a un certain retentissement, le potentiel révolutionnaire[18]. Évoquant la fameuse formule de Marx sur la religion comme « opium du peuple », qu'il assimile à une erreur de jeunesse du philosophe allemand, Garaudy se réfère à l'inspiration religieuse de certains pionniers du nationalisme algérien

14 Roger Garaudy, *Parole d'homme*, Paris, Robert Laffont, 1975, p. 265.

15 Robert Goulon a étudié cette démarche, mais très peu abordé la question du rapport de Garaudy à l'islam, *cf. L'itinéraire spirituel de Roger Garaudy dans son œuvre écrite*, Thèse de doctorat, Université de Metz, 1983.

16 Selon son propre récit, Garaudy aurait fait, durant son internement à Djelfa, « l'expérience vécue de la transcendance » lorsque, à l'occasion d'une rébellion des déportés, leurs gardiens musulmans, membres de tribus ibadites, auraient refusé d'ouvrir le feu sur eux malgré les ordres du commandant du camp. Dans ses mémoires, il présente cet épisode comme l'illumination originelle qui l'a conduit à la conversion, *cf. Biographie du XXe siècle. Le testament philosophique de Roger Garaudy*, Paris, Tougui, 1985, p. 277-279.

17 Roger Garaudy, *La Contribution historique de la civilisation arabe*, Alger, Éditions Liberté, 1946.

18 Cette conférence, intitulée « La culture islamique et l'humanisme de notre temps », a été publiée dans plusieurs livraisons de l'hebdomadaire du FLN *Révolution africaine*, n° 128 (10 juillet 1965), p. 21-22 ; n° 129 (17 juillet 1965), p. 20-22 ; n° 130 (24 juillet 1965), p. 20-22 ; n° 131, 31 juillet 1965, p. 21-23.

comme Abdelhamid Ben Badis, fondateur en 1931 de l'Association des oulémas musulmans d'Algérie, et en tire la conclusion que « l'Islam, loin de conduire nécessairement au fanatisme et à l'indifférence à l'égard de la vie sociale, peut être un levain de l'action et du combat[19] ». Garaudy est alors particulièrement captivé par les innovations théoriques contenues dans la Charte d'Alger adoptée par le FLN en avril 1964, où il est affirmé que construction du socialisme et diffusion des valeurs islamiques doivent aller de pair. Il se passionne pour le régime algérien, qui s'appuie sur le ferment identitaire de l'islam et dont le programme de collectivisation reposerait sur des principes coraniques[20].

Après le renversement de Ben Bella, c'est vers l'Égypte de Nasser que Garaudy tourne son regard. Fin novembre 1969, alors que son exclusion du Parti communiste ne fait plus guère de doute, il a une entrevue avec le raïs, auprès duquel il est introduit par Mohamed Hassanein Heikal, rédacteur en chef du journal *Al-Ahram*. Le nassérisme tardif, postérieur à la guerre de Six Jours, au moment où le régime fait une place grandissante aux valeurs islamiques, lui semble indiquer la voie à suivre. Au Caire, Garaudy expose ses réflexions sur la convergence de certains principes du *Coran* – interdiction de l'usure, fiscalité redistributrice, régime de propriété fondé sur le travail – avec les idées socialistes, et en appelle à un « ressourcement du socialisme en terre d'Islam », faisant écho, sans s'y référer explicitement, aux thèses défendues par l'aile gauche des Frères musulmans sur le « socialisme islamique », qui, après des années de répression subie par la confrérie, gagnent alors en influence dans les cercles dirigeants égyptiens[21].

À la fin des années 1970, l'attirance de Garaudy pour ce courant d'idées le conduit à se réclamer du colonel Kadhafi, dont la doctrine se présente comme une synthèse aboutie de l'islam et du socialisme arabe. En 1978, il s'enorgueillit d'avoir été reçu par le jeune dirigeant

19 *Ibid.*

20 Roger Garaudy, « Traits spécifiques de l'option socialiste en Algérie », *Économie et politique*, n° 130 (mai 1965), p. 4-13. Sur le référentiel islamique dans le socialisme d'État en Algérie, voir Tahar Saoud, « La place de l'islam dans l'Algérie indépendante. La période des présidences Ben Bella et Boumediene comme modèle de référence », *Le Maghreb et l'indépendance de l'Algérie*, dir. Amar Mohand-Amer et Belkacem Benzenine, Paris, CRASC-IRMC-Karthala, 2012, p. 115-130.

21 Roger Garaudy, « Le Socialisme et l'Islam », *L'Égypte contemporaine*, vol. 61, n° 339 (1970), p. 33-54. Sur le « socialisme islamique » prôné par les Frères musulmans, voir Sami A. Hanna et George H. Gardner, *Arab Socialism. A Documentary Survey*, Leiden, Brill, 1969, p. 64-79 ; Olivier Carré, *Le Nationalisme arabe*, Paris, Fayard, 1993, p. 135-144.

libyen, avec lequel il a conversé durant quatre heures pendant lesquelles le Français a découvert la symbiose de leurs pensées respectives. Son ouverture à l'égard des chrétiens et des juifs, le modèle de société qu'il a mis en place dans son pays, présenté comme une « démocratie directe » associée à un système d'autogestion et de propriété publique, ainsi que sa foi religieuse séduisent le philosophe :

> Kadhafi s'excuse un instant, raconte-t-il, prend son tapis de prière, l'étend sur le sable, et, à quelques mètres de la tente, le dos tourné au soleil couchant, le visage dirigé vers la lointaine pierre noire de la Kaba de la Mecque, il commence ses invocations [...]. J'ai souvent, au cours de ma vie, eu l'occasion de m'entretenir avec des chefs d'État [...], mais jamais je n'avais senti cette liaison intime entre les problèmes de la foi et ceux de la politique comme avec Kadhafi[22].

Dès lors, Garaudy devient un thuriféraire de la Jamahiriya libyenne qui, à ses yeux, concrétise ses propres conceptions politiques et religieuses. En novembre 1981, il participe au IIIe Congrès sur le *Livre Vert* du colonel, organisé par les autorités libyennes à Caracas. Dans sa communication, il explique que Kadhafi a l'immense mérite d'avoir donné naissance à un régime en conformité avec les principes du *Coran* et qui permet de rompre tant avec le capitalisme occidental qu'avec le totalitarisme soviétique :

> Dans la mesure où les principes universels du *Livre Vert* sont d'inspiration coranique, ils ouvrent la voie vers une communauté comme celle de Médine, où la société n'est pas fondée sur des races, la terre ou des marchés, mais, comme le dit Mouammar Kadhafi, sur une "communauté de destin" ; c'est-à-dire une communauté fondée sur une perspective transcendante[23].

Quelques mois plus tard, c'est surtout la révolution iranienne qui accélère le rapprochement de Garaudy avec l'islam. À partir de 1970, dans le sillage de nombreux artistes et intellectuels français attirés par la redécouverte de

22 « Kadhafi : "Pas de guerre sainte contre les Juifs" », *Paris-Match*, n° 1511 (2 mai 1978), p. 66-67.

23 Roger Garaudy, "Islam and Universality in the Political Work of Muammar Qathafi", *« The Green Book ». The Third Universal Theory and the New Jamahiriyan System*, Tripoli, *World Center for Studies and Researches on the Green Book*, 1981, p 43. Il était initialement prévu que Garaudy prononce l'allocution d'ouverture du congrès, mais il y aurait renoncé, *cf.* Vincent Hugeux, *Kadhafi*, Paris, Perrin, 2017, p. 129. En octobre 2002, Garaudy a reçu le « prix Kadhafi pour les droits de l'homme ».

la civilisation perse, la vogue du soufisme et la modernisation rapide du pays, Garaudy s'est rendu à plusieurs reprises en Iran, où il a exercé une influence non négligeable sur l'intelligentsia gravitant autour de Farah Pahlavi. L'entourage de l'impératrice est à la fois proche du pouvoir, attiré par les discours critiques et séduit par le credo de Garaudy en faveur du « dialogue des civilisations[24] ». Pourtant, à la suite du renversement du régime du shah, Garaudy exalte la révolution islamique et son engouement a ceci de remarquable qu'il s'exprime relativement tard, bien après la répression des mouvements de gauche par les partisans de Khomeiny au printemps 1979. Dans son *Appel aux vivants*, publié aux éditions du Seuil, alors dirigées par Michel Chodkiewicz, un spécialiste du soufisme converti à l'islam, Garaudy fait part de son enthousiasme pour cette révolution qui selon lui présente l'avantage considérable d'être dirigée contre le modèle de croissance occidental et d'avoir été menée au nom de l'islam[25]. Le livre, conçu par Garaudy pour être le programme de sa candidature aux élections présidentielles de 1981, plaide ainsi pour cet islam « progressiste », capable de « créer un type nouveau de révolutionnaire[26] ». Car pour lui, c'est dans la religion musulmane, qui confère toute autorité à Dieu et valoriserait le principe de la « consultation » (*shura*) des croyants, que se trouvent les principes d'une véritable démocratie égalitaire et anti-autoritaire.

La manifestation d'une adhésion encore plus explicite de Garaudy à l'islam n'intervient qu'en 1981, après qu'il a échoué à imposer sa candidature à la mouvance écologiste et à rassembler les cinq cents parrainages nécessaires, au moment où, avec la victoire de la gauche, la vague de contestation des années 60-70 s'achève et ses propres perspectives politiques s'amenuisent. À la suite du succès commercial de son précédent ouvrage, Garaudy publie alors *Promesses de l'islam*, un livre entièrement consacré à la civilisation islamique, dont il vante les arts, les sciences, la spiritualité soufie, sans oublier ce qu'il identifie comme ses fondements politiques : soumission de tout gouvernement à une transcendance, redistribution des richesses grâce à la *zakât*, rejet de la nation au profit d'une communauté de foi universelle[27].

24 Clément Therme, « "Dialogue" in the Foreign Policy of the Islamic Republic of Iran », *Iran and the Challenges of the Twenty-First Century*, dir. H. E. Chehabi, F. Khosrokhavar, C. Therme, Costa Mesa, Mazda, 2013, p. 222-238.

25 Roger Garaudy, *Appel aux vivants*, Paris, Seuil, 1979, p. 283.

26 *Ibid.*, p. 296.

27 Roger Garaudy, *Promesses de l'Islam*, Paris, Seuil, 1981.

L'aboutissement de ce cheminement intellectuel, qui conduit Roger Garaudy à la conversion, coïncide donc avec un moment biographique propice à ce déplacement et correspond à une stratégie à la fois politique et personnelle : après son exclusion du PCF et son échec dans une compétition électorale qui permet aux socialistes, bientôt alliés aux communistes, d'accéder au pouvoir, il occupe une position marginale dans le champ politique ; retiré de l'université, n'ayant pas produit de travaux philosophiques reconnus par ses pairs, il ne peut prétendre à aucun statut enviable dans le champ académique ; en revanche, il est devenu un personnage médiatique, auteur de best-sellers, qui peut utiliser sa notoriété pour mettre en scène son nouvel engagement et adopter une posture prophétique, celle de grande conscience morale de son temps. Et cet engagement, en optant pour l'islam, il choisit de le vivre au sein d'une communauté elle-même marginale en Occident, peu structurée et relativement dépourvue d'intellectuels charismatiques, mais dont il peut justement attendre d'importantes gratifications symboliques.

UNE CONVERSION CONTROVERSÉE

Cependant, cette conversion, appuyée sur une stratégie de communication médiatique, a tôt fait de susciter perplexité et sarcasmes. Avant même qu'il ne s'affiche comme musulman, l'inconstance de Garaudy, suspecté de faire la promotion de son propre magistère et de poursuivre des objectifs mercantiles grâce à un coup éditorial, est sévèrement mise en cause. Ses livres *Promesses de l'Islam* et *L'islam habite notre avenir*, publiés par deux maisons d'édition différentes, mais dont le contenu est quasi identique, font l'objet d'une réception défavorable. Dans *Le Nouvel Observateur*, le journaliste Jean-Paul Enthoven décrit Garaudy comme un « esprit de faible envergure [...], hagard devant ses autels mobiles, agiotant le sacré au fil de ses crises intimes[28]. » Dans sa recension, l'islamologue Mohammed Arkoun s'en prend à « l'inconsistance intellectuelle, l'indigence scientifique et la naïveté "spirituelle" » d'un

28 Jean-Paul Enthoven, « Le diable et le bon dieu », *Le Nouvel Observateur*, 5 décembre 1981, p. 86.

ouvrage qui, sous prétexte de dénoncer la domination occidentale, serait pétri de stéréotypes aussi simplistes que ceux de la littérature coloniale[29]. Quant à l'historien Pierre Chaunu, il évoque un « sottisier plein à ras bord », assurant que « les khalifes de Bagdad entretenaient à leur Cour de bien plus subtils courtisans[30]. » Les milieux catholiques réagissent au diapason, signalant les simplifications outrancières d'un auteur qui, de l'islam, ne sélectionne, en les déformant, que les éléments qui alimentent son apologie d'une religion présentée comme fondamentalement progressiste, quitte à falsifier la réalité sur la question des droits des femmes, le principe consultatif dans l'élaboration de la législation islamique ou à propos de la tolérance à l'égard des autres religions du Livre[31].

Quand Garaudy décide de franchir un pas supplémentaire, en rendant sa conversion publique, les justifications qu'il avance ne contribuent guère à dissiper cette hostilité manifeste. Se confiant à un journaliste du magazine *Jeune Afrique*, il affirme que le fait de devenir musulman ne consiste pas, pour lui, à renier le christianisme dans la mesure où l'islam constitue une synthèse des précédentes révélations et s'inscrit dans le prolongement de la tradition abrahamique[32]. On retrouve alors dans son discours les justifications les plus courantes chez les intellectuels occidentaux convertis : le syncrétisme islamique, l'unité de la contemplation et de l'action, de l'intérieur et de l'extérieur ou encore le sens de la communauté par opposition à l'individualisme occidental[33]. Mais c'est surtout la revendication d'une continuité de ses engagements qui suscite la critique. Dans sa tribune publiée par *Le Monde*, Garaudy écrit : « Venir à l'islam n'est pas pour moi renier Jésus ni Marx, mais trouver ce point que j'ai toujours cherché, où l'acte de création artistique, l'action politique, et la foi, ne font qu'un[34] ». Dans les semaines

29 Mohamed Arkoun, « Le Livre des Merveilles », *France-Pays Arabes*, n° 99 (mars 1982), p. 37-38.

30 Pierre Chaunu, « Un sottisier plein à ras bord », *Le Figaro*, 22 janvier 1982. Dans le *Figaro* du 5 février 1982, Garaudy exerce son droit de réponse en accusant l'historien d'ethnocentrisme et de vouloir « innocenter le colonialisme ».

31 Jacques Jomier, « Les promesses de l'Islam », *La Vie spirituelle*, vol. 137, 1983, p. 95.

32 Jean-Paul Guetny, « Après Marx et Jésus, Mahomet », *Jeune Afrique*, n° 1145 (15 décembre 1982), p. 52.

33 Tomas Gerholm, « Three European Intellectuals as Converts to Islam : Cultural Mediators or Social Critics ? », *The New Islamic Presence in Western Europe*, dir. T. Gerholm et Y. G. Lithman, London, Mansell, 1988, p. 263-277.

34 Roger Garaudy, « Pourquoi je suis musulman », *Le Monde*, 30 juillet 1983.

qui suivent, la rédaction du journal reçoit de nombreuses réactions de lecteurs, dont celle de Mehdi Mozaffari, un universitaire iranien exilé au Danemark, qui raille sa « polygamie idéologique », peu compatible avec le principe d'une conversion véritable, et signale à Garaudy qu'il s'agit là probablement de sa dernière, car selon la loi islamique tout apostat est passible de la peine capitale[35]. Pierre Claverie, l'évêque d'Oran, se montre quant à lui relativement bienveillant, mais récuse l'idée qu'on puisse être à la fois chrétien et musulman[36].

Garaudy, cependant, s'accroche à ce leitmotiv : il est devenu musulman (et tient à le faire savoir), mais il n'a pas changé. Son argumentation s'inscrit dans le droit fil des récits de ces convertis qui récusent le terme lui-même et, plutôt que d'assumer une rupture biographique, mettent volontiers en avant la constance de leur piété intérieure, en présentant leur adhésion à l'islam comme son prolongement naturel[37]. De fait, face aux soupçons de reniement et d'aliénation, les convertis occidentaux doivent bien souvent, pour rendre leur nouvelle foi acceptable, faire valoir un cheminement discret et intime, fondé sur un mysticisme profond ou une longue fréquentation des textes anciens. Cette valorisation d'une ascèse initiatique, perçue comme un gage de sérieux, va de pair avec une prédilection revendiquée pour le soufisme, soit une spiritualité hétérodoxe et élitiste, éloignée des dogmes et des règles communautaires, donc réputée libre et authentique[38]. Si Garaudy se réclame également de la mystique soufie, en se référant fréquemment aux écrits d'Al-Ghazali (1058-1111) ou d'Ibn Arabi (1165-1240), la stratégie de communication qu'il adopte concernant sa conversion souffre de faiblesses difficilement surmontables, qui portent atteinte à sa crédibilité. Ses ouvrages grand public et l'éclectisme de ses références, puisées dans toutes les sagesses orientales, tranchent avec les patientes études savantes de spécialistes tels qu'Eva de Vitray-Meyerovitch ou Michel Chodkiewicz qui peuvent

35 Mehdi Mozaffari, « La polygamie idéologique », lettre publiée dans *Le Monde*, 10 septembre 1983.

36 Pierre Claverie, « Autour d'une conversion », *Islamochristiana*, vol. 10, 1984, p. 71-84.

37 Loïc Le Pape, « "Tout change, mais rien ne change". Les conversions religieuses sont-elles des bifurcations ? », *Bifurcations. Les sciences sociales face aux ruptures et à l'événement*, dir. M. Grossetti, M. Bessin et C. Bidart, Paris, La Découverte, 2010, p. 212-223.

38 Sur l'usage problématique de la notion de conversion concernant les adeptes occidentaux du soufisme, voir Asma Sassi, « Le thème de la conversion dans la profondeur analytique de l'"entre-deux" », *Théorèmes* n° 3 (2012) [en ligne], https://journals.openedition.org/theorems/390 (consulté le 17/02/2020).

s'appuyer sur une connaissance plus méticuleuse des sources islamiques, attestée par des travaux académiques. Concernant sa pratique, Garaudy, qui confie débuter l'apprentissage de l'arabe et suivre le rite hanafite, revendique de prier « à sa manière » et affirme se rendre de temps en temps dans des mosquées suisses, mais son passé de stalinien et son discours manichéen accréditent l'idée que sa conversion serait surtout une reconversion politique, non dénuée d'une certaine dose d'opportunisme. Quant à sa quête de notoriété, elle est interprétée comme une marque de superficialité et d'impudeur[39].

UN FAIRE-VALOIR POUR LE MONDE MUSULMAN

La controverse suscitée en France par sa conversion tranche de manière flagrante avec l'accueil réservé au nouveau converti dans le monde musulman. Sans tarder, Garaudy prend soin de s'afficher en terre d'islam aux côtés de dignitaires religieux pour donner à sa conversion un caractère officiel[40]. En janvier 1983, il se rend pour le petit pèlerinage à La Mecque, à l'invitation de Habib Chatti, le secrétaire général de l'Organisation de la conférence islamique[41]. En mars, il est invité au Caire à l'occasion du millénaire de la fondation de l'université Al-Ahzar, où il est reçu par le grand imam Mohamed Al-Tayeb Al-Naggar et prononce une conférence sur le thème « Islam et Occident » devant deux mille étudiants et de nombreuses personnalités venus écouter le « plus grand philosophe occidental du vingtième siècle[42] ». S'il se fait désormais appeler Raja – prénom qui signifie « espérance » en arabe –, son changement d'identité n'est que partiel, car le capital symbolique attaché à son nom constitue à la fois un motif de fierté et un précieux instrument de légitimation aux yeux des autorités religieuses musulmanes. Le fait qu'un intellectuel occidental renommé se convertisse

39 L Rocher et F. Cherqaoui, *D'une foi l'autre, Les conversions à l'islam en Occident*, *op. cit.*, p. 187.

40 Sur l'accueil dans la nouvelle communauté religieuse comme condition de plausibilité de la conversion, voir Peter Berger et Thomas Luckmann, *La Construction sociale de la réalité*, Paris, Armand Colin, 2012, p. 251.

41 *Le Monde*, 4 janvier 1983.

42 Jean-Pierre Péroncel-Hugoz, « Au Caire : la "résurrection" islamique de Roger Garaudy », *Le Monde*, 24 mars 1983.

est considéré comme une victoire symbolique vis-à-vis d'un Occident perçu comme dominant et apporterait la preuve de l'incontestable supériorité de l'islam. Bien que moqué dans les médias de son pays d'origine, Garaudy obtient donc des rétributions honorifiques non négligeables dans certains pays musulmans, y compris de régimes conservateurs très éloignés du socialisme, comme au Maroc, où il multiplie les conférences publiques, et surtout en Arabie Saoudite, où il est nommé membre du Haut Conseil mondial des mosquées, chargé de financer et de coordonner la construction de lieux de culte à travers le monde[43]. Omar Abdallah Nassif, le président de la Ligue islamique mondiale, fait l'éloge de cet « intellectuel éminent, philosophe brillant, analyste pénétrant, homme de génie[44] », dont les livres contribuent grandement à magnifier l'image de la religion musulmane. En mars 1986, il est l'un des deux lauréats, avec le prédicateur sud-africain Ahmed Deedat, du Prix Fayçal, doté de 200 000 dollars, qu'il reçoit des mains du prince héritier Abdallah pour « services rendus à l'islam ».

En quelques années, Garaudy, adoubé par de hauts dignitaires du monde musulman, est ainsi devenu une figure de référence d'autant plus appréciée qu'il est susceptible de promouvoir la cause islamique en Europe. En juillet 1985, c'est lui qui rédige le rapport du premier Congrès international des musulmans européens, connu sous le nom de Charte de Séville, dans lequel il appelle à « appliquer la totalité du *Coran* dans chaque instant de la vie publique ou privée » et affirme que la mission de l'islam consiste à « rassembler les hommes de toutes les sagesses et de toutes les fois pour sauver le monde des dérives qui le mèneraient à la mort[45] ». Cependant, le discours de Garaudy apparaît souvent comme décalé par rapport aux préoccupations de ses auditeurs. Sa critique radicale de l'Occident, à tonalité anticapitaliste, peut trouver un écho dans certaines franges du public français, où son tiers-mondisme mâtiné de spiritualité correspond encore à l'air du temps, mais dans les pays musulmans, où l'on s'intéresse surtout à son apologie de l'islam, certains réformateurs s'inquiètent de sa tendance à conforter le conservatisme de ses admirateurs[46].

43 Antoine Basbous, *L'Arabie Saoudite en question. Du wahhabisme à Bin Laden, aux origines de la tourmente*, Paris, Perrin, 2002, p. 147.

44 Préface à l'ouvrage de Garaudy, *Mosquée. Miroir de l'islam*, Paris, Éditions du Jaguar, 1985, p. 6.

45 Roger Garaudy, *Pour un Islam du XXe siècle*, Paris, Tougui, 1985, p. 28 et 32.

46 « L'islam vu par Garaudy », *Lamalif*, n° 132 (janvier-février 1982), p. 18-19.

Le malentendu est parfois encore plus flagrant dans les rapports qu'entretient alors Garaudy avec les musulmans de France. En décembre 1985, lors d'un « rassemblement islamique » à la grande halle du parc des expositions de Lyon, en présence de cinq mille personnes, le cheikh Abbas, recteur de la Mosquée de Paris, qui organise l'événement, introduit l'intervention du « grand penseur » Raja Garaudy en affirmant qu'il a été attaqué à la suite de sa conversion pour l'empêcher de « renforcer avec les armes de son esprit la défense intellectuelle de la communauté musulmane ». Mais lorsque Garaudy lui-même s'en prend ensuite aux inégalités Nord-Sud, au FMI, à la Banque mondiale, et proclame que « le message de l'Islam est une théologie de la libération », une partie de l'auditoire ne comprend pas ce qu'il veut dire et la traduction arabe de son discours qui est diffusée par la suite fait finalement l'impasse sur ses considérations géopolitiques, remplacées par des *hadiths* attribués au Prophète[47]. En réalité, le contenu politique de son message importe alors moins que la caution symbolique apportée par son statut d'intellectuel converti.

LA RÉVÉLATION ANTISIONISTE

Cependant, un aspect de son discours occupe une place croissante dans sa rhétorique et fait l'objet d'une attention plus soutenue : l'antisionisme. Cette thématique était absente de ses ouvrages sur l'islam parus en 1981, mais en juin 1982, dans le contexte de l'invasion du Sud-Liban par Tsahal lors de l'opération « Paix en Galilée », Garaudy fait paraître dans *Le Monde* un placard publicitaire qui marque sa première prise de position radicalement anti-israélienne. Signé avec le père Michel Lelong, un prêtre catholique très impliqué dans le dialogue islamo-chrétien, et le pasteur Étienne Mathiot, le texte présente Israël comme un état illégitime, raciste et criminel par nature, utilisant « l'argument de l'Holocauste » pour mener une politique coloniale comparable au nazisme et qui vise la

47 Henri Tincq, « Cinq mille musulmans rassemblés à Lyon. L'islam à cœur ouvert », *Le Monde*, 17 décembre 1985 ; Gilles Kepel, *Les Banlieues de l'Islam. Naissance d'une religion en France*, Paris, Seuil, 1991, p. 339-342.

« suppression du peuple palestinien[48] ». Deux semaines plus tard, en pleine période de ramadan, Garaudy prononce sa profession de foi à la mosquée de la Fondation culturelle islamique de Genève, la plus importante de Suisse, inaugurée en 1978 par le roi Khaled d'Arabie Saoudite, devant l'imam Mahmoud Bouzouzou, un Algérien un temps proche des Frères musulmans[49]. La concomitance du début de son engagement antisioniste et de sa conversion à l'islam est remarquable. Au journaliste de *Jeune Afrique* qui le questionne sur sa nouvelle foi, il affirme d'ailleurs : « Je tenais à me désolidariser du christianisme qui relaie une certaine idéologie sioniste[50] ». Quelques semaines plus tard, dans le journal égyptien *Al-Ahram*, s'exprimant à nouveau à propos de sa conversion, il présente l'islam comme une religion que le « lobby sioniste » s'est donné pour mission de discréditer grâce à sa domination sur les médias occidentaux[51].

De fait, c'est au même moment que Garaudy devient à la fois musulman et un détracteur virulent d'Israël. Cette simultanéité s'explique par la rencontre, en mars 1982, de Salma Al-Farouki, une femme palestinienne née à Jérusalem en 1940, qui a dû fuir en Égypte lors de la première guerre israélo-arabe en 1948 et qui, après avoir vécu en Arabie Saoudite, s'est installée au bord du lac Léman dans les années 1970[52]. Dès lors, outre son épouse Paulette, qui veille sur leur pavillon du Val-de-Marne, Garaudy mène une vie parallèle avec sa seconde femme, qu'il retrouve régulièrement à Genève puis, de plus en plus, à Cordoue, où Garaudy dispose d'un pied à terre. C'est là, dans l'ancienne capitale du califat omeyyade, qu'il a pu installer son Institut pour le dialogue des cultures, bientôt connu sous le nom de Fondation Roger Garaudy, dont

48 Roger Garaudy, Michel Lelong et Étienne Mathiot, « Le sens de l'agression israélienne », *Le Monde*, 17 juin 1982.

49 Roger Garaudy, *Mon tour du siècle en solitaire*, Beyrouth, Al Fihrist, 1999, p. 396. Mahmoud Bouzouzou, ancien guide spirituel des scouts musulmans d'Algérie, a été formé auprès de Messali Hadj, puis a participé à la création, avec Saïd Ramadan, le gendre d'Hassan Al-Banna, du Centre islamique de Genève en 1961. En 1975, il a été nommé imam de la Fondation culturelle islamique, dont la mosquée est construite, via la Ligue islamique mondiale, grâce à des capitaux saoudiens.

50 Jean-Paul Guetny, « Après Marx et Jésus, Mahomet », art. cité, p. 52.

51 Propos recueillis par Mustafa Abdel-Ghani, *Al-Ahram*, 29 mars 1983, p. 11. À l'occasion de la venue de Garaudy au Caire, le quotidien gouvernemental publie en feuilleton les « bonnes pages » de son livre à paraître en arabe sous le titre « Rêves et mensonges du sionisme » (*cf. Al-Ahram*, 19-29 mars 1983).

52 Amjad Parkar, « Salma Al-Farouki : Rediscovering Islam », 20 octobre 2010, http://www.arabnews.com/node/358272 (consulté le 17/02/2020).

les locaux sont inaugurés en février 1987 à l'occasion d'une « rencontre abrahamique internationale », pour laquelle Garaudy a réuni des personnalités issues de plusieurs confessions[53]. Salma Al-Farouki s'y occupe notamment du petit musée de la Fondation, situé dans la Tour de la Calahorra, où les visiteurs peuvent découvrir l'âge d'or d'Al-Andalus et entendre discuter en bonne entente Alphonse X, Averroès, Ibn Arabi et Maïmonide, représentés sous forme de mannequins ventriloques. Surtout, elle accompagne Garaudy lors de ses voyages et dans les congrès islamiques, où sa présence à ses côtés permet de donner un supplément de sens à la conversion de celui qu'elle a épousé religieusement. Dès lors, son entrée en islam apparaît comme totale : elle est à la fois spirituelle, politique et sentimentale. Elle va de pair avec un antisionisme radical, auquel Garaudy s'efforce de donner des fondements théoriques dans plusieurs ouvrages bientôt traduits en arabe et diffusés au Moyen-Orient[54].

Ses thèses vont y rencontrer un écho encore plus grand à partir de 1996, à la suite du scandale provoqué par la publication des *Mythes fondateurs de la politique israélienne* et du procès qui s'ensuit deux ans plus tard. Reçu par les plus hautes autorités politiques et religieuses au Liban, en Syrie, en Égypte et en Iran, bénéficiant de collectes de fonds lancées aux Émirats, Garaudy obtient un large soutien dans le monde musulman, à la mesure de l'opprobre dont il est l'objet, malgré l'appui de l'abbé Pierre, en France[55]. Ce soutien d'envergure, il le doit à sa double casquette de célèbre intellectuel converti et d'adversaire virulent d'Israël. Pierre Guillaume, le patron des éditions La Vieille Taupe, qui a publié l'ouvrage, l'a bien compris : les poursuites engagées contre Garaudy et la popularité renouvelée dont il bénéficie dans le monde musulman en tant

53 Étaient notamment présents Amadou-Mahtar M'Bow, directeur général de l'Unesco, Helder Camara, ancien archevêque de Recife, le père Michel Lelong, Omar Nassif, secrétaire général de la Ligue islamique mondiale, ou encore l'ayatollah Ahmad Jannati, membre du Conseil de surveillance de la Constitution iranienne, mais un seul représentant du judaïsme, Émile Moatti, venu à titre personnel. Pour un compte rendu de cet événement, voir Gérard Demeerseman, « La rencontre "abrahamique" de Cordoue », *Islamochristiana*, n° 13, 1987, p. 192-193.

54 Roger Garaudy, *L'Affaire Israël*, Paris, SPAG/Papyrus, 1983, et *Palestine. Terre de messages divins*, Paris, L'Albatros, 1986.

55 Sur ce soutien apporté à Garaudy dans les pays musulmans, voir M. Prazan et A. Minard, *Roger Garaudy. Itinéraire d'une négation*, *op. cit.*, p. 311-364 ; ainsi que Goetz Nordbruch, « La négation de la Shoah dans les pays arabes. Réactions aux *Mythes fondateurs de la politique israélienne* », *Revue d'histoire de la Shoah*, n° 180 (2004), p. 264-290 ; Meir Litvak & Esther Webman, *From Empathy to Denial. Arab Responses to the Holocaust*, New York, Columbia University Press, 2009, p. 331-376.

que victime d'un « lobby sioniste » constituent des conditions optimales pour y diffuser à une large échelle les « thèses » négationnistes.

Pourtant, le philosophe français, en raison de ses affinités fluctuantes, n'est pas à l'abri de sévères critiques de la part d'intellectuels progressistes comme Edward Saïd, qui fustige sa négation de la Shoah[56], mais aussi, à l'opposé, de fondamentalistes qui s'offusquent de ses positions réformatrices concernant la charia et n'hésitent pas à mettre en doute la sincérité de sa conversion[57]. Lorsque Garaudy, peu de temps après y avoir été célébré, s'en prend aux autorités de l'Arabie Saoudite, son statut de converti lui vaut de vives attaques de la part de religieux qui, la veille, l'avaient accueilli à bras ouverts. Les relations de Garaudy avec les Saoudiens se dégradent notamment à la suite du massacre de pèlerins iraniens ayant manifesté contre les États-Unis à La Mecque le 31 juillet 1987[58] et, trois ans plus tard, à l'occasion de la guerre du Golfe menée par les Américains contre l'Irak de Saddam Hussein avec le soutien de Ryad. Le Français dénonce désormais l'inféodation aux États-Unis et l'intégrisme des dirigeants saoudiens, allant jusqu'à appeler les musulmans du monde entier à « désaoudiser l'islam[59] ». Cette volte-face, assimilée à une trahison, suscite une vive réaction dans le Royaume. Saisissant le prétexte d'une interview de Garaudy dans laquelle il évoque son goût pour le syncrétisme et son attachement au marxisme, le cheikh Abd al-Aziz bin Baz, président du Conseil des grands oulémas, la plus haute autorité religieuse d'Arabie Saoudite, rédige une fatwa l'accusant d'être un « hypocrite » et un « mécréant ordinaire qui n'est jamais entré dans l'Islam[60] ».

56 Edward W. Saïd, « Israël-Palestine, une troisième voie. Réponse aux intellectuels arabes fascinés par Roger Garaudy », *Le Monde diplomatique*, n° 533 (août 1998), p. 9.

57 Voir par exemple la tribune d'Abdoul Wahab Doucouré, « Islam : philosophie de la main coupée », *Jeune Afrique*, n° 1428, 18 mai 1988, p. 69, qui, reprochant à Garaudy ses considérations hétérodoxes sur la loi islamique, à propos notamment de l'amputation de la main des voleurs, l'accuse de s'être allié aux ennemis de l'islam et de diviser les musulmans.

58 Roger Garaudy, « Pourquoi ils ont osé massacrer des pèlerins à La Mecque », *Jeune Afrique*, n° 1407-1408 (23-30 décembre 1987), p. 1-21.

59 Roger Garaudy, *Intégrismes*, Paris, Belfond, 1990, p. 97-98 ; *Vers une guerre de religion ? Le débat du siècle*, Paris, Desclée de Brouwer, 1995, p. 47. Sur la défense de Saddam Hussein par Garaudy en 1990-1991, voir M. Prazan et A. Minard, *Roger Garaudy. Itinéraire d'une négation*, *op. cit.*, p. 45-46.

60 « Clarification du verdict de la Shari'ah en ce qui concerne Roger Garaudy selon une entrevue publiée par le magazine Al-Majallah », www.binbaz.org.sa/article/471. Sur le capital religieux et la position éminente du cheikh Ibn Baz en Arabie Saoudite, voir

La conversion de Roger Garaudy à l'islam, survenue en 1982, apparaît à bien des égards comme l'aboutissement du cheminement d'un homme qui, marginalisé politiquement, après avoir été le philosophe le plus en vue du PCF, était en quête d'une nouvelle communauté de foi et d'un autre engagement totalisant, susceptible d'offrir une alternative au projet communiste. Cette conversion revêt une dimension politique évidente, puisqu'elle fut motivée notamment par une volonté de rompre avec les valeurs dominantes de l'Occident, au nom de convictions tiers-mondistes mêlant un attrait pour le « socialisme islamique » et un antisionisme radical. Après l'échec de sa candidature aux élections présidentielles, dans un contexte de reflux des mouvements contestataires, elle témoigne d'une stratégie individuelle de reclassement consistant à revendiquer sa marginalité en épousant la foi d'une communauté peu représentée et souvent déconsidérée, mais dont il pouvait espérer, en tant que recrue de prestige, de précieuses rétributions symboliques. Pour autant, son entrée dans l'islam ne s'est pas accompagnée d'un démantèlement complet de ses aspirations ni de son système d'interprétation de la réalité et ne relève donc pas d'une véritable « conversion politique » telle qu'on l'observe, dans d'autres contextes, chez certains transfuges issus du Parti communiste[61]. Elle a tout au plus doté Garaudy d'un attribut idéologique supplémentaire qui, s'il a réorienté sa trajectoire d'engagement et lui a permis de bénéficier de nouveaux soutiens, ne s'est pas substitué à ses positions préalables. En insistant sur la continuité de ses idées et le syncrétisme de sa conception de l'islam, tout en se réclamant de références hétéroclites, Garaudy s'est ainsi livré à une conversion ambiguë, lui permettant certes de revendiquer un esprit d'ouverture et de tolérance, mais qui s'est traduite par une posture éminemment fragile face aux accusations d'opportunisme et d'inauthenticité à mesure que le philosophe oscillait dans ses allégeances et se muait en militant antisioniste, bientôt rallié à la cause négationniste.

Adrien MINARD
Agrégé d'histoire

Stéphane Lacroix, *Les Islamistes saoudiens. Une insurrection manquée*, Paris, PUF, 2010, p. 91-95.

61 Laurent Kestel, *La Conversion politique. Doriot, le PPF et la question du fascisme français*, Paris, Raisons d'agir, 2012.

SALMAN RUSHDIE ET L'ISLAM

Aversion, conversion, réversion[1] ?

Le 14 février 1989 ne fut pas seulement l'occasion de célébrer leurs sentiments pour des millions d'amoureux[2], mais marqua le début officiel d'une condamnation à mort par l'Ayatollah Khomeiny, leader iranien, défenseur mondial autoproclamé de la dignité de tous les musulmans, à l'encontre de Salman Rushdie, écrivain anglo-indien, auteur du roman *Les Versets sataniques*, paru quelque cinq mois plus tôt. Le roman à l'origine de cette *fatwa*[3] fut dès sa sortie considéré par une part non négligeable du monde musulman comme une insulte contre leur religion et leur prophète. Au moment de l'émission de la *fatwa*,

---

1 J'exprime ma gratitude aux participants au colloque « Les convertis à l'Islam » auquel cette publication fait suite, et plus particulièrement à Muriel Roiland, Ahmed Youssef et Olivier Hanne. Leurs remarques à l'issue de la communication, enrichissant et précisant considérablement le propos, ont été intégrées à l'article qui en a découlé.

2 Salman Rushdie souligne l'ironie du calendrier en abordant la *fatwa* dans un article publié dans *The New Yorker* le 15 février 1999 et intitulé « My Unfunny Valentine ».

3 L'emploi du mot *fatwa* pour signifier l'arrêt de mort énoncé par Khomeiny peut sembler être un abus de langage, comme le souligne Jeanne Favret-Saada (philosophe et ethnologue, qui s'intéresse notamment à la question du blasphème et a donc travaillé sur l'affaire Rushdie) : « du point de vue du droit musulman, y compris Chiite, [ce jugement est] complètement frauduleux à mille égards. […] Une *fatwa*, c'est juste un conseil juridique qu'un spécialiste de la *Sharia* donne, soit à un juge, soit à des fidèles, qui veulent éclairer un problème de leur vie religieuse. Ça ne peut en aucun cas être un jugement de mort. », *Hors-Champs* (entretien avec Laure Adler, appuyé sur le livre de Jeanne Favret-Saada, *Comment produire une crise mondiale avec douze petits dessins* [2007]), France-Culture, 1er fév. 2016. https://www.franceculture.fr/emissions/hors-champs/jeanne-favret-saada-une-fatwa-ne-peut-en-aucun-cas-etre-unjugement-de-mort [consulté le 11 mars 2018]. Une *fatwa* n'est donc qu'un avis juridique donné par un expert. Si ce dernier veut conclure à un arrêt de mort, seul le calife ou la justice califale (par l'intermédiaire du *qadi*) peut, dans la tradition sunnite, confirmer la décision et la transformer en sentence effective. Or, dans le chiisme iranien et depuis la Révolution islamique (1979), le Grand Ayatollah est considéré comme la seule autorité religieuse supérieure, qui peut en conséquence se passer du calife et ainsi donner à une *fatwa* une valeur de sentence capitale. Ceci explique la confusion entre *fatwa* et condamnation à mort, confusion qui offrait à l'Ayatollah Khomeiny l'occasion d'affirmer sa légitimité religieuse à l'intérieur du monde musulman.

nombreux étaient les musulmans fanatiques et sympathisants du régime iranien prêts à exécuter Rushdie et à recevoir pour leur acte de foi la généreuse prime offerte pour l'assassinat. La menace fut prise très au sérieux par les autorités britanniques pendant plus de treize ans, ce qui força l'écrivain à vivre dans la clandestinité pendant presque autant de temps. Dès les premiers moments de cette *fatwa* et jusqu'à ce que le temps passe sur cette lutte, Salman Rushdie s'érigea en écrivain mal lu et mal compris, défenseur de la liberté d'expression et d'une laïcité éclairée, et en dénonciateur de l'autoritarisme religieux. Et pourtant, au cours de cette tranche de vie faite de traque, d'angoisse et de ressentiment, Salman Rushdie commit l'impensable : il épousa la foi musulmane. Un an et demi après le début de la *fatwa*, l'homme, qui naquit dans une famille indienne musulmane, qui connaissait finement la religion de son grand-père, mais partageait la distance critique de son père, qui avait toujours clamé, depuis la disparition de sa foi à l'âge de quinze ans, ne croire en aucune entité supérieure et recéler en lui « un vide en forme de Dieu », cet homme prononça la *shahadah*, la profession de foi « il n'y a de Dieu que Dieu et Mahomet est son prophète ». Cette conversion fut de courte durée et fut finalement reniée par Rushdie, mais elle reste dans la biographie de l'auteur comme un paradoxe insoluble auquel il faut pourtant donner un sens. Crevant l'antagonisme implacable qui opposa Rushdie et la partie du monde musulman qui le condamna, cette conversion et le portrait cubiste que compose l'accumulation de trois exégèses majeures offrent peut-être une piste pour trouver une cohérence dans l'apparente irréconciliabilité qui l'informe.

Peut-être est-il utile de revenir sur le prétexte à l'antagonisme forcené qui opposa Salman Rushdie et l'Ayatollah Khomeiny ainsi que tous les fanatiques qui appelèrent à la mise à mort de l'écrivain. *Les Versets sataniques* donnent lieu à un récit qui s'établit sur deux plans parallèles. Le premier plan, dans l'ordre d'exposition, met en scène deux protagonistes, Gibreel Farishta et Saladin Chamcha, deux hommes nés en Inde, et en proie, chacun à sa manière, à la rupture, au déchirement. Le premier, Gibreel, est acteur dans des films *Bollywood*, et s'est fait une spécialité des rôles divins, alors même qu'il a perdu la foi et que sa vie s'en trouve ébranlée. Au début du roman, il part vers l'Angleterre pour retrouver une femme dont il est tombé amoureux. Le second, Saladin

Chamcha, est un acteur vocal, capable d'imiter toute sorte de timbres, d'intonations et d'accents. Si sa couleur de peau ne trahissait pas ses origines, il pourrait vivre pleinement l'identité à laquelle il aspire corps et âme, celle d'*English gentleman*. Coupé de ses origines, il lui faudra attendre la toute fin du roman pour revenir vers son Inde natale et se réconcilier avec son passé. Au début du roman, il a hâte de retourner sur sa terre d'élection après un voyage en Inde.

Les destins de ces deux hommes se lient lorsqu'au cours d'un attentat-suicide par des fanatiques sikhs à bord de l'avion qui les amène au Royaume-Uni, ils tombent du ciel et atterrissent au bord d'une plage anglaise, uniques survivants, saufs, mais métamorphosés par cette chute. Gibreel se voit couronné d'un halo, exalté, traversé de moments mystiques, et mystérieusement épargné par les vicissitudes dont Saladin, affligé par sa transformation en satyre priapique, devient la victime. Tout au long de leurs aventures, qui les amènent à se croiser, Gibreel rêve – ou cauchemarde – et ces épisodes oniriques donnent lieu à une autre couche du récit, dans laquelle le roman puise son titre. Dans ces chapitres en contrepoint, Salman Rushdie compose des scènes, portées par d'autres lieux et d'autres époques, explorant l'émergence de phénomènes mystiques, inspirés de faits réels, et notamment, la naissance et l'implantation de l'Islam. Et ce sont ces chapitres qui recèlent les offenses revendiquées par les persécuteurs de Rushdie. On reproche à l'écrivain une série de choix cruels : avoir donné au prophète l'alias *Mahound*, un nom jadis utilisé de manière péjorative pour parler de lui, avoir choisi de placer au cœur du récit de la naissance de l'Islam l'épisode apocryphe des versets sataniques et avoir abordé la sexualité du prophète et parodié la vie et l'identité de ses épouses en leur créant des doubles sous les traits de prostituées nichées au cœur du *Rideau* (*hijab*), une maison close devenue illégale à cause des lois édictées par la nouvelle religion. Toutes ces représentations, parodiques, voire satiriques, en tout cas teintées d'impertinence, sont attaquées comme autant d'insultes envers l'Islam, le prophète et le *Coran*[4].

En janvier 1989, avant même l'annonce de la *fatwa*, Salman Rushdie déplore déjà les événements qui la précèdent, l'interdiction de son livre

---

4 Pour une description détaillée des passages critiques et une réponse circonstanciée à chacun, on peut lire avec profit Salman Rushdie, « In Good Faith », *Imaginary Homelands : Essays and Criticism 1981-1991*, Londres, Granta, 1991.

en Inde et en Afrique du Sud, et l'autodafé des *Versets sataniques* par des membres de la vaste communauté immigrée d'obédience musulmane de Bradford, dans le nord de l'Angleterre. Dans son article intitulé « The Book Burning », qui n'est publié qu'en mars dans le prestigieux *New York Review of Books*, Rushdie réagit avec véhémence aux manifestations de haine contre son livre et sa personne. Il y affirme cette caractéristique qui deviendra célèbre et sera érigée en motif, celle du « vide en forme de Dieu ». Il ajoute à cette esquisse d'autoportrait en creux le fait qu'il se dit incapable d'adhérer aux indiscutables absolus de la religion, et qu'il préfère essayer de remplir ledit vide à l'aide de la littérature[5]. Il défend également son livre pied à pied contre les attaques dont il fait l'objet. Partout où on l'accuse de pointer du doigt les faiblesses de l'Islam, de son texte sacré ou de son prophète, il explique vouloir leur donner une chance d'être représentés comme surmontant les obstacles. Enfin, même s'il ne nie pas avoir pu offenser, il considère qu'il ne faut pas en conclure à la nécessité ou à la légitimité de la censure, et s'estime lui-même plus blessé par la destruction de son livre par le feu que l'Islam ne l'a été de la construction de cet édifice fictionnel. Enfin, pour Rushdie, pire que l'offense, c'est l'ironie de la situation qui est le fait le plus blessant : la connivence entre les pouvoirs politiques et les groupes d'influence islamistes sur le sol britannique lui est insupportable. Le contexte de laïcité, même relative, de cet Occident terre d'accueil se prête plus mal encore que l'Inde ou l'Iran à la chasse aux supposés blasphémateurs qu'il subit. Par ailleurs, il lui est difficile d'accepter que ce soit justement des immigrés, ceux à qui il a jusqu'ici donné voix et corps avec tant de partialité, qui à cet instant lui tournent le dos et confirment, par leur comportement extrémiste, les craintes pourtant essentiellement infondées que l'Occident nourrit au sujet de l'Islam. Enfin, à l'issue de son texte, Rushdie plaide pour un engagement des puissances laïques de l'Occident, un engagement marqué et ouvert, égal en force à celui des zélateurs qui le condamnent, car le combat n'est plus confiné à un non-Occident de fiction dans des temps plus ou moins reculés, mais s'est maintenant propagé à un Occident bien réel.

De nombreux intellectuels prennent alors fait et cause pour Salman Rushdie, et des associations et groupes de pression s'activent autour de lui

5 *Id.*, « The Book Burning », *The New York Review of Books*, 2 mars 1989 : « *I, too, possess the same God-shaped hole. Unable to accept the unarguable absolutes of religion, I have tried to fill up the hole with literature* ».

pour influencer l'opinion en sa faveur et obtenir des solutions politiques à cette *fatwa* qui met à mal sa sécurité et la possibilité de poursuivre sereinement son existence d'homme, de père et d'écrivain. Des comités de défense, comme *Article 19*, organisent pour lui des conférences, des lettres ouvertes, et l'érigent en porte-étendard des valeurs de liberté d'expression et de conscience chères aux démocraties laïques et éclairées. Face à l'inertie des personnalités politiques au pouvoir, Rushdie se lance dans une grande tournée internationale qui l'entraîne de conférences en interviews pour défendre sa propre cause, celle d'un intellectuel de gauche, porte-voix des minorités opprimées, que les politiques – et la gauche bien-pensante – abandonnent maintenant que des membres de ces minorités s'emploient à traiter Rushdie en oppresseur. Aux efforts déployés par Rushdie s'opposent les mesures de protection, les principes de précautions, les limites imposées par les services de sécurité rapprochée de Scotland Yard, et la pusillanimité des pays censés l'accueillir. Le combat pour le droit d'exister se mène en conséquence sur plusieurs fronts et épuise les forces de l'écrivain qui aspire avant tout à une existence normale. En témoigne un glissement dans son positionnement : dans son essai *In Good Faith*[6] (« De bonne foi »), initialement publié en février 1990, Salman Rushdie plaide de manière plus appuyée pour l'apaisement, le consensus, même s'il se place toujours dans une logique de défense de son ouvrage.

À ce changement de degré dans le discours de l'écrivain honni va bientôt se substituer un changement de nature des plus inattendus. Un tournant nouveau s'amorce dans la prise de position publique de Rushdie lorsqu'il devient question de négociations. Des personnalités éminentes de la diaspora musulmane britannique semblent vouloir entrer en discussion avec lui. Lassées de devoir organiser et financer la protection rapprochée de l'agaçant agitateur, les autorités britanniques encouragent ces pourparlers, et les forces vives autour de la défense de Rushdie s'épuisant, et celle de Rushdie lui-même en tout premier lieu, ces rapprochements finissent par s'opérer. À l'issue de ces manœuvres d'approche, une rencontre entre Rushdie et six intellectuels musulmans a lieu dans les locaux de la police britannique, le 24 décembre 1990.

6 Première publication : S. Rushdie, *In Good Faith*, Londres, Granta, 1990. L'essai fut réédité dans le volume d'essai, *Imaginary Homelands : Essays and Criticism 1981-199*, *op. cit.*

Rushdie est seul face à ses interlocuteurs, car il n'a sollicité aucun membre de son entourage dans les démarches de consensus auxquelles il se prête. Au bout d'un entretien à huis clos, Rushdie signe une déclaration préparée par les autorités qui lui font face. L'écrivain y renonce à publier la version de poche des *Versets sataniques*, à autoriser de nouvelles traductions de son roman, et se distancie des personnages dont les propos sont incriminés. Mais en amont de la liste de ces engagements est inscrite la *shahadah*. En apposant sa signature au bas de la déclaration, voici Rushdie converti, comme le soulignent les sages islamistes lorsqu'ils sont entendus par la presse. Immédiatement, les journaux[7] relaient la nouvelle, assénant à tous ceux qui suivent l'affaire un coup qu'ils n'auraient pas pu voir venir.

Au-delà des faits et de quelques propos subséquents, relatés par les articles, ce sont le commentaire, les justifications, et les spéculations autour de l'agenda de Rushdie qui constituent toute l'épaisseur de l'événement. Je propose d'examiner trois instances de reconstruction de l'événement, trois tentatives de lui forger une cohérence initialement indiscernable. La première exégèse majeure de l'événement est une tribune que Salman Rushdie écrit et publie dans le *Times* le 28 décembre 1990, quatre jours après la déclaration signée sous la pression des six sommités musulmanes, et qui sera insérée à la fin de la première édition du recueil d'essais *Imaginary Homelands* [Patries imaginaires], paru en mars 1991. Cette tribune, d'abord intitulée *Now I can Say, I Am a Muslim* (maintenant je peux dire que je suis un musulman), verra son titre modifié en *Why I have embraced Islam* (pourquoi j'ai embrassé la foi musulmane) dans le recueil d'essais. Dans cette déclaration, Rushdie peint la rencontre avec les six érudits musulmans aux couleurs de la bienveillance et de la bonne intelligence. L'écrivain décrit des concessions faites de part et d'autre, et en vient au point central, celui du retrait total du roman incriminé, dans les termes suivants :

> Et pour ce qui concerne la question du retrait total du livre, je dirais ceci : malgré tout, *Les Versets sataniques* est un roman que nombre de ses lecteurs ont trouvé de qualité. Je ne puis les trahir. Plus important encore, les savants musulmans ont reconnu que le livre n'est pas une insulte délibérée. Si leur sentiment avait été différent, j'y aurais sans doute réfléchi de nouveau. En

7 On peut notamment mentionner l'article du *New York Times* paru le 25 décembre 1990, « Rushdie Seeks to Mend his Rift with Islam », de Chris Hedges.

> l'espèce, je crois que le livre doit continuer à être disponible, de manière à ce que l'on puisse peu à peu le prendre pour ce qu'il est[8].

On voit ici que Rushdie défend peu son roman, et ne lui concède un avenir que parce que d'autres l'ont trouvé au mieux, bon, au pire, pas délibérément mauvais. Ce qui compte pour Rushdie, à l'évidence, c'est la sécurité de son existence qui point à l'horizon de ce renversement de situation. Il affirme, quelques lignes plus loin, qu'il se sent bien plus en sécurité ce jour-là que la veille. Il écrit également que la violence qui a entouré son livre se résume désormais à une querelle à l'intérieur d'une famille, espérant sans doute ainsi apaiser ceux, heureux ou mécontents, qui sont devenus ses frères.

La valeur performative de cette conversion et de son premier commentaire ne s'avèrera pas et restera une illusion. Le 14 février 1991, la *fatwa* est réitérée. Toutefois, de tout côté, on voit que Rushdie a tout de même créé autour de lui une marge d'indétermination en se plaçant sous le signe de la foi. Le successeur de Khomeiny, l'Ayatollah Khamenei, déclare que « même s'il se repent et devient le musulman le plus pieux de la terre, le décret divin [qu'est la *fatwa*] n'en sera en rien altéré[9] ». Il est intéressant de remarquer que l'Ayatollah ne fait pas l'hypothèse de la repentance, mais la prend en compte, à l'indicatif, même si elle ne change rien à la condamnation à mort. Côté occidental, dans un article initialement publié dans le *Los Angeles Times* du 28 décembre 1990[10], Daniel Pipes, l'auteur d'un des principaux livres traitant de l'affaire Rushdie[11], n'est pas dupe du procédé de la conversion, mais il ne dénonce pas à proprement parler de feinte. Il prédit simplement que cette conversion attirera plus d'ennuis à Rushdie dans son entourage que de bonnes grâces chez ses opposants.

---

8 *As to the question of total withdrawal of the book, I would say this : In spite of everything, "The Satanic Verses" is a novel that any of its readers have found to be of value. I cannot betray them. Even more important is the recognition of Muslim scholars that the book is not a deliberate insult. Had they felt otherwise, I might well have thought again. As it is, I believe the book must continue to be available, so that it can gradually be seen for what it is.* (« Now, I can Say I am a Muslim", *The Times*, 28 décembre 1990.)

9 Cette déclaration est notamment reproduite dans « No Iranian Forgiveness for Salman Rushdie », *The New York Times*, 27 décembre 1990.

10 Cet article est désormais consultable sur le site de Daniel Pipes, *Middle East Forum*, sous le titre « Rushdie Fails to Move the Zealots ». http://www.danielpipes.org/201/rushdie-fails-to-move-the-zealots [consulté le 10 mars 2018].

11 Daniel Pipes, *The Rushdie Affair. The Novel, the Ayatollah and the West*, New York, Birch Lane, 1990.

La seconde exégèse de la conversion de Rushdie est défendue par James Fenton, poète britannique de renom et ami de Salman Rushdie. Ce dernier publie un article dans *The New York Review of Books* le 28 mars 1991 dont l'ambition, affichée dans la formulation du titre, « Keeping Up With Salman Rushdie », semble être tout à la fois de « garder le fil » et de « garder le lien » avec Salman Rushdie, de déchiffrer en même temps que d'être en empathie, bref, de comprendre. D'emblée, on perçoit à la lecture que Fenton prend cette conversion pour argent comptant. Faut-il y voir le sens critique défectueux de l'amitié ou la révérence envers l'affirmation spirituelle ? Toujours est-il que Fenton tient pour acquis la sincérité de Rushdie dans cette conversion. Il y décèle même une logique. Après tout, Rushdie est né dans une famille musulmane. Son rattachement à cette foi coule donc de source. Et par ailleurs, il n'est pas non plus surprenant, pour Fenton, que l'examen méticuleux, érudit et passionné de ce « vide en forme de Dieu » finisse par requérir la présence du grand absent. Le seul élément qui permette la remise en question de la conversion de Rushdie, qui fasse craindre une conversion forcée (et non une conversion feinte), c'est la concomitance de cette dernière avec le retrait du projet d'édition de poche et de toute nouvelle traduction. Mais lui-même reste convaincu de la bonne foi de Rushdie[12], recouvrant ainsi la dernière occurrence de cette expression du voile pudique de l'absolue intimité de la conscience spirituelle. En effet, la « bonne foi », telle que clamée par Rushdie quelques mois plus tôt[13], réitérait son attachement à la laïcité, au droit de critiquer, parodier, satiriser et même mépriser tout point de vue, y compris religieux. Il y écrivait également qu'il n'était « pas musulman ». Fenton accorde donc à Rushdie le bénéfice du doute. Il songe pourtant, dans un premier temps, à Galilée abjurant sa conscience devant l'inflexible Église de Rome et dont on veut croire qu'il ajouta à la profession de renoncement à ses thèses « et pourtant elle tourne ». Fenton convoque aussi Patty Hearst, enlevée par un groupuscule d'extrême gauche puis prenant fait et cause pour ses bourreaux par le truchement du célèbre syndrome de Stockholm. Mais pour finir, Fenton avance que le goût de la vie peut justifier tous

12 Fenton précise en effet que la conversion de Rushdie n'a pas levé la fatwa, mais que ce n'était probablement pas le but recherché de toute façon : « *The conversion did not succeed in lifting the* fatwa, *but maybe it was never expected that it would.* »

13 S. Rushdie, *In Good Faith*, *op. cit.*

les revirements de conscience, puisque cette conversion offre avant tout l'espoir de la fin de l'hostilité des intégristes musulmans et de la *fatwa*, et plus immédiatement encore, la fin des pressions, car on sait bien, même aussi précocement, que la conversion a été obtenue sous une forme de contrainte. C'est l'indulgence que Fenton plaide, opposant ainsi les « amis consternés[14] » de Rushdie, pour qui Salman trahit la mission idéologique dont il s'était trouvé investi, et ses véritables amis, qui, à défaut de comprendre, acceptent et accompagnent les mouvements de l'âme de l'écrivain captif.

Aux récits premiers d'une foi embrassée de bon cœur, succèdent très vite des déclarations de reniement. Rushdie se dédit très vite suite à cette conversion. Dans des articles ou des entretiens, on l'entend dire qu'il était dérangé lorsqu'il a embrassé la foi[15], ou bien encore que c'était une erreur, dont il s'était vite désengagé, et qu'il veut « qu'on lui fiche la paix avec cela[16] ». Le mot qui revient souvent pour qualifier la conversion de Rushdie, d'ailleurs affublé de guillemets, est *pretence*, le simulacre, le faux-semblant. Dans les comptes rendus les plus expéditifs de cette conversion puis de son reniement, on conclut à la ruse, au stratagème, et l'on entend montrer, par l'entremise de la citation, que Rushdie lui-même consent à souscrire à cette version de l'histoire.

Pourtant, quelque vingt ans après l'épisode, Salman Rushdie y revient, et si le mensonge est bien avoué, l'orientation de son faisceau est assez différente. Dans ses mémoires[17], l'écrivain consacre de nombreuses pages à la période trouble qui entoura la profession de foi, comme si, en digne héritier de Rousseau, il cherchait à expier son péché en n'éludant ni le mensonge ni la faiblesse. S'il ne cherche pas à camoufler l'insincérité de son acte, il reste tout de même dans les traces rousseauistes en ne s'affublant que de défauts prouvant, peu ou prou, sa dignité d'homme et en tâchant, sous couvert de le montrer aussi terne qu'il fut, de redorer

14 "Dismayed Friends" ("Keeping Up With Salman Rushdie", *The New York Review of Books*, 28 mars 1991.)

15 Vijay Dutt, « Rushdie Comes Clean on Islam. », *The Hindustan Times*, 7 avril 2008. https://www.hindustantimes.com/world/rushdie-comes-clean-on-islam/story-s9PhyGa-QoFDUZfvRXwz61M.html [consulté le 10 mars 2018].

16 « Salman Rushdie on the Couch with Koel », 20 septembre 2017. https://youtu.be/DDGV2RUvzwc. « That wasn't right, I am not a religious person, and I very rapidly unsaid it. This was twenty years ago, so give me a break. ». Dernière consultation : 10 mars 2018.

17 Salman Rushdie, *Joseph Anton, a Memoir*, Londres, Vintage, 2012.

son blason. Dans le récit de cet épisode, Rushdie se métaphorise sous les traits d'un « poisson stupide » qui n'aurait pas pu résister à l'hameçon bien appâté – même s'il l'avait voulu.

> Le pêcheur qui captura ce poisson stupide, la sirène qui entraîna son bateau sur les récifs, fut le « dentiste holistique » de Harley Street, Hesham el-Essawy (il aurait peut-être mieux fait d'écouter le présage de la dent de sagesse). Essawy n'était pas vraiment taillé pour le rôle en dépit d'une certaine ressemblance fugace avec une sorte de Peter Sellers plus enveloppé, mais le poisson désespéré, coincé dans son bocal depuis deux longues années, déprimé, dévalorisé à ses propres yeux, cherchait avidement une issue, n'importe laquelle, et crut en avoir trouvé la clef en voyant gigoter l'asticot du pêcheur[18].

Ainsi, Rushdie révèle l'opportunisme de sa conversion. Il admet à demi-mot la confiance abusive que ses amis véritables lui ont témoignée au moment des faits, et donne en partie raison, mais sans le vouloir, à ses amis consternés qui virent dans cette conversion un acte égoïste. Mais à la simple reconnaissance contrite du désaveu, il substitue le martyre (au détail près de l'issue), le récit de ce qui l'a poussé à agir de la sorte. Tout est son fait, rien n'est sa faute. Et surtout, à aucun moment il n'est question d'une éventuelle tentative de prendre les intégristes à leur propre jeu en s'abritant sous l'attribut identitaire que tout un chacun est fondé à embrasser du jour au lendemain, qu'il n'est nul besoin de prouver, particulièrement dans le cas de l'Islam. En effet, comme Rushdie aime à le rappeler, l'Islam admet le doute chez ses fidèles ainsi que leur droit à vivre leur foi sans manifestation extérieure de celle-ci. Avec ce réarrangement rétrospectif, Rushdie se pare habilement des écailles du poisson là où on avait quelque peu détourné le regard pour ne pas voir celles du serpent, de peur de déclencher quelque autre cataclysme. S'il admet la malhonnêteté de son acte, il la voit essentiellement comme dirigée contre lui-même, focalisant son récit sur l'aveuglement et omettant soigneusement toute idée de tromperie envers autrui, et peut-être en tout premier lieu envers la communauté musulmane. L'ultime récit de cette fausse conversion arrive suffisamment tard et restaure suffisamment la cohérence du processus pour que personne n'y revienne. La dimension sacrée de la foi, à défaut d'annuler la *fatwa*, aura nimbé le parcours de Rushdie, de l'aversion à la conversion puis au renversement,

---

18 Salman Rushdie, *Les Versets sataniques*, trad. fr. A. Nasier, Paris, Christian Bourgeois, 1989, p. 225-226.

de suffisamment d'intouchabilité pour que s'opèrent les métamorphoses même les plus hasardeuses.

La situation inextricable dans laquelle les intellectuels occidentaux – la conviction, pour bon nombre d'entre eux, d'une conversion feinte, mais l'impossibilité de la dénoncer au risque de discréditer les principes de la religion embrassée et dont on veut montrer à quel point on la respecte – répond à la complexité des enjeux de la *fatwa*, son propre agenda étant à peine dissimulé derrière un pieux vernis. Elle est édictée par Khomeiny (puis poursuivie par ses fidèles après sa mort) au nom de l'Islam – comme s'il s'agissait d'un culte unique à travers le monde – or on sait bien que l'on devrait parler des Islams, et ne pas supposer que tous les musulmans ont adhéré à la condamnation à mort prononcée par l'Ayatollah. Par ailleurs, le *happening* opéré par Khomeiny se trouve nettement circonscrit à une affirmation idéologico-politique lorsqu'on tient compte du sous-entendu qu'elle contient[19] : l'Iran chiite, *via* sa révolution islamique, revendique une puissance de feu supérieure à celle des sunnites, et prouve sa capacité à mobiliser autour de ses positions. Malise Ruthven[20] enfonce le clou en expliquant que s'il est si complexe, d'après lui, de critiquer l'Islam, c'est parce que, au-delà de la portée théologique de telle ou telle attaque, toute offense contre l'Islam est avant tout une offensive au cœur d'une dispute territoriale. D'où l'argument géopolitique qui a souvent été avancé pour déchiffrer l'intransigeante *fatwa*. À l'intérieur du monde musulman de même que dans ses rapports avec l'Occident, la *fatwa* cristallise l'idée d'une stratégie anamorphosée par la perspective religieuse.

La lutte de territoire, la collision des identités et des communautés, le désir du non-Occident d'émerger comme un contre-pouvoir face à un Occident par trop normalisant et dominateur : les ingrédients de l'expérience postcoloniale semblent être réunis dans l'épisode de la *fatwa*, dont la conversion de Rushdie serait l'épicentre, et constituent dès lors une invitation à revenir à la fiction, car cette dernière se pose d'emblée comme une tentative d'illustrer et de comprendre cette expérience postcoloniale et peut peut-être livrer des clés pour le réel.

Dans *In Good Faith*, Salman Rushdie écrit qu'il est difficile d'exprimer ce que l'on ressent lorsqu'on a voulu représenter une réalité objective

19 Voir *supra*, note n° 3.
20 Malise Ruthven, « Can Islam be Criticized. », *The New York Review of Books*, 11 octobre 2012.

et qu'on finit par en devenir le sujet[21]. Et en effet, il semble frappant de voir comment l'auteur des *Versets sataniques*, ce grand livre sur la métamorphose, l'hybridation, le déchirement culturel, quitte son rôle de grand ordonnateur pour devenir le jouet des forces qu'il décrit dans son roman. La critique a souvent superposé l'auteur et le personnage de Saladin Chamcha, sur la base d'une identité double, mais très occidentalisée. Il semble que vus à travers le prisme de la vie de clandestinité de Rushdie, au sein de laquelle la conversion fait *punctum*, l'écrivain et Chamcha ont de nouveaux traits communs qui dépassent la simple ressemblance biographique. Lorsque le lecteur découvre Saladin Chamcha, fraîchement atterri sur une plage anglaise, ce dernier se voit affublé de caractéristiques dont il ne devrait pas être tenu pour responsable et qui le dépassent complètement : des cornes, des pieds fourchus, une haleine fétide et un sexe démesuré. D'abord arrêté par les forces de police, qui le prennent pour un clandestin (comble de l'ironie, car il est un sujet britannique et plus britannisé qu'aucun des policiers présents), Saladin subit l'humiliation et l'angoisse d'un passage à tabac dans la fourgonnette durant lequel il prend conscience de sa vulnérabilité :

> Chamcha ne comprenait pas ce qui se passait. [...] Il se sentit envahi par l'amertume et la honte. Il lui semblait que ses fonctions naturelles devenaient caprines. Quelle humiliation ! C'était un homme cultivé – il avait fait assez d'efforts pour ça ! [...] « Mes chers amis », commença-t-il, essayant de faire preuve d'autorité, ce qui se révélait fort difficile dans une position aussi peu digne, allongé sur le dos, les sabots écartés, au milieu de ses excréments, « mes chers amis, vous devriez vous rendre compte de votre erreur, avant qu'il soit trop tard[22]. »

Saladin tente en vain de dialoguer avec ceux qui exercent sur lui un pouvoir despotique. À la merci de leurs coups, Saladin s'étourdit d'indifférence : « Il restait accroupi, insensible dans son univers réduit, essayant de se faire le plus petit possible, dans l'espoir de disparaître entièrement et de retrouver la liberté[23] ». La condition de Saladin, marquée au sceau du réalisme magique souvent adossé à la fiction postcoloniale, semble

21 S. Rushdie, « *It is hard to express how it feels to have attempted to portray an objective reality and then to have become its subject...* », *In Good Faith*, *op. cit.*, p. 404.

22 Salman Rushdie, *Les Versets sataniques*, trad. fr. A. Nasier, Paris, Christian Bourgeois, 1989, p. 225-226.

23 *Ibid.*, p. 230.

constituer une allégorie prémonitoire de ce qui attend Rushdie après la publication du roman.

D'origine indienne, mais parfaitement occidentalisé et qui plus est auteur majeur de la littérature britannique, Rushdie se trouve aliéné dans sa propre culture, plongé dans l'absurdité d'une vie de cavale pour avoir exercé sa liberté d'expression dans un pays où elle n'est pas remise en cause. Il est soumis à la violence et à la contrainte. Il est d'ailleurs intéressant de souligner que cette violence est double dans l'expérience de Rushdie : à l'encontre de sa vie de la part des intégristes, et à l'encontre de ses conditions d'existence de la part des autorités britanniques. Le fourgon de policiers issus de l'immigration conjugue assez ironiquement ces deux réalités. Enfin, le repli opéré par Saladin pour s'abstraire de la violence qu'il subit – est-il stratégique ? est-il inconscient ? – peut évoquer, pour qui veut entendre un écho, le bref épisode de la conversion de Rushdie, avant l'ultime revirement. À la faveur d'« une étincelle de colère enfouie en lui[24] », Saladin trouve la sortie du fourgon, mais dans un état de délabrement tel qu'il se réveille dans un hôpital. Il comprend peu à peu que cet établissement, où règnent des bruits et des « odeurs de jungle et de ferme[25] » est peuplé de créatures hybrides, comme lui, et notamment une Manticore, qui lui révèle le pourquoi de leur condition : « Ils nous décrivent [...] C'est tout. Ils ont le pouvoir de la description et nous succombons aux images qu'ils construisent ». La métaphore de l'hybride qui devient monstre sous l'effet du discours caractérisant des dominants peut à nouveau faire écho au sort de Rushdie, et pointe dans deux directions. D'une part, Rushdie a toujours déploré avec la plus grande véhémence le fait que ses oppresseurs aient le plus souvent suivi une prescription idéologique sans se faire leur propre idée du roman. Diabolisé par la caractérisation dressée par l'Ayatollah et ses fidèles, Rushdie a toujours dû reconquérir son droit à l'autodétermination, pour ainsi dire. De nombreuses remarques en ce sens émaillent ses mémoires : chaque concession à la sympathie de l'homme, chaque accès du roman à une critique véritablement littéraire, constitue, dans son récit autobiographique, une victoire sur la récupération de son identité. D'autre part, la conversion de Rushdie peut se donner à lire dans les termes de la Manticore : un pouvoir dominant établit une définition et somme les

24 *Ibid.*, p. 221.
25 *Ibid.*, p. 235.

dissidents de s'y conformer sous peine de mort, quitte à ce que lesdits dissidents, ainsi contorsionnés, finissent par devenir monstrueux. Avec la *fatwa*, le vieux schéma dominant (Occident) / dominé (non-Occident) propre au postcolonialisme semble s'être renversé, sous l'effet d'un pouvoir qui cherche à émerger sur le grand échiquier civilisationnel. Dans cette reconfiguration, Rushdie, qui n'avait jusqu'alors de sujet postcolonial que le nom, fait véritablement l'expérience du grand écart postcolonial. Impie occidental, ennemi du régime iranien et de ses disciples, on lui laisse entrevoir la possibilité de se rapprocher de l'autre branche de son identité pour avoir la vie sauve, mais ceux qui détiennent le pouvoir, dans cette autre partie de lui, le rejettent pour ce qu'il est sans doute, un simulateur, et ceux qui le portaient au pinacle de la défense des libertés fondamentales en Occident l'abandonnent aussi.

Dans l'identité multiple, la gestion des loyautés est à l'évidence complexe. *Les Versets sataniques* s'emploient à décrire le conflit intérieur, l'imperfection de l'existence, l'incomplétude. À l'issue du roman, Saladin se réconcilie avec ses racines, avec son père, mais cette réappropriation culturelle s'opère à l'occasion de la descente du père dans la maladie puis la mort. Saladin retrouve l'Inde et le sentiment filial, mais en l'absence du père. La vérité du sujet postcolonial se trouve, pourrait-on dire, dans le hiatus, le contretemps, l'apparente incohérence. En lisant les *Versets sataniques* comme un texte programmatique de l'expérience que Rushdie s'apprête à faire de sa condition postcoloniale, on en vient à considérer que l'épisode de la conversion est de l'ordre de ce hoquet identitaire qui confère à la personne de Rushdie non pas sa superficialité, mais son épaisseur, une épaisseur qui manque un peu au récit fondateur et victimaire[26] du petit Salman qui, fraîchement arrivé dans

26 James Fenton, dont l'absolue sympathie pour Rushdie n'est plus à démontrer, revient avec un peu d'humeur sur cet épisode. Il écrit dans « Keeping up with Salman Rushdie », art. cité : « Bien, cette histoire est censée provoquer un sentiment de culpabilité chez toutes les autres victimes du système des *public schools* britanniques. Où étais-je quand Salman fit face à son premier hareng fumé ? [...] Je pense aussi à moi-même à l'âge de sept ans, lors de ma première nuit à l'internat, placé devant l'évidence que quelqu'un avait volé la totalité de ce que ma trousse de toilette contenait. Si je dois me demander "où étais-je quand Salman fit face à son premier hareng fumé ?", ne suis-je pas également fondé à me demander "où était Salman quand je fis face à ma trousse de toilette vide ?" Y avait-il un Indien de neuf ans assez bienveillant pour m'aider à tenir tête à mes persécuteurs ? Ces choses-là ne sont pas à sens unique après tout. »

son école à Rugby et seul face à tous ces petits Anglais qui ne font rien pour l'aider, se retrouve aux prises avec un hareng fumé dont il ne sait pas comment on fait pour le manger. Fait intéressant, cet épisode du hareng fumé se retrouve dans *Les Versets sataniques*, et sans surprise, c'est Saladin Chamcha qui en fait les frais. Au cliché du pauvre petit immigré qui doit faire sa place dans les écoles les plus prestigieuses du Royaume-Uni, avant de devenir l'un des écrivains les plus renommés du monde anglophone, répond le moment plus authentiquement déroutant de la brève conversion de Rushdie, scorie qu'il aimerait lisser au profit d'une cohérence biographique, mais qui le ramène, plus sincèrement, à ce que c'est que d'être un sujet postcolonial.

Charlotte BORIE
Agrégée d'anglais, docteure

LA CONVERSION DE CARLOS À L'ISLAM

L'islam ? Ilich Ramirez Sanchez, alias Carlos, terroriste international aujourd'hui en prison, s'en réclame haut et fort. Pour autant, il ne renie en rien son engagement communiste et révolutionnaire, bien au contraire. Dans ses divers écrits, et plus récemment dans une lettre envoyée à un essayiste qui l'avait accusé d'avoir troqué ses habits communistes pour ceux de l'islam, il répond : « Je suis un militant communiste depuis l'âge de quatorze ans, converti au Yémen en 1975, car l'islam est le communisme avec Dieu. »

Dans une biographie publiée en 2003[1], Carlos se présente comme un soldat de l'islam, mais étant peu mystique, il affirme que son combat reste plus politique que religieux. Aussi réfute-t-il toute idée d'un transfert de foi entre communisme et islam, les deux étant selon lui complémentaires ; l'islam lui aurait offert ce surplus de force et d'âme nécessaire à l'engagement total et au sacrifice de soi.

Vénézuélien, Carlos est né d'une mère catholique et d'un père ayant abandonné le christianisme pour Marx, Lénine et Staline, d'où les prénoms donnés à ses trois fils : Ilich, Lénin et Vladimir. Élevé dans le bain bolchevik, Carlos fut initié tout jeune à la politique sur fond de révolution cubaine et de guerre d'Algérie. En 1969, il adhère à l'Organisation de la jeunesse communiste vénézuélienne, puis est envoyé comme étudiant à l'université Patrice-Lumumba à Moscou d'où il est expulsé en 1970. Ce revirement le conduit à Beyrouth où il s'engage pour la cause palestinienne dans les rangs du FPLP, puis en Jordanie. Il a vingt ans.

C'est auprès de ses compagnons de lutte, prêts à mourir pour la cause, qu'il dit avoir compris que la révolution avait changé de camp et de contrée. Il accuse alors l'URSS et les partis communistes occidentaux

1 Illich Ramirez Sanchez, Carlos, *L'Islam révolutionnaire*, texte et propos recueillis, rassemblés et présentés par Jean-Michel Vernochet, Paris, éditions du Rocher, 2003.

d'avoir abandonné leur mission révolutionnaire, d'avoir plié devant l'impérialisme américain et les Israéliens : « la peste morale de l'Occident s'est abattue sur les décombres du socialisme. »

En octobre 1975, à la veille de son vingt-sixième anniversaire, il se convertit à l'islam. Une conversion décrite comme un acte de simple camaraderie, d'identification à ses compagnons de combat ; un engagement pris, dans un premier temps, un peu à la légère : « La fraternité d'armes est ainsi à l'origine première de ma conversion. » C'est dans un deuxième temps, lors d'une rencontre avec le mollah iranien Abou Akram, proche des *moudjahidin* du peuple d'Iran, qu'il dit s'être engagé réellement en islam :

> Au cours de mon processus de maturation spirituelle, j'ai pris de plus en plus conscience du caractère transcendantal de mes actions.... et aussi que le *Coran* apportait des réponses logiques aux problèmes humains, qu'il renforçait ma conviction et ma volonté de combat[2].

Un processus achevé avec sa troisième épouse palestinienne (mariage selon la charia précise-t-il), qui l'aurait initié à la prière et aux différents rites, car, écrit-il, « l'islam, est exigeant ».

S'agit-il en ce qui concerne Carlos d'une sorte de syncrétisme entre les deux doctrines sacrées, islam et marxisme-léninisme ? : « L'islam et le marxisme-léninisme sont les deux écoles dans lesquelles j'ai puisé le meilleur de mes analyses. » En fait, Carlos est plus proche de Lénine que de Marx, car s'il retient la dimension scientifique du marxisme, il le considère comme une chose morte sur le plan de l'action, dépossédé de toute dimension révolutionnaire au contraire de l'islam, « la révolution des révolutions ».

L'islam aurait cet avantage de rassembler les cinq conditions nécessaires à la victoire totale :

1re condition : l'existence d'une avant-garde révolutionnaire. Pour Carlos, pas de révolution sans révolutionnaires professionnels, sans militants permanents, « voués exclusivement à préparer, organiser et lancer la Révolution. » Le mouvement islamiste serait le seul à posséder des cadres éduqués dans tous les domaines, « doués d'une morale supérieure » et dotés « d'une conscience aiguë des forces en action dans

2 *Ibid.*, p. 29.

le monde ». En 2003, Carlos encourageait cette élite diversifiée à mettre au service du Djihad les outils de la modernité :

> [...] des techniques modernes, comme la télévision interactive, permettraient peut-être, si l'on savait en faire un meilleur usage, de créer sous certaines conditions une sorte de village planétaire où la choura, la consultation, redeviendrait possible à main levée. Après tout, le Web et les courriers électroniques instantanés d'un bout à l'autre du globe en sont peut-être une préfiguration[3].

À la tête de cette élite, les indispensables chefs charismatiques, comme Oussama Ben Laden – référence de Carlos en 2003 : « c'est un jihadiste, un combattant oummamiste, c'est donc un rassembleur, il œuvre à faire se joindre les énergies des membres et des groupes épars, dispersés et désunis de l'Oumma. Autrement dit, c'est un internationaliste panislamiste[4]. »

2e condition : des combattants prêts au sacrifice. « Militant est synonyme de don de soi à une cause », écrit Carlos. Pour ce dernier, les martyrs islamistes ne sont ni des fous ni des fanatiques, mais des soldats conscients d'être engagés dans une lutte sans merci dans « la troisième guerre mondiale ». Nullement guidés par la haine, ces soldats seraient portés par la foi en Dieu et par une doctrine parfaite qui leur commande de défendre la terre d'islam et de travailler à l'application de la charia, le droit islamique. Pour ces soldats, les attentats du 11 septembre, ce « défi au pouvoir américain », auraient été le signal du grand Jihad, de la révolution permanente : « Le terrorisme est une sorte d'hymne à l'humain parce qu'il replace l'homme de chair et de sang au centre de la bataille. » Pour Carlos, le courage et l'abnégation de ces combattants sont garants de la victoire finale, d'où sa certitude qu'ils ne peuvent pas perdre : « Je promets un avenir triomphal à l'islam révolutionnaire. Car il n'existe aucune force totalement invulnérable contre des militants organisés et déterminés, prêts à l'ultime sacrifice. »

3e condition : des masses désespérées. Pour se préparer « à une confrontation planétaire », pour triompher des forces du mal – ici les démocraties occidentales et plus particulièrement les États-Unis – la priorité pour Carlos est de gagner à la cause islamique l'ensemble des populations des pays musulmans (plus d'un milliard d'hommes),

3 *Ibid.*, p. 78.
4 *Ibid.*, p. 99.

augmenté d'une diaspora dispersée dans tout l'Occident : « La France, du fait même des flux migratoires nés de la colonisation et de la néocolonisation, est déjà et depuis des décennies *dar al-islam.* » Mais Carlos mise aussi sur les convertis à l'islam des banlieues françaises ou des ghettos noirs américains, sur le *lumpen prolétariat*, et plus particulièrement sur les groupes hostiles au capitalisme et aux États-Unis, par exemple une partie de l'extrême-gauche dont les altermondialistes. Grâce à l'islam, les masses souffrantes de la planète auraient désormais la possibilité d'exprimer leur colère, tout en gardant l'espoir d'une autre vie. Unis dans la Foi, les membres de cette armée internationale, une « multitude », seraient déjà en marche pour détruire les « sociétés séniles de l'Occident ».

Autre atout pour la victoire, l'impact de la bombe humaine qui aurait joué un rôle essentiel avec d'un côté le désarroi de populations « qui ont perdu l'habitude de souffrir » et de l'autre, un « message d'espoir pour tous les oubliés des ghettos du capitalisme et des camps de réfugiés ». Plus efficace qu'un tract, qu'une manifestation ou qu'une « bibliothèque d'analyses savantes », la bombe humaine – « l'arme du pauvre », résonne pour Carlos comme un « coup de tonnerre dans le sommeil épais des consciences obèses, avachies dans le confort de l'égoïsme le plus stupide ».

4e condition : un ennemi identifié. Il importe, comme toujours dans ce type de combat, de poser l'ennemi en coupable et de le désigner comme responsable de sa propre destruction. Assimilé au IIIe Reich, l'impérialisme américain, ce « totalitarisme libéral », serait responsable des actes du 11 Septembre :

« Nul n'ignore plus maintenant que les États-Unis, à coups de mensonges, se sont fabriqués des ennemis sur mesure pour justifier leur marche à l'hégémonie planétaire [...] des ennemis qui sont en fait des victimes ». De plus, les démocraties auraient creusé leur propre tombe en filmant leur propre déchéance : « L'écroulement sous l'œil des caméras de ces insolentes tours jumelles qui se dressaient comme un défi à la misère du tiers-monde, a en quelque sorte arraché l'Occident à sa torpeur somnambulique. »

En conciliant islamisme et léninisme, Carlos légitime d'autant plus la destruction de l'ennemi, en gros l'Occident, à la fois riche et incroyant. Un Occident jugé décadent dont le péché originel, l'individualisme, aurait produit des populations « aliénées, déboussolées, et perverties par la surabondance de biens » ; des populations décadentes car esclaves de leurs plaisirs à bas prix, et qui « pratiquent sans vergogne l'ivrognerie sexuelle et visuelle ». Le verdict est sans retour : « Ce rêve d'ivrogne vient de prendre fin. »

Punies par là où elles ont péché, ces démocraties ont abandonné Dieu pour un athéisme agressif et intolérant après avoir détruit le christianisme. Mais la nature a horreur du vide, écrit Carlos, « l'homme moderne ne peut se passer de Dieu ». C'est pourquoi l'islam révolutionnaire tire sa force de la révolte de toute une génération de musulmans (les plus jeunes) qui ne se reconnaissent ni dans la laïcité délétère occidentale, ni dans la modernité. En associant Dieu et le communisme, l'islam s'imposerait désormais comme l'unique solution. Certains seront sauvés, les autres sacrifiés. Il ne s'agit pas de tuer pour tuer, affirme Carlos, mais de déstabiliser les pouvoirs, de ruiner les puissants en dissuadant les investisseurs et les touristes, d'atteindre psychologiquement la société civile, en bref d'« estoquer l'imagination collective par la peur ». La menace est ici directe, annonciatrice : « Désormais, il [terrorisme] va faire partie du paysage de vos démocraties pourrissantes. » L'islam révolutionnaire est pour Carlos plus qu'une religion, c'est un « contrepoison contre la sénilité morbide qui touche l'Occident », en opérant la synthèse des combats contre le colonialisme, l'impérialisme et le sionisme, et en fusionnant, d'un point de vue doctrinal, les principes sacrés de l'islam avec des modèles d'analyse et d'action socialistes, marxistes et nationalistes.

5e condition : une orthodoxie religieuse et politique. Carlos est conscient que toute révolution exige le support d'un dogme, d'une vérité inscrite de manière indélébile dans un corpus de textes sacrés. Pour lui, la doctrine islamique est à cet égard parfaite, « une et indivisible », puisqu'elle ordonne l'histoire des sociétés en les replaçant dans la logique ami/ennemi, et propose une contre-société dont les règles de vie sont compatibles avec l'esprit d'un Lénine ou d'un Mao : « [...] en mettant des freins au libre exercice du marché. La charia interdit le prêt à intérêt ; les pratiques et les règles financières islamiques sont solidaristes, contraires au travail de l'argent, immoral et créateur d'injustice. »

Cette identification du communisme dans l'islam peut surprendre, si l'on s'en tient au seul référent marxiste-léniniste, or l'idéologie communiste ne dépend pas d'un dogme unique. Selon les époques et les groupes, le communisme s'est réclamé de philosophies de la Grèce antique, des Évangiles ou des grandes utopies avant de s'identifier au marxisme-léninisme. Mais toujours, on retrouve pointé à la source du mal l'enrichissement individuel lequel doit être éradiqué pour mettre fin à la corruption politique, à l'éclatement des structures communautaires et des injustices sociales.

Ce rapprochement établi entre islam et communisme n'est pas d'aujourd'hui. Le sociologue Jules Monnerot s'y était essayé en 1949, dans un essai intitulé : *Sociologie du communisme, Échec d'une tentative religieuse au* XX*e siècle. L'islam du* XX*e siècle.* Dans cet essai, Monnerot met en avant la volonté commune au communisme et à l'islam de créer un seul empire sur la base d'une doctrine sacrée (religion séculière en ce qui concerne le communisme) et d'une organisation subversive de conquérants du monde. Sur le plan économique, il est intéressant de retenir des écrits musulmans plus anciens comme cette brochure éditée en français en 1922, dont le titre est éloquent : *Le Communisme de l'islam, tous les croyants sont frères*, de Cheikh Saadi. Dans cette brochure, trouvée à la bibliothèque marxiste de Paris, il est écrit que l'islamisme n'est pas seulement la traduction imagée du communisme, mais qu'il est le communisme même : « il suffit de lire le *Coran* pour s'en convaincre. » Cheikh Saadi se retrouve sur le terrain de Carlos en mettant en avant les interdictions concernant l'usure et la propriété : « ceux qui exercent l'usure ne sortiront de leurs tombeaux que comme des malheureux agités par le démon. O croyants ! Craignez Dieu et abandonnez ce qui vous reste encore si vous êtes fidèle. » Ce dernier rappelle que le *Coran* interdit le prêt avec intérêt, que Dieu ordonne le communisme par ses commandements et Mahomet par ses paroles et ses actes, lui qui ne laissa à ses proches aucun héritage. Plus encore pour Cheik Saadi, Mahomet aurait pratiqué la lutte de classe en défendant les intérêts de ses disciples, tout en prônant la non-possession de biens.

On pourrait comparer ces arguments avec ceux mis en avant par les communistes du XIXe et du XXe siècles lorsqu'ils tentaient de remonter à la source des sources de l'idée communiste. Les pères du christianisme étaient pour ces derniers des précurseurs avec, entre autres saint Cyprien, évêque de Carthage, qui condamnait le riche qui, par sa cupidité, mettait son âme en péril : « Oh imbécile a dit le seigneur, cette nuit encore on te demandera ton âme. » Mais aussi (seconde moitié du IVe siècle), saint Basile qui écrivait : « le pain que vous enfermez est à celui qui a faim ; l'habit que vous tenez dans vos coffres est à celui qui est nu ;

la chaussure qui se gâte chez vous est à celui qui n'en a pas : l'or que vous enfouissez est à celui qui est dans le besoin. » Mais le plus cité est certainement saint Jean Chrysostome et sa thèse que l'on peut résumer en une phrase, « la propriété privée a toujours son origine dans quelque crime ou injustice » ; avec comme unique solution la mise en commun de tous les biens :

> Dieu nous a donné le soleil, les astres, les cieux, les éléments, les rivières ; nous en jouissons tous en commun ; il n'y a rien de tout cela qui soit enfermé. Il n'y a point non plus de dépense, point de procès à leur sujet. Voici l'image et la loi de la nature. Et certainement la raison pour laquelle Dieu a fait ces choses communes, c'est afin de nous enseigner par ces exemples, à posséder aussi tout le reste en commun.

Sur ce plan Carlos rappelle que les chrétiens ont oublié toutes ces règles en s'éloignant de l'autel.

L'essai de Carlos serait sans intérêt, s'il n'était que l'expression isolée d'un terroriste frustré par l'inaction. Mais sa parole n'est pas un cri dans le vide, elle résonne à l'unisson de mouvements actifs, certes divers, voire opposés, mais unis dans la volonté de détruire le modèle démocrate occidental. Carlos est persuadé que l'islam deviendra le refuge de tous les souffrants de la planète, car au moment où « la ville brûle », où « les murailles sont prises », les populations savent qu'il leur faut gagner le donjon : « L'islam est aujourd'hui le donjon de l'Occident. »

Yolène DILAS-ROCHERIEUX
Professeure émérite à Paris X

PORTRAIT DE M. K., AFRICAIN, CONDAMNÉ À LA PEINE CRIMINELLE, CONVERTI À L'ISLAM[1]

M. K. est d'origine congolaise. Confié à l'âge de trois ans aux soins d'une grand-mère, il perdit tout contact avec sa mère. Quatre ans plus tard, avec cette même grand-mère, il rejoignit le domicile d'une tante en France. Il fut donc éduqué par ces deux femmes. À quatorze ans, il apprit le décès de sa mère. Il versa alors dans la petite délinquance. Son père, avec lequel il avait entre-temps noué une relation, le maltraita et le rejeta de son domicile lorsqu'il eut atteint l'âge de seize ans. C'est à la même époque qu'il abandonna la religion catholique pour se convertir à l'Islam, au contact d'une famille musulmane qui l'avait affectivement adopté, à la suite aussi de lectures comparatives de la *Bible* et du *Coran*, et de questionnements sur l'au-delà.

À l'âge de dix-huit ans, il fut condamné pour vols et connut une première incarcération. Son père mourut l'année suivante. Il vécut dès lors sous le toit de sa belle-mère, veuve de son père, avec laquelle il rompit toute relation trois ans plus tard.

À cette même époque, soit à l'âge de vingt-deux ans, M. K. noua une relation amoureuse de laquelle naquit un garçon. Les mésententes furent cause d'une rapide séparation du couple. M. K. perdit dès lors

---

1 Ces observations et cette réflexion relatives à un cas individuel de conversion à l'Islam sont le fruit d'une série de séances de suivi psychologique que j'ai assurées à l'endroit d'un détenu, ici dénommé M. K., au sein de l'Unité de Soins de la Maison d'Arrêt de Limoges. Il s'agit donc principalement d'une démarche de pensée clinique. Il est en effet rapidement apparu, lors de l'amorce de ce suivi psychologique et thérapeutique entamé durant la détention préventive et poursuivi après la condamnation, que cette question de la conversion religieuse occupait une place significative dans le discours du sujet en ce qu'elle dévoilait des enjeux identitaires. Les souvenirs et commentaires émergeant au fil des questionnements semblaient en cela éclairer des aspects divers et profonds de la personnalité, en ce compris dans les liens de sens entre cette dernière et les motifs éventuels du passage à l'acte criminel. Les déclarations qui suivent sont toutes tirées des entretiens tenus au cours des années 2015 et 2016.

tout contact avec son fils. Il s'engagea dans une nouvelle relation et dans un mariage dont naquit un second enfant. Mais en début d'année 2014, les tensions au sein de ce couple motivèrent l'épouse à envisager la rupture, tandis qu'il l'accusait d'infidélité. En mars de cette année, le couple décida d'un temps de séparation provisoire. M. K. prit location d'un appartement. En septembre, il refusa d'accéder à la demande de son épouse d'une reprise de vie commune.

En mars de l'année suivante, en recherche de dialogue et d'affection, il fit la rencontre et noua une relation sentimentale avec une jeune fille qu'il pensait être majeure. Cette dernière l'accusa de viol et, pour ce motif, il fut incarcéré le 5 avril 2015. Il nia cependant de façon constante la réalité des faits incriminés, soulignant les incohérences logiques des arguments de l'accusation et se présentant comme victime d'une profonde injustice.

En date du 29 mars 2017, M. K. fut condamné à treize ans de réclusion criminelle. Au terme d'une procédure en appel, sa peine fut réduite de deux ans. Un recours en Cassation a été introduit.

Cette rapide présentation biographique de M. K. nous servira de toile de fond pour l'analyse et la compréhension des enjeux identitaires questionnés à travers l'évolution de son discours relatif à sa conversion religieuse. Ces enjeux semblent en effet être de trois ordres :

- Enjeux d'une identité de fils et de garçon, d'homme et de mari, de père et de citoyen.
- Enjeux des identifications à la mère – tante – grand-mère, à l'épouse – maîtresse – victime, à l'enfant – fille.
- Enjeux de rapport à la Loi, à la limite, à la rupture, aux lois pénales explicites (relatives au viol) autant qu'aux normes et règles culturelles implicites (relatives à la sexualité).

On peut en tout premier lieu relever l'expression d'une chronologie d'apparition des thématiques successivement abordées dans son propos par l'intéressé, au fil des entretiens de suivi psychologique en maison d'arrêt.

La première thématique met en lien, d'une part, la référence au commandement divin du pardon et, d'autre part, l'affirmation d'un droit personnel à conserver le souvenir du mal subi et à en exprimer la colère ressentie. Ce propos est ainsi centré sur la désignation de la *faute* ou de la culpabilité de l'autre, faisant écho à l'explicitation des causes et enjeux du conflit conjugal : les infidélités et l'initiative de rupture de son épouse, sa propre solitude et son besoin de compréhension, sa bonne foi dans le début d'une relation avec une jeune femme qui se disait majeure… On peut donc y relever le caractère principal de l'ambiguïté et de l'ambivalence.

La deuxième thématique discursive se centre sur la notion de *contradiction*, qu'il s'agisse de contradictions historiques ou théologiques entre les prescrits et récits bibliques, par exemple entre l'Ancien et le Nouveau Testament, ou du caractère discordant de certaines pratiques religieuses chrétiennes au regard du message évangélique. Cette contradiction fondamentale est illustrée et soulignée par référence aux diverses qualités observées dans la famille et la communauté musulmane d'adoption : la générosité, l'entraide, le respect d'autrui, le pacifisme, la politesse, l'authenticité qui contrastent avec la rigueur normative des prescrits de la religion catholique qu'il connaissait auparavant.

Ce thème de la contradiction et de l'opposition va dès lors de pair avec celui de la réparation personnelle qui est expressif des enjeux identitaires déjà mentionnés. M. K. évoque le fait d'avoir été, à l'époque de sa rencontre avec cette famille musulmane, *hébergé comme un fils*… Il est ainsi question de stabilité et de constance retrouvées dans son existence. Ce qui témoigne dans le même temps d'un mouvement d'idéalisation, en écho à l'Idéal du moi. On peut de même trouver dans ce discours, à cet instant, la traduction langagière de mouvements de projection – identification à l'idéal paternel : lorsque, par exemple, M. K. dit « avoir toujours désiré que son fils vive son enfance pleinement, qu'il ait une enfance que lui-même n'a pu avoir […] ».

La troisième thématique centrale dans les réponses de M. K., par ordre chronologique d'apparition, est ensuite celle de la *religion* en tant qu'elle donne sens à la peine injuste tout autant qu'à l'expérience de l'épreuve qui ouvre à la capacité d'un progrès personnel. Pour M. K., « la pratique religieuse devient dès lors une ressource dans les moments difficiles […] ». Cette dialectique de la peine et de la réparation, de l'épreuve et de la résilience, est dès lors expressive du thème du bon objet, de l'ouverture du sujet à l'altérité. On y entend logiquement aussi la rencontre avec l'expérience possible de la confiance : « ne pas être voleur me permet de ne pas penser qu'on va me voler », dit M. K. Enfin, le développement de cette compréhension du fait religieux s'accompagne de la raison d'une disqualification du désir de vengeance en raison même de cette importance accordée à l'autre en tant que bon objet de confiance et de progrès personnel.

Le propos de M. K. relatif à la signification qu'il donne à la religion semble suivre et s'accorder aux enjeux de la peine judiciaire d'un point de vue symbolique. En effet, on peut y entendre successivement les notions de culpabilité et de rétribution, d'idéalisation et de réparation ou d'amendement, de confiance et d'altérité en même temps que de responsabilisation et de restauration.

La quatrième thématique est expressive de l'importance de la *pratique cultuelle.* M. K. cita de la sorte, de manière successive :

- La lecture du *Coran* à deux reprises en totalité, de façon fréquente au début de sa conversion
- La récitation des cinq prières quotidiennes
- La pratique du Ramadan en ses diverses obligations
- Le projet personnel de faire son pèlerinage à La Mecque lorsque ses enfants auraient grandi.

Le cinquième temps thématique est porteur des *significations théologiques et morales* de sa condamnation pénale tout autant que de sa pratique religieuse. L'expression de ces significations dans le discours de M. K. vise tout à la fois le vécu de la peine et celui de la pratique religieuse.

Concernant cette dernière M. K. fait ici encore preuve d'une ambivalence intérieure en raison d'un mouvement alterné entre une affirmation catégorique et moraliste, normative ou surmoïque (« la pratique de la religion est un devoir ! ») d'une part, et le constat d'un bénéfice, d'un agrément personnel, sur un mode hédonique (« elle lui a apporté paix et patience ! »). De telle sorte que c'est en raison de ce bénéfice personnel qu'il précise, d'autre part, s'être raccroché à Dieu et s'en sentir plus léger. Il apparaît dès lors que ce temps du discours relatif à la signification de la pratique religieuse témoigne de la résurgence de mécanismes psychiques sur un mode et autour de symboliques archaïques et préœdipiennes : accrochage à une figure divine, nourricière et idéale, ayant valeur d'étayage rassurant en même temps que préoccupation de restauration narcissique et de réparation du moi, centrage d'une opinion morale hédonique sur l'idée d'un bénéfice, d'un plaisir personnel.

Par ailleurs, le sens donné à la peine par M. K., en écho à cette perception de la signification de sa pratique religieuse, renvoie prioritairement à l'idée d'une causalité fonctionnelle, à la conviction irrationnelle de la fatalité des conséquences d'une culpabilité : « la peine est méritée [...], tout se paie ! Le mal qu'on subit (entendons ici la souffrance de l'incarcération) est la conséquence d'un mal fait à d'autres personnes auparavant [...] » Une telle affirmation se montre à l'évidence fondée par la logique de la culpabilité factuelle plutôt que de la responsabilité morale en tant que capacité de réponse personnelle. Elle apparaît aussi justificative du caractère fatal et nécessaire de la peine rétributive sans que cette dernière soit cependant rapportée à la reconnaissance personnelle d'une faute.

Cette prise de position intérieure face à la question de la peine témoigne donc à nouveau de l'activité de processus mentaux archaïques, sous la forme de mécanismes de rationalisation défensive. Et M. K. de dire dès lors : « j'ai peut-être été protégé en prison d'un mal plus grave qui me serait arrivé en liberté, ou d'une peine plus grave que la prison dans l'au-delà [...] » Ce qui laisse entendre, au cœur de cette affirmation, le fondement logique du déterminisme du *Mektoub*, de ce qui est écrit par avance et pour un bien supérieur à celui du désir personnel. Cette même logique implique ici aussi une notion de malédiction héréditaire, laissant entendre qu'on puisse souffrir en raison de la faute d'autrui : « [...] car il y en a qui devaient payer [...] »

Cette approche d'une chronologie des thématiques du discours de M. K. nous autorise à présent à relever, de façon plus générale, la constance de mécanisme de déni, dans le sens analytique de déni du réel, de *Verleugnung* freudienne qui est symptôme d'une problématique de rapport à la Loi et de résolution œdipienne. Il faut y entendre le fait d'un processus mental inconscient d'annulation de la reconnaissance du réel limitatif au profit de celle du primat de la jouissance. Au fondement de toute croyance ou pensée magique, ce processus implique donc aussi la valorisation défensive de l'ego et la destruction de l'objet, de l'autre[2].

Il est tout d'abord question, au fil des réponses et commentaires de M. K., d'un déni de la différence faisant pendant à la disqualification du religieux. Ainsi, M. K. soutient par ses dires une compréhension

2 O. Mannoni, « Je sais bien mais quand même », *Clés pour l'imaginaire ou l'Autre Scène*, Paris, Seuil, 1969.

relativiste de l'appartenance communautaire et de l'identité sociale en ce qui le concerne. Parlant donc de sa conversion à l'Islam, il dit qu'il s'agit seulement d'une différence de pratiques… Selon lui, « il n'y a pas de différence dans le sentiment d'appartenance à une communauté religieuse et dans les relations sociales […] ». De même, « il n'y a pas de différence dans la moralité du comportement car c'est une affaire de personne […] ». Et de préciser que « toutes les religions (monothéistes) sont semblables en leurs règles, leurs coutumes […] ».

Par ailleurs, dans cette perspective, le processus primaire d'idéalisation trouve son expression concrète et consciente dans la valorisation idéaliste de la figure divine, d'un absolu transcendantal en tant que figure protectrice : « c'est Dieu qui l'aide à vivre et supporter son incarcération, et non pas l'Islam comme tel […] ».

La justification de la conversion religieuse s'appuie de ce fait aussi sur l'argument d'une raison personnelle et singulière, essentiellement dichotomique et contradictoire. Il explique que c'est « en raison d'un questionnement métaphysique sur l'au-delà et par réaction personnelle aux contraintes de son éducation catholique très stricte qu'il prit la décision de se convertir à l'Islam ». De telle manière que l'on voit s'établir dans ce propos, une forme de convergence entre l'idéal métaphysique transcendantal, symptomatiques des mouvements défensifs archaïques d'idéalisation, et l'expression concrète des circonstances de la problématique identitaire.

Le second mouvement de déni du réel porte à l'évidence sur la réalité du changement que constitue le mouvement de conversion, en ce que ce dernier est immédiatement accompagné, dans le commentaire personnel, d'un mouvement d'accrochage au sens radical et permanent de la règle. M. K. dit de la sorte « qu'il n'existe en fait que des reconversions car tout un chacun d'entre nous est déjà croyant […] ». Ce qui autorise la réaffirmation de la culpabilité personnelle en même temps que celle de la figure divine idéale, omniprésente, bienveillante et réparatrice : « en commettant mes bêtises et délits, j'étais absent à Dieu, je n'y pensais pas, j'étais ingrat à son égard […] » Pratique religieuse et délinquance apparaissent ainsi comme deux thèmes en permanent dialogue, sur fond des enjeux d'inscription identitaire dans le temps (« […] par ma conversion, j'ai suivi l'ordre chronologique des religions monothéistes […] ») ou dans l'espace sociétal (« […] la religion m'a permis d'arrêter mes bêtises, du moins en partie […] »).

Ce second temps du déni ouvre alors enfin à la question fondamentale de la raison justificative du choix de la nouvelle religion d'appartenance. Et la réponse à cette question témoigne à nouveau du besoin de cohérence interne par le biais d'une inscription identitaire dans un groupe sociétal clairement régulé, normatif et normalisant : « la religion musulmane est bonne car ses membres la pratiquent au mieux, correctement [...], ils respectent les règles [...] » Cette quête de correction dans le respect de la règle cultuelle fait écho vraisemblablement à un profond besoin de reconstruction identitaire et de restauration d'une cohérence entre l'intrapsychique et la conscience sociale, comme entre conviction intime de foi et pratique religieuse.

En guise de conclusion, l'écoute du propos de M. K. relatif à sa conversion à l'Islam offre l'intérêt de pouvoir retenir un certain nombre d'observations cliniques faisant traits entre la problématique de réaménagements identitaires chez un sujet condamné pour agression sexuelle et la thématique de la conversion religieuse qui leur sert de révélateur.

Le premier constat est celui de la constante expression de la fragilité des assises identitaires. Les mouvements occasionnels d'ambivalence affective et de contradiction logique et, plus encore, les recours au mécanisme défensif du déni du réel semblent attester de la gravité de cette fragilité psychique. Cette dernière doit d'ailleurs aussi être considérée au regard de la réalité d'un déracinement culturel et des circonstances particulière d'une jeunesse marquée par des ruptures de lien familial, des pertes et rejets, des difficultés d'insertion sociale.

Le second constat qui nous retient ici a précisément trait à la portée symptomatique de ce mécanisme de déni du réel dans l'expression d'une conviction religieuse. Car toute croyance, dans le sens de l'attachement à un idéal métaphysique et donc irrationnel, présente l'apparence première de la pensée magique et, par conséquent, de ce mécanisme psychique de déni du réel. La question est donc de savoir en fonction de quel critère une conversion religieuse serait la traduction de cette pensée magique, de nature archaïque, infantile et égocentrée ou, au contraire, d'une foi qui suppose l'accès à la confiance en l'autre et la tolérance à l'incertain. Ce critère ne peut dès lors qu'être celui de la prise en compte de la valeur que constitue l'autre en tant que bon objet réel, de toute la place que le sujet se doit de lui accorder. La conversion religieuse apparaît en cela une chance tout autant qu'un risque majeur de pouvoir ou non faire preuve d'une maturité morale.

Enfin, la question se pose de savoir en quoi l'Islam présente des caractéristiques telles que la conversion en sa direction puisse se comprendre sur fond des observations cliniques et criminologiques qui précèdent. Cette question revient à interroger les liens de sens entre la psychologie (ou même la psycho-criminologie) et la pensée religieuse. Mais elle revient aussi et plus radicalement à questionner le sens de convergences de sens entre un mode de représentations symboliques de liens entre réel et imaginaire d'une part et, d'autre part, une grille de définitions et interprétations de symptômes en psychopathologie. Ce qui revient à poser la question des rapports entre culture et science.

Jean MOTTE DIT FALISSE
Docteur en criminologie
Psychologue clinicien
Maître de conférences
Directeur du master
interdisciplinaire
de criminologie critique
Directeur du DU
de criminologie interculturelle
Faculté de droit de l'université
catholique de Lille

DIAM'S, UN JOYAU POUR L'ISLAM ?

Comme j'aurai l'occasion de le redire en conclusion de ce colloque, il ne s'agit pas de n'y produire que de beaux exemples de conversion, des conversions qui attirent l'attention, voire qui se laissent admirer, – quitte à ce qu'on les désapprouve selon son *credo* ou non-*credo*.

La conversion à l'islam des seuls membres de ce que l'on appelle « élite » n'est pas son sujet. Comme on le sait en effet, le phénomène de la conversion est large et touche des milieux fort divers. Il est, notamment, relativement important dans les fameux « quartiers ». Organisateur du colloque, j'ai vainement cherché des volontaires pour parler de tel ou tel de ces convertis « populaires », ce qui m'aurait permis de prendre un sujet – disons – plus relevé[1]. Mais il est à croire que nos chercheurs du CRICES ne s'adonnent qu'à des sujets éminents, aussi ai-je dû – pardonnez-moi l'expression – m'y « coller ». Et j'ai finalement jeté mon dévolu – en tout bien tout honneur – sur Diam's dont je ne connaissais à peu près rien si ce n'est la célébrité d'artiste et la conversion à l'islam qui n'était pas passée inaperçue du fait – paradoxal – qu'elle s'était… voilée de la bonne manière.

Si je me permets de vous dire cela, ce n'est pas pour que vous admiriez mon abnégation pour m'être consacré à un tel sujet, car, après tout, un travail, disons « léger » et peu conceptuel sur une « star » aurait pu être l'occasion d'une agréable détente. Si je vous dis tout cela, donc, c'est pour vous témoigner du fait que, contre toute attente, l'étude du cas « Diam's » s'est révélé pour moi tout à fait intéressante en raison de la personnalité attachante qu'elle révélait.

Dans cette communication, je vous propose donc : 1) de donner des repères biographiques et bibliographiques préalables ; 2) de faire état de quelques passages de son *Autobiographie* et de ce que l'on pourrait appeler ses « ressentis », « émotions » et « émois » divers et multiples, lesquels constituent le fond de sa conversion à l'islam ; 3) de réfléchir à la nature de cette conversion.

---

1 La contribution de Jean di Falisse constitue une exception.

REPÈRES

Quelques repères, donc. Mélanie Georgiades est née le 25 juillet 1980 à Nicosie de mère française et de père chypriote grec. Sa mère s'installe en France, Mélanie ayant alors trois ans. C'est donc sa mère qui l'élèvera après que son père, de toute façon absent à tous les sens du terme, eut divorcé. Elle sera proche de ses grands-parents français, catholiques fervents, mais qui ne lui transmettront rien. Elle passe son enfance à Paris, puis dans le département de l'Essonne, jusqu'à l'âge de treize ans. Elle poursuit sa scolarité à Igny au collège Saint-Nicolas. Plus tard, elle emménage à Massy puis à Orsay dans un quartier pavillonnaire. Il est à noter qu'elle se donnera toujours une identité de « banlieusarde » – « Je suis une petite banlieusarde », chante-t-elle dans *France profonde* – identité qui ne correspond peut-être pas tout à fait à l'imaginaire associé à cet adjectif. Elle découvre le rap qui devient rapidement tout pour elle. Il faut dire que sa mère a travaillé un temps dans le milieu artistique, ce qui a permis à la jeune Mélanie de côtoyer nombre d'artistes reconnus – notamment rappeurs. Elle se met elle-même à chanter et à monter des groupes – le premier avec un copain de classe, alors qu'elle n'est qu'en classe de 3e. Elle connaît rapidement le succès en raison de sa fougue et de son talent tant pour le chant et la gestuelle que dans l'écriture des textes. Grande liseuse, Mélanie aime aussi beaucoup écrire. Elle dira : « Plus tard, même dans les plus grandes épreuves que j'aurais à affronter, je ressentirai encore ce besoin de tout consigner. Je ne vivais pas, j'écrivais ma vie[2]. » Elle prend le nom de « Diam's » en 1995, « apprenant qu'un diamant ne peut être brisé que par un autre diamant et qu'il n'est fait que d'éléments naturels ». La même année, c'est-à-dire à l'âge de quinze ans, elle tente de se suicider en ingérant force médicaments. Son second album, *Brut de femme*, lui vaut un disque d'or. Il est à noter qu'elle se présente et agit comme une artiste engagée – ce qu'elle est sans doute – … mais la chose n'était certes pas de nature à nuire à sa carrière… Qu'on en juge : Elle s'engage en faveur des sans-logis de Cachan ; elle participe à des activités d'*Amnesty International ;* prenant des risques inconsidérés, elle écrit une chanson, « Marine », dans laquelle elle attaque violemment Marine Le Pen :

---

2 Mélanie Georgiades, *Autobiographie*, Paris, Points, 2013, p. 29.

Marine [...] Regarde-nous, on est beaux
On vient des quatre cœurs du monde, mais pour toi on est trop.
Ma haine est immense quand je pense à ton père [...]
Marine, pourquoi es-tu si pâle,
Viens faire un tour chez nous, c'est coloré, c'est jovial !
Marine, tu t'appelles Le Pen,
N'oublie jamais que tu es le problème d'une jeunesse qui saigne.
[...] Donc j'emmerde, j'emmerde qui ?
Le Front national[3] !

Mais ce n'est pas tout. Bravant à n'en pas douter la prison, elle s'en prend également à « Sarko le démago » qu'elle qualifie courageusement de « facho » dans sa tendre bluette intitulée « Ma France à moi ». Elle interprètera d'ailleurs ce titre sur le plateau du grand journal de Canal+ en duo avec Jamel Debbouze – qui lui était devenu un ami et une aide, – et en présence de Ségolène Royal alors candidate à la présidence de la République.

En 2006, pendant une campagne d'*Amnesty International* contre la violence que subissent les femmes, elle apporte le témoignage suivant :

> J'avais 17 ans. Outre des violences physiques, je subissais un harcèlement psychologique destructeur. Je n'ai pourtant jamais porté plainte. Parce que j'avais peur. Parce que c'était la honte. Parce que, quand on est jeune, ça fait partie des codes : on ne porte pas plainte à la police[4].

Elle finira par faire de cette expérience le sujet d'une chanson : « Ma souffrance » qui connaîtra un grand succès.

Je passe vite sur le reste de sa carrière. Elle vole de succès en succès, fait des tournées triomphales, en France comme à l'étranger. À l'été 2006, elle obtient un disque d'or pour sa chanson « La Boulette » ; puis, début janvier 2007, un disque de diamant pour l'album *Dans ma bulle*. Elle gagne – on le devine – beaucoup d'argent, achète un puis deux appartements pour sa maman, crée trois sociétés, qu'elle gère d'une main de fer, avec succès. Le 25 juin 2007, Diam's fait son entrée au musée Grévin.

Il est important de noter qu'elle entretient un contact chaleureux et proche avec un public qui l'adule et auquel elle se donne totalement. « Je parlais beaucoup et sollicitais énormément le public », écrira-t-elle[5].

3 *Ibid.*, p. 82-83.
4 https://fr.wikipedia.org/wiki/Diam%27s (dernière consultation : le 27 mars 2021).
5 *Ibid.*, p. 66.

En apparence, tout va donc pour le mieux.

Pourtant, Diam's a connu en 2008 une véritable « descente aux enfers » qui la conduira à une possible tentative de suicide, à deux internements… et à une conversion à l'islam.

Après quoi, elle reviendra avec un nouvel album *SOS*, en décembre 2009, qui connaîtra également un immense succès. Cet album qui, sans jouer sur les mots, voile et dévoile, ne révèle pas sa conversion. Et d'ailleurs, même si elle est convertie dans son cœur, rien ne change sur scène : les paroles de ses dernières chansons ne sont pas moins agressives ni sa danse moins sauvage. Pourtant Diam's est en fait bien morte pour avoir donné renaissance à « Mélanie » – son nom de baptême –, mais aussi le nom sous lequel elle voudra bientôt être connue comme « soumise » à Allah.

La métamorphose intérieure est réelle et, autant qu'on en puisse juger, heureuse. De fait, elle quittera tout – « Un jour je me suis tue, et je suis partie sans dire au revoir », écrira-t-elle, – se mariera, divorcera, se remariera et publiera deux livres fort intéressants. Le premier, paru en 2012 est *Autobiographie* ; le second, qui reprend partiellement le premier, paru en 2015 est *Mélanie, française et musulmane.* On peut également signaler le livre de son second mari, le franco-tunisien Faouzi Tarkhani, *Mal Vu*, qui a pour sous-titre *Témoignage d'un salafiste qui condamne le terrorisme.* Mélanie a aujourd'hui deux enfants : Maryam, de son premier mari, et Abraham de son second. Elle vit tranquillement à la campagne, non recluse[6].

CE QUE DIAM'S DIT D'ELLE-MÊME

Sauf la citation portant sur les violences que Diam's a subies, nous n'avons fait jusque-là que résumer sa vie et sa carrière. Il s'agit maintenant de considérer la manière dont elle-même les comprenait, et notamment sa conversion. Remarquons que l'on pourrait, en se basant sur les paroles de ses chansons, trouver bien des informations à leur sujet, puisqu'elles expriment à l'envi non seulement ses « idées » – c'est

6 Depuis cette communication, elle a résidé en Arabie saoudite, dont elle est revenue.

quelquefois beaucoup dire – mais, comme on dit, son « vécu ». Il n'y a d'ailleurs pas lieu de s'en étonner : serait-ce faire injure au rap que de relever qu'il exhibe volontiers *toutes* ses émotions, et plus particulièrement ses « révoltes », sa « rage », sa « haine »… et que sais-je encore ? « Que sais-je encore ? », mais aussi parfois, il est vrai, de l'amour ou des confessions douloureuses, propres à établir ce rapport fort et intime avec le public dont nous avons parlé. Donnons-en un exemple :

> Aujourd'hui j'ai 15 ans, paraît qu'tout va bien dans ma vie,
> En vrai, j'fais semblant, mais j'maccroche et j'respire.
> J'fais partie de ces jeunes perdus, souriant par politesse,
> Entourés, mais pourtant si solitaires.
> Quinze ans de vie, trente ans de larmes,
> Versées dans le noir quand le silence blessait mon âge,
> Le cœur balafré de rage, j'aimerais pouvoir vivre en marge.
> Cette vie de m**** n'a que le goût de somnifère,
> […]
> Si vous saviez, seule dans ma chambre, comme je souffre.
> J'ai le mal de l'ado en manque, à bout de souffle,
> Eux, ils sont forts, moi, je ne suis rien,
> Rien qu'un môme en tort face à l'adulte, je le sais bien.
> Ne rabaissez pas un jeune qui peut paraître à l'abri,
> Car vos mots le pousseront à mettre un terme à sa vie[7].

Sachant le caractère autobiographique de ses chansons, on ne s'étonnera pas que Diam's en ait intégré de longs passages dans son… *Autobiographie*, précisément. Pour autant, c'est essentiellement à cette dernière que nous allons nous attacher maintenant, parce que, postérieure à la conversion, elle appartient au temps de la réflexion, mais aussi, sans doute pour une part, d'une inévitable *réinterprétation* – consciente ou inconsciente.

« J'ai longtemps couru sans me questionner sur le but que je visais, mais cette course haletante, trépidante m'a finalement usée et déçue. » Cette phrase de la préface est – sans doute – l'indice de cette réinterprétation. Que la « course » ait été « haletante » et « trépidante » ne fait pas de doute. Diam's a vécu dans un tourbillon presque permanent au point que son lecteur lui-même en éprouve parfois le tournis. Pour autant, la formule « sans me questionner sur le but que je visais » n'a, notons-le, strictement aucun sens. Pourquoi ? – Parce que s'il n'y

7 Mélanie Georgiades, *Autobiographie*, *op. cit.*, p. 91-92.

avait pas encore de « but », il n'y avait par conséquent pas de « visée » possible. Ce que Diam's veut dire ne vaut donc que *rétrospectivement :* à savoir que, déçue de multiples façons – quoique comblée de beaucoup d'autres – elle a peu à peu expérimenté le vide, l'esseulement, et une absence de « sens », un « sens » dont elle a fini par présumer et poser l'existence, avant de le trouver, « comme par hasard », – mais de façon circonstanciée tout de même, – dans l'islam. Mais pourquoi parler de présomption d'un sens ? – Parce qu'un homme peut toujours se dire – tel Montaigne – qu'il lui suffit que d'être, qu'exister *fait* à lui seul sens pour celui qui existe sans que la vie *doive* receler pour autant un sens *intrinsèque* – un sens dont la découverte serait précisément le « but » à « viser ». Par conséquent, penser la vie, le monde et l'être sous l'égide d'une intelligibilité et d'une signification ultime est en fait la marque d'une âme religieuse expérimentant un « manque » existentiel – c'est le religieux fondamental qui gît au fond de toute religion en somme – et cette dimension profondément religieuse, il est évident que Diam's ou « Mélanie » l'avait, en eût-elle tardivement pris conscience donc et l'eût-elle rétrospectivement inscrite dans le cours entier de son existence.

L'*Autobiographie* témoigne de nombreuses blessures existentielles. L'absence d'un père dont elle a eu le sentiment très cruel qu'il l'avait abandonnée ; une grande difficulté de communication avec sa mère, bien qu'elles s'aimassent profondément ; la violence subie, on l'a vu ; le cours plein d'artifices d'une vie débridée de star ; l'éloignement des premiers amis et bien d'autres choses expliquent largement que la musique – pour être sa « passion » – se donnait également, tout naturellement, pour un divertissement ou un refuge :

> Je ne courais ni après la gloire ni après l'argent, mais après l'amour. Je voulais que l'on m'aime, parce que toute ma vie j'avais manqué d'attention. Entendre des centaines, des milliers de personnes te déclarer que tu es importante pour eux, c'est comme si on me témoignait enfin ce que j'attendais depuis l'enfance[8].

Or, une cruelle solitude attend le plus souvent la *star* qui, après une tournée triomphale retourne dans un chez-soi étranger et hostile, aussi luxueux soit-il.

8 *Ibid.*, p. 113.

Voici ce qu'elle écrit sur la période suivant l'obtention du titre du « meilleur disque de rap » aux Victoires de la musique de 2004 :

> Je vivais à un rythme intense depuis plus d'un an et il m'était difficile de retourner à une vie « normale ». Je supportais de moins en moins l'inactivité. [...] Le silence m'angoissait [...]. Dès que j'étais seule, et que je redevenais Mélanie, je ne pouvais que faire le constat de mon mal-être, de ma carence d'amour, de mon manque de repères[9].

Mais peu à peu, elle comprend qu'elle est dans une impasse :

> Autour de moi, tout était instable, superficiel, je chavirais d'un endroit à un autre, d'un projet à un autre sans jamais lever le pied ni faire le point. Cela m'empêchait de réfléchir au sens de ma vie. Plutôt que de me poser les bonnes questions, je préférais me noyer dans la musique et me fixer la réussite comme seul et unique but. Je ne m'interrogeais sur rien en dehors de ma passion. Par tous ces subterfuges, je ne faisais que fuir l'essentiel[10].

Devenue tout à fait lucide, elle en viendra à incriminer le rap lui-même, lequel lui aurait « gangréné » l'existence :

> À peine sortie de l'enfance que j'étais déjà dévorée par cette passion. Je me ne rendais pas compte que là prenait racine une gangrène qui, au fil des années, viendrait me bouffer le cœur. [...] Pour cette passion, je suis passée à côté d'une vie de famille, j'ai perdu des amis, délaissé les études ou la chance d'avoir un vrai métier [...][11].

À ce point, il est important de comprendre que Diam's est une jeune femme saine aspirant en profondeur non pas à la gloire, mais à une vie « normale ». Et, sous ce rapport, le caractère que l'on peut juger frénétique de ses chansons s'est révélé n'être qu'une apparence dont elle a fini par prendre la mesure de l'inanité :

> Ma vraie nature, à l'origine, est d'être une nana réservée, très pudique et très complexée, toujours mal à l'aise, jamais à sa place, atypique sûrement, mais pas extravagante. J'avais toujours détesté que l'on me remarque, puis DIAM'S avait envahi mon monde et, à force de vouloir que cela dure, je me suis prise au jeu de la célébrité[12].

9 *Ibid.*, p. 76.
10 *Ibid.*, p. 78.
11 *Ibid.*, p. 103.
12 *Ibid.*, p. 120.

Au bout du compte, c'est un instinct de survie qui a fini par briser l'artifice de la « cage dorée » qu'était devenue sa vie. Mais cela se fit très douloureusement, puisque par le détour de l'hôpital psychiatrique. Or c'est au point de son récit – d'ailleurs fort intéressant et lucide – qu'on trouve l'étonnant passage suivant :

> Je crois qu'à cette période de ma vie, j'avais grandement besoin de Dieu. Je ne l'exprimais pas, je ne le percevais pas encore comme une chose primordiale, mais moi qui avais toujours eu la foi, je ressentais le besoin de Lui parler [...].
>
> Au fond de mon cœur, je me définissais comme musulmane, sans que la foi ait pénétré mon être [...].
>
> En tout cas, depuis dix ans, j'entretenais une certaine ambiguïté. J'avais été éduquée dans le christianisme, mais avais fréquenté une grande majorité de musulmans durant mon adolescence [...].
>
> Je jeûnais les mois de Ramadan, ne mangeais plus de porc depuis longtemps ; à côté de ça, je ne savais pas qui était Dieu, qui étaient Ses Prophètes, ce qu'Il vouait pour les êtres humains, je ne m'interrogeais pas sur le sens de ma vie et de ma mort [...][13].

Pourquoi inattendu ? Parce *rien* n'avait été dit jusqu'alors de cette curieuse identité musulmane. Et que le passage tout entier, manifestement très construit, brise le cours du récit. Notons bien qu'il ne s'agit pas encore de conversion, laquelle interviendra plus tard. Mais le texte montre déjà que Diam's, qui n'avait pas encore lu le *Coran*, appartenait d'une certaine façon, via son milieu de *rappeurs* à l'univers musulman, qu'elle y baignait en partie, qu'elle en était imprégnée, qu'elle y trouvait des références, des usages et des pratiques, et cela d'autant plus que, à son propre témoignage – comme nous l'avons signalé, – la foi chrétienne des siens ne lui avait pas été réellement *transmise.*

Nous ne pouvons donner tous les détails de la suite des événements. Deux amies ont joué un rôle important : Charlotte la catholique qui *l'engueula* – c'est le mot qui convient – de façon salutaire :

> Tu nous soûles avec Diam's ! Tu crois que c'est ça, la vie ? Chanter ? Rapper ? nan, c'est pas ça, la vie, Mélanie ! T'es une femme, t'as une maison, un jour, tu te marieras peut-être, tu auras des enfants et c'est ça, la vie ! Tu te prends trop la tête avec ta carrière, ton rap, tes histoires à deux balles, tes clashs à

13 *Ibid.*, p. 162.

> deux balles. [...] Va falloir te reprendre en main, là ! Moi, je veux bien t'aider, mais il faut que tu te bouges maintenant[14] !

Engueulade qui l'engage à commencer une nouvelle vie, discrète et modeste, et d'abord à apprendre à conduire... Et puis Souson, leur amie commune à elle et Charlotte, mais musulmane, elle, qui lui apprend un soir la prière à sa demande :

> Un soir que nous étions toutes les trois, je me suis sentie prise de court, lorsque Sousou a déclaré : « Bon, les filles, je reviens, je vais prier. » Je ne sais pourquoi, mais je lui ai dit : « Sousou, s'il te plaît, moi aussi j'ai besoin de prier, laisse-moi prier avec toi. » [...] Alors, pour la première fois de ma vie, je suis entrée en prière[15].

Il est important de remarquer que, pour l'essentiel, la conversion de Diam's paraît s'être effectuée de son seul fait. Elle lit seule le *Coran* ; elle s'enivre des beautés de la nature qu'elle rapporte au Créateur ; c'est « Allah » qu'elle prend pour témoin de sa conversion, prononçant la formule rituelle qui la fait musulmane.

Cette voie personnelle venant dénouer une impasse morale et existentielle profonde paraît assurément authentique. Mais ce serait une auto-conversion en somme.

NATURE DE CETTE CONVERSION

En apparence, cette conversion peu orthodoxe est marquée du sceau de la plus entière sincérité ; en même temps, la relation qu'elle en fait ne va pas sans semer quelque doute – non pas sur son authenticité –, mais sur son caractère tout à fait ou *seulement* personnel.

Il est clair en effet que l'on a affaire à un *discours* de conversion religieuse. Un discours qui, certes, peut « dériver de la nature même des choses », en l'occurrence des choses religieuses, pour parler comme Montesquieu, mais qui ne s'en s'inscrit pas moins dans une typologie

14 *Ibid.*, p. 183-184.
15 *Ibid.*, p. 189.

repérable. Donnons-en quelques exemples (mais je ne peux les *développer* tous) :

- Cette formule : « Pour la première fois, j'étais convaincue qu'Il m'entendait[16]. » Qu'est-ce que cela peut bien vouloir *dire* ?...
- L'affirmation réitérée et appuyée *ad nauseam* du « bonheur » trouvé dans la prière ;
- La mention lancinante, jusqu'au ridicule pour tout dire, des « larmes » que Diam's dit répandre alors qu'elle s'émerveille de tout et de rien ; c'est le pendant du « tout est grâce » des mystiques, mais sans l'expérience mystique tout de même...
- Le fait troublant que ce Dieu bonasse, créateur de toute merveille, a tôt fait de devenir « son » Dieu, son allié, voire celui de sa vengeance. Cela fait penser à ce que disait le théologien Olivier Clément des fanatiques (il parlait en l'occurrence de certains chrétiens), à savoir que : « Leur Dieu, c'est leur vengeance. »

Voyons cela d'un peu près dans le passage suivant :

> Mon cœur se mit à vivre et à ressentir des choses que j'étais incapable de décrire ou de nommer tant cela m'était nouveau.
>
> Je L'avais toujours aimé, mais aujourd'hui je savais pourquoi. Je me retrouvais dans toutes Ses valeurs[17].

Première remarque : ce langage est celui, classique, de l'« ineffable » et de l'« incommunicable ». Seconde remarque : il est bizarre de dire avoir « toujours aimé » Celui qu'on ne connaissait pas... Troisième remarque : il est curieux de parler de « valeurs » en ce qui concerne Dieu : appartiendrait-il à un homme de partager avec « Lui » les mêmes « valeurs » ?

Ce discours des valeurs paraît bien, pour le coup, emprunté à l'usage politique débridé qui en est fait de nos jours. Et Diam's de poursuivre : « Et je me disais que si Mouhammed – éloge et paix d'Allah sur lui – était l'auteur de ce livre – j'ignore pourquoi, mais c'est ce que je m'étais mis en tête – [...][18] ». Ici Diam's fait référence au fait que Mahomet est réputé ne pas avoir écrit le *Coran*, fût-ce sous inspiration, mais l'avoir reçu

16 *Ibid.*, p. 195. Elle ajoute : « Prosternée, je m'étais rapprochée de Lui. » Mais se mettre plus bas que terre, est-ce là « se rapprocher » ?

17 *Ibid.*, p. 211. L'idée que Dieu puisse avoir des « valeurs » sonne bizarre.

18 *Ibid.*, p. 219.

comme un texte « descendu » ; et elle *feint* de s'étonner de n'avoir pas tenu d'emblée le *Coran* pour totalement divin, voire incréé... comme si c'était la première idée qui venait à l'esprit ! Elle continue : « [...] alors j'étais en accord avec tous ses principes. Il était sans aucun doute un vrai Prophète et devenait à mes yeux l'être le plus juste de la terre[19] ». Commentons à nouveau. « À mes yeux » : on peut identifier là une construction du désir : il *fallait* que « le Prophète » fût le meilleur des hommes. Pour qui ? Pour moi... Un « moi » qui se met subrepticement au centre du jeu (ou du « je », faudrait-il dire). Le texte se prolonge : « Je me souviens que je demandais à Dieu : « Ô mon Dieu, dis-moi qui est Mouhammed, ai-je le droit de l'aimer autant[20] ? » Là aussi, la chose paraît peu naturelle, pour ne pas dire loufoque : poser la question du droit d'aimer « autant » le « Prophète » ! C'est le langage de la fausse humilité, C'est-à-dire de l'humilité affectée, langage que l'on peut toujours tenir, mais dont il est douteux que son auteur puisse l'intérioriser. On notera que c'est un discours que l'on peut rencontrer au demeurant aussi bien dans le judaïsme que dans le christianisme ; en substance : « Seigneur, que suis-je, moi ver de terre, pour lever les yeux vers Toi... » Continuons : « Ô Seigneur, montre-moi la vérité, Ta vérité[21]. » Là aussi, c'est très significatif : il ne s'agit pas de *la* vérité, laquelle est ce qu'elle est et rien d'autre, *nihil aliud* aurait dit Spinoza, mais de « *Ta* vérité ». Autrement dit ici : la vérité ne saurait être que musulmane pour être recevable.

Et nous en arrivons au glissement signalé :

> Et puisque Tu sais tout, sois témoin du mal que m'infligent tous ces gens qui m'accusent à tort d'être mauvaise [...]. Montre-moi qui sont mes amis, mes ennemis et les hypocrites autour de moi[22].

On pourrait s'étonner de ce brusque passage d'une adoration supposée désintéressée à cette demande qui est faite à Dieu de lui révéler ses ennemis... à elle, Diam's.

Mais changeons de registre, comme y invite le texte. Le discours de la conversion déploie une parole non seulement d'accusation *ad extra*,

19 *Ibid.*, p. 219-220. On constate que si Allah a des « valeurs », Mahomet, lui, a des « principes ».
20 *Ibid.*, p. 220.
21 *Ibid.*
22 *Ibid.* La catégorie *d'hypocrite* est essentielle dans le *Coran* pour lequel l'incroyant ne saurait être sincère. La suspicion rétrospective s'exerce à plein dans la page suivante, *ibid.*, p. 221.

mais de culpabilisation *ad intra.* C'est ainsi que Diam's parle de son « ingratitude » passée :

> Je prenais conscience de l'ingratitude dont j'avais fait preuve jusqu'à présent.
> Avais-je déjà remercié Dieu pour tout ce que je mangeais, buvais, dégustais ?
> Pensais-je jusqu'ici que tout cela était un dû : boire à sa soif, manger, et combien de fois par gourmandise, dormir la nuit, vivre le jour par la lumière du soleil[23] ?

On aurait pu penser que Dieu, en créant une créature vivante l'avait aussi pourvue d'un kit de survie, et que cela n'est pas merveille ou une grâce insigne s'il lui arrive de manger... Mais non ! Accusation d'ingratitude, puis de culpabilité donc : « C'est ta faute, Mélanie », s'exclame-t-elle[24] ! Cette culpabilité, ce sentiment d'être déficient, jamais à la hauteur, *pêcheur*, sont, assurément, caractéristiques de la conscience religieuse. Mais si cette figure de la « conscience malheureuse » et coupable peut être, pour parler comme Hegel, une figure de la conscience subjective « immédiate », tant l'excès que l'artifice de l'autoaccusation paraissent aller au-delà de cette immédiateté. Y préside une sorte de *logique : si* Dieu est ceci, *alors* je dois me représenter les choses *de telle ou telle manière*, *alors* je dois les *penser* et les *ressentir* d'une certaine façon, *alors* je dois me *sentir* coupable. Ce n'est pas tout à fait de la raison théologique, mais ce n'est pas non plus du simple « bon sens ».

On trouverait donc chez Diam's – selon mon hypothèse – un curieux mélange de conscience sincère et de conscience fabriquée.

Donnons-en un dernier exemple dans ce registre d'une culpabilité qui relève d'une auto-illusion. Jusqu'à sa conversion, Diam's avait fait plusieurs fois le constat, douloureux certes, mais axiologiquement neutre, qu'elle et sa mère éprouvaient de la difficulté à communiquer, et ce, essentiellement en raison de leur mutuelle nature pudique. Bon ! c'était comme cela, parce qu'elles étaient comme cela. Mais voilà que sitôt convertie, les choses prennent une autre dimension et acquièrent un autre statut. Citant une sourate où il est dit qu'« Allah n'aime pas les présomptueux plein d'orgueil », elle interprète aussitôt les choses à sa façon, pour écrire contre toute évidence :

> Cette sourate me renvoyait à ma mère, et à tous mes manquements à son égard, à la distance que je m'imposais, parfois, à mon ingratitude envers celle

23 *Ibid.*, p. 224.
24 *Ibid.* p. 227.

> qui m'avait portée pendant neuf mois durant, qui m'avait nourrie, soigné, aimée pendant toute mon enfance et accompagnée dans mes choix, mes rêves, et mes caprices aussi[25].

Et le texte de développer longuement cette rhétorique geignarde... On trouve là un nouvel et bel exemple de raisonnement formel, où il s'agit pour notre convertie de se persuader de ses supposés « égarements ».

Faute de temps, je me contenterai de relever simplement ce qui suit :

- la naïveté avec laquelle des récits biblo-coraniques sont pris à la lettre, jusqu'au poisson de Jonas ou, comme on dit, « jusqu'à la queue du chien de Tobie » ;
- une forme de crétinisme – je ne vois pas quel autre mot employer – dans sa lecture du *Coran* lecture dont j'imagine qu'elle gênerait tout musulman qui aurait fait l'économie – pour être musulman de tradition – de l'extase de la conversion.

Donnons-en un exemple. Diam's écrit :

> Dans le dernier quart de l'ouvrage [*Il s'agit du* Coran] –, j'ai lu ceci : « *Celui qui a créé sept cieux superposés sans que tu ne voies de défaut en la création du Tout Miséricordieux. Ramène sur elle le regard. Y vois-tu une brèche quelconque ?* » C'est ainsi que, pour la première fois, face à l'horizon complètement dégagé, j'ai regardé le ciel. Effectivement, je ne trouvais rien. Pas une fissure. Pas une brèche. Absolument rien[26].

- Un déluge de « bons sentiments » qui, pour procéder, à n'en pas douter, du bon cœur de Mélanie, n'en sont pas moins quelque peu construits et par trop démonstratifs.

  Qu'on en juge :

> Nous autres Occidentaux sommes parfois tellement comblés matériellement qu'on en devient blasés, le cœur indifférent à toutes ces grâces dans lesquelles nous baignons : nous avons la paix, un toit, de la nourriture à foison, des médicaments, des vêtements. Comment se fait-il que certains d'entre nous soient totalement inconscients de leur chance, se montrent ingrats, toujours en manque de quelque chose[27] ?

---

25 *Ibid.*, p. 241. Suit un long passage sur sa mère.

26 *Ibid.*, p. 244.

27 *Ibid.*, p. 262.

Notre cœur n'est-il pas brisé à écouter la bonne Mélanie ? Mais au fait, qui met des toits, fabrique des médicaments, confectionne des vêtements sinon la pauvre humanité qui en naît dépourvue. Et pour ce qui est de la « paix », on ne sache pas qu'Allah la fasse toujours régner. N'appelle-t-il pas au contraire au *jihad* dont elle est une des formes ?

– L'appréhension du monde, de l'être et du moindre événement comme relevant d'un univers de « signes » ou de « mystères » à « déchiffrer[28] ». Rien n'est le fait du hasard ; rien n'est indifférent ; rien ne se réduit à son être-là. Au contraire, tout est à scruter, à interpréter parce que *tout* est supposé *signifiant.* C'est le refus du profane et de l'insignifiance… *innocente*, laquelle a pour envers l'analogisation, la symbolisation, l'allégorisation et en définitive la sacralisation de toute chose supposée ordonnée au Bien (dont le croyant est le juge, naturellement).

Encore une fois, il n'est rien qui n'ait été relevé ici qui ne puisse être dit procéder d'une expérience religieuse si j'ose dire « normale » et commune – notamment en régime monothéiste – ; *pour autant*, cela s'accorde trop à du « discours » et à des attitudes *a priori* pour qu'on ne soupçonne pas du convenu par *imitation* ou par imprégnation inconsciente.

On remarquera encore que Diam's reprend fidèlement – mine de rien – des thématiques musulmanes qu'elle présente comme venant d'elle c'est-à-dire comme procédant de sa seule *réflexion* et de son seul *bon sens* – alors qu'elles sont clairement formatées dans le sens induit par le *Coran*. Cela concerne Jésus[29] ; Marie[30] ; les « signes » et les « messages » à déchiffrer tant dans le monde que dans sa propre vie[31]. Donnons-en un seul exemple. Diam's écrit :

> Ce qui me réconfortait le plus dans mon choix, c'était de m'être éloignée des ambiguïtés du christianisme et précisément de la divinité de Jésus, car il me paraissait impossible d'adorer un être humain, de surcroit quelqu'un qui avait été « crucifié » comme on me l'avait raconté dans mon enfance. La divinité de Marie me gênait également[32].

28 *Cf. ibid.*, p. 218-219.
29 *Ibid.*, p. 198.
30 *Ibid.*, p. 202.
31 *Ibid.*, p. 258.
32 *Ibid.*, p. 202.

On relèvera le terme de « réconfort » : gageons que Diam's n'est pas tant « réconfortée » que, voulant penser dans le sens du *Coran*, elle trouve immanquablement que tout ce qui y est dit la « réconforte », parce que ne pouvant manquer de la réconforter. C'est la raison pour laquelle elle met entre guillemets le mot « crucifié » dans la phrase : « crucifié comme on me l'avait raconté dans mon enfance ». C'est que le *Coran* prétend que ce n'est pas Jésus, mais un autre qui l'a été à sa place. Or c'est une idée qui ne peut guère s'imposer à une âme accoutumée comme la sienne à celle que Jésus a bel et bien été crucifié.

Le simple fait de parler systématiquement de « saint Coran » ou du « prophète Mouhammed – éloge et paix d'Allah sur lui » prouve que les dés étaient pour ainsi dire pipés dans cette « conversion » à la fois authentique et inauthentique, puisqu'elle s'avère acquise au moment même où elle est censée se dérouler à la lumière d'un cœur réfléchissant honnêtement sur les choses, on l'a dit. Pour être clair, ce n'est pas la formule de Pascal : « Tu ne me chercherais pas si tu ne m'avais déjà trouvé » qu'il faudrait ici invoquer, mais cette autre, toute différente : « C'est parce que tu m'as déjà trouvé *et voulu* que tu feins de me chercher *puis* de me trouver, toute "recherche" ayant en fait pour toi la valeur d'une confirmation. »

Mais ne soyons pas naïfs.... D'abord, il faudrait que je me méfie de mes propres démarches de déconstruction ! C'est tellement facile ! C'est tellement « jouissif », oserais-je dire ! C'est tellement ambigu : *vérité réductionniste contre vérité naïve un peu arrangée...* Vous êtes pris d'un doute. Vous remarquez une insincérité, un procédé, du *discours*, ai-je dit, et par un traitement adéquat, grâce à une habileté acquise vous dissolvez tout... Eh ! bien non ! Il *reste* quelque chose qui a à voir avec ce qui, dans le christianisme s'appelle, la *grâce*, laquelle est irréductible, expérimentable, absolue... une grâce que ni celui qui l'éprouve ni celui qui tente de l'analyser ne sauraient comprendre – et *dissoudre*, justement. Ensuite, sans doute ce que nous avons analysé donc (de *ana-luô*) vaut-il pour nombre de « conversions » qui ne sont pas tant des... conversions justement (*conformément à l'étymologie du mot*), que l'accomplissement de désirs profonds. – Ce qui d'ailleurs n'est pas interdit... et même hautement souhaitable : une conversion ne doit pas être chose abstraite et intellectuelle, en effet, mais l'expression de la totalité d'une personne et la satisfaction d'une *epithumeia*. Mais alors, la conversion ne saurait constituer qu'un *témoignage subjectif* en sa faveur. Car en ce cas la religion n'est pas tant *la « vérité »*, en effet, que *ce que* le croyant instrumentalise de bonne foi parce qu'elle lui donne une raison de vivre, une identité, un bonheur, un honneur, un statut social, une communauté où il fait bon trouver une chaleur, etc.

Le fait est que c'est bien dans l'islam – et pas ailleurs, serait-ce en raison du *hasard* de la fréquentation d'un milieu musulman qui n'était pas le sien au départ –, que Diam's a trouvé une paix, un équilibre, une solidité que sa vie de *star* ne lui assurait certes pas.

Dans notre titre, nous avons posé la question : *Diam's, un joyau pour l'islam ?* En réalité, ce serait plutôt à ses nouveaux coreligionnaires d'y répondre… On peut présumer cependant que sa conversion aura été une bonne nouvelle pour la communauté musulmane, puisque, en régime monothéiste – sauf pour le judaïsme qui accueille les conversions, mais sans les chercher ni les faciliter – il est entendu qu'en droit tout homme *doit* se convertir. Pour autant, je ne crois pas que Diam's soit une « prise » très significative ou de choix, à l'égal d'une Isabelle Eberhardt, par exemple. Il reste que sa sincérité est évidente, au cœur même de ses pieux mensonges ; sa personnalité, profondément attachante ; et que l'équilibre intérieur que cette jeune femme et mère paraît avoir trouvé dans sa religion désirée réchauffe le cœur – que ce cœur soit musulman *ou pas*…

Jean-Marc JOUBERT
MCF de l'ICES
CIRPaLL (Angers), CRICES

SOUMISSION, OU LE CONFORT DE L'ISLAM

Dans une émission de France Culture[1] Finkielkraut louait Houellebecq pour son « regard éloigné » : lecteurs et critiques français devraient sans doute en bonne méthode prendre eux-mêmes un peu de recul face à ses propositions romanesques. La seule distance physique peut paraître salutaire : ainsi dans un numéro de *Télérama* du 21 octobre 2015 Gaétan Mathieu explique qu'aux yeux de la plupart des critiques américains l'auteur de *Soumission* n'a rien du provocateur qu'ont cru déceler les Français, mais tout du « satiriste[2] », rien de l'islamophobe que l'on a voulu dénoncer en lui, puisque « son portrait du régime islamique est tendre. Il aime la douceur et la sûreté des intégristes[3]. » Et un article du *New York Times* du 12 octobre 2015 de suggérer qu'il faudra du temps aux compatriotes de Houellebecq pour ne voir qu'une œuvre littéraire dans *Soumission*. Le recul temporel s'impose donc aussi : trois ans après la publication du roman, qui a coïncidé avec l'attentat contre *Charlie Hebdo*, peut-on se risquer à une lecture moins passionnée, et qui pour commencer éviterait de confondre d'emblée narrateur et auteur, quitte ensuite à s'interroger sur l'engagement réel du second ?

Un tel parti est d'autant plus souhaitable qu'il s'agit dans ce colloque de dresser des portraits de convertis à l'islam : aussi sera ici étudié le « profil » (comme on dit dans les séries télévisées) du héros de Houellebecq, pour tenter de comprendre dans quelle mesure il est disposé, sinon appelé à se convertir. Quant à « l'islam », reste à savoir

1 Dans *Répliques*, émission du 16/09/2010, entretien avec Houellebecq sur *La carte et le territoire*.

2 Houellebecq lui-même réfute du reste les deux qualificatifs lors d'une interview accordée le vendredi 19 décembre à Sylvain Bourneau et parue en anglais le 2 janvier 2015 dans *Paris Review* : « Est-ce une satire ce roman ? – Non. » https://blogs.mediapart.fr/sylvain-bourmeau/blog/020115/un-suicide-litteraire-francais (consulté le 20/02/2020).

3 Dans *The New York Review of Books*, édition du 2 avril 2015, « Slouching toward Mecca » par Mark Lilla.

de quel islam il s'agit : celui que le roman présente est fort différent de l'idéologie anti-occidentale qui inspirait les terroristes de *Plateforme*, et que condamnait Houellebecq dans des termes qui ont fait à l'époque scandale, lors d'un entretien accordé à Didier Sénécal en 2001[4] : il ajoutait du reste que selon lui cette religion était condamnée à s'effondrer de la même façon que les régimes communistes. Mais depuis il a fait amende honorable devant Sylvain Bourmeau : « au fond le *Coran* c'est plutôt mieux que je ne pensais, après relecture – après lecture plutôt [...] Donc on peut dire que j'ai un peu changé d'avis. C'est pour cela que je n'ai pas l'impression d'être dans la situation de la peur. J'ai plutôt l'impression qu'on peut s'arranger[5] ». On esquissera donc aussi un tableau de l'islam tel qu'il apparaît dans *Soumission*, sans d'ailleurs trop croire que l'auteur ait cette fois vraiment puisé aux sources du Livre[6]. On pourra alors retracer les étapes de cette conversion, ou plutôt de ses tentatives, tentations, reculades successives – car rien n'est moins sûr que la réalité d'une telle réformation du narrateur : c'est poser la question des convictions de l'auteur, et du registre, ironique ou non, de sa fiction.

UN CÉLIBATAIRE AMOLLI

Les romans de Houellebecq illustrent le mouvement général de dégradation du héros qui prévaut depuis Flaubert. Le protagoniste de *Soumission* se caractérise essentiellement par sa médiocrité. De faible constitution, son corps est « le siège de différentes affections douloureuses – migraines, maladies de peau, maux de dents, hémorroïdes » qui se succèdent sans interruption[7]. Ces incommodités sont caractéristiques du mal d'être qui affecte le personnage comme tant de ses frères houellebecquiens : en somme, il n'aime pas assez la vie pour en espérer plus que des plaisirs fugitifs, des satisfactions mesquines – et encore, à

4 https://www.lexpress.fr/culture/livre/michel-houellebecq_804761.html#EwmlBKQz131KbYyp.99 (consulté le 20/02/2020).

5 Voir note 2.

6 On note en revanche de nombreux rapprochements possibles avec *Le Désir d'islam* de Martine Gozlan, paru dix ans auparavant chez Grasset.

7 Michel Houellebecq, *Soumission*, Paris, Flammarion, 2015, p. 99.

peu près restreints à la nourriture et au sexe. C'est un gourmand, mais un gourmand d'occasion : s'il sait savourer le déjeuner gastronomique que lui prépare sa collègue Marie-Françoise lors de la fuite à Martel, au point parfois de « perdre pied » et ne plus suivre que « confusément » la conversation[8], il se contente le plus souvent de préparations industrielles du type *Rapid'Sushi*, « plats indiens micro-ondables », tarama sur blinis, « langue de bœuf sauce madère, caoutchouteuse mais correcte », sandwich thon-crudités et bière sans alcool[9]. Pour ce qui est du sexe, il se résume aux passades amoureuses avec des étudiantes, « à peu près une par an », et « suivant un schéma relativement immuable[10] », qui les fait s'achever et commencer à la rentrée universitaire. Il y a certes l'épisode Myriam, qui pourrait faire exception et sur lequel on reviendra, mais lorsqu'il prend fin à son tour, le narrateur n'a plus recours qu'à des relations tarifées (où l'on retrouve des étudiantes, cette fois vénales), lui procurant à de rares exceptions près un plaisir mécanique, au terme de combinaisons et gymnastiques d'automate qui font penser aux lugubres acrobaties du Casanova de Fellini[11]. Quant au reste, il s'habille « comme un plouc » aux dires de sa maîtresse[12]. Elle lui reconnaît en revanche du goût dans la décoration de son appartement, mais cela se limite au choix des tissus pour des doubles rideaux ou un jeté de canapé[13]. Il a aussi quelques prétentions, limitées, dans le domaine musical contemporain, Nick Drake, Nirvana[14], mais ne mentionne guère peinture, sculpture, théâtre ni cinéma. En revanche, il semble vouer un culte aux grosses cylindrées (il décrit longuement les caractéristiques techniques de son *V8 Volkswagen Touareg*, puis du *Mitsubishi Pajero* de son père), mais conduit fort peu, ou mal (il prétend traverser la France à 200 à l'heure[15]) : plus généralement il semble épris de technologie, ainsi lorsqu'il évoque son moniteur « iMac 27 pouces[16] » – mais c'est pour y consulter des sites pornographiques.

Au fond ce François qui a tout du Français moyen, consommateur aliéné du tout-venant de la denrée *ready-made*, ne s'en distingue que par

8 *Ibid.*, p. 151-159.
9 *Ibid.*, p. 44, 53, 74, 121, 129.
10 *Ibid.*, p. 19.
11 *Ibid.*, p. 186.
12 *Ibid.*, p. 41.
13 *Ibid.*, p. 40.
14 *Ibid.*, p. 43.
15 *Ibid.*, p. 126, 128, 188-189.
16 *Ibid.*, p. 26.

sa passion pour la littérature. Il s'en tient à celle du XIXe siècle, plus restrictivement encore au naturalisme et à ses prolongements décadents ou ses contestations, qui ont accompagné sa « triste jeunesse[17] ». Au moins, il y a brillé, une thèse sur Huysmans dont Rediger lui fait compliment lors de leur entrevue rue des Arènes, le comparant au jeune Nietzsche[18], des articles appréciés dans le *Journal des dix-neuvièmistes*[19], et une honorable carrière universitaire à la Sorbonne : aussi se voit-il dans le dernier tiers du roman confier une édition des œuvres de Huysmans dans la collection Pléiade, et il apprend à cette occasion que son enseignement est regretté à Paris III[20]. Mais cette passion ne le brûle plus qu'à petit feu. Dès l'achèvement de sa thèse il a pris conscience d'une première fin de son activité intellectuelle[21] : lorsqu'un courrier de Paris III lui apprend que la nouvelle politique universitaire lui ferme les portes de la Sorbonne, il n'en éprouve aucune émotion et va remplir sans état d'âme son formulaire de pension de retraite, satisfait que le montant en soit élevé[22], et même en fait « avec un vrai soulagement[23] » ; enfin lorsque lui vient son inspiration pour la préface du volume de la Pléiade, tout convaincu qu'il soit d'avoir composé « le meilleur texte jamais écrit sur Huysmans », il y voit la fin définitive de sa vie intellectuelle et de son lien passionnel avec la littérature[24], sans grand regret ni particulière frustration, se félicitant même d'aborder enfin « une période supercool » de sa vie[25].

On décèle ici une méfiance à l'égard de toute émotion forte, une tendance apathique (ainsi lorsqu'il souhaite « éviter toute déception, toute désillusion » dans sa vie amoureuse[26]) qui illustre l'« atonie » générale de la caste universitaire, sinon de tous les intellectuels français, notamment à la veille d'un basculement culturel qu'ils ne voient nullement venir, ou alors par lequel ils ne se sentent nullement concernés[27]. Un

17 *Ibid.*, p. 11.
18 *Ibid.*, p. 246.
19 *Ibid.*, p. 59 : on notera la faute d'accent.
20 *Ibid.*, p. 228-231.
21 *Ibid.*, p. 11.
22 *Ibid.*, p. 178 et suiv.
23 *Ibid.*, p. 227.
24 *Ibid.*, p. 282-283.
25 *Ibid.*, p. 284.
26 *Ibid.*, p. 24.
27 *Ibid.*, p. 78-79.

conservatisme viscéral, des penchants régressifs, d'incessantes pulsions récessives confirment dans l'ordre idéologique ce repli moral et intellectuel sur soi. Lorsque Myriam lui reproche sa prédilection pour le patriarcat, il lui reconnaît « le mérite minimum d'exister » (« en tant que système social il persévérait dans son être [...] bref ça tournait[28] »), argumentation aussi pauvre que révélatrice : on y déchiffre deux pulsions fondamentales du personnage, le parti pris de la nostalgie (retrouvant les murs de la Sorbonne après son très provisoire exil, le narrateur écrit que « la nostalgie n'a rien d'un sentiment esthétique, elle n'est même pas liée non plus au souvenir d'un bonheur, on est nostalgique d'un endroit simplement parce qu'on y a vécu, bien ou mal peu importe, le passé est toujours beau[29] ») et le goût de la régularité, du maintien de l'ordre – d'où ses deux séjours à Ligugé et son intérêt pour la vie monastique si rigoureusement rythmée par les offices, « où l'horaire des multiples prières et offices quotidiens, depuis l'angélus de quatre heures du matin jusqu'au *Salve Regina* du soir, était resté le même » depuis Huysmans[30].

Mais l'attrait du monachisme, tout passager d'ailleurs, désigne surtout une autre donnée fondamentale du personnage : c'est le type même, si houellebecquien, du célibataire, et du célibataire malheureux. Il est à la fois voué à la solitude et terrifié par elle. Il n'aime pas les hommes : « rien que le mot d'humanisme » lui donne « légèrement envie de vomir[31] ». Il n'aime pas non plus les femmes, sa façon de les traiter ou d'en parler relève le plus souvent de la plus franche misogynie : le terme-clé ici est « soumission », « l'absolue soumission de la femme à l'homme[32] », au point, on le verra, que c'est sans doute une raison essentielle de conversion. Et pour mieux le souligner, ce retournement commence à s'opérer dans la maison de Jean Paulhan, à qui Pauline Réage offrit *Histoire d'O* en signe de submissivité[33]. Un célibataire invétéré, c'est bien ainsi qu'il se voit dans le regard d'autrui, « j'étais maintenant catalogué : un célibataire, un célibataire un peu cultivé, un peu triste, sans grande distraction[34] » : mais c'est aussi qu'il est incapable de composer avec

28 *Ibid.*, p. 41.
29 *Ibid.*, p. 267.
30 *Ibid.*, p. 98.
31 *Ibid.*, p. 250.
32 *Ibid.*, p. 260.
33 *Ibid.*
34 *Ibid.*, p. 164-165.

ses sentiments ou ses opinions, qu'il est affecté « d'une incapacité à ces compromis qui permettent aux gens, au bout du compte, de vivre[35] ». Pas d'amis, donc, « je n'avais pas d'amis, c'est certain, mais en avais-je jamais eu ? Et à quoi bon, si l'on voulait bien y réfléchir, des amis[36] ? » Derrière la rodomontade, pourtant, affleure souvent la peur panique de l'isolement. Au départ de Myriam pour Israël : « Je m'y attendais ; j'eus quand même un léger pincement au cœur en raccrochant. Je savais que j'allais, maintenant, être bien seul[37] ». Réfugié à Martel : « Un couple est un monde, un monde autonome et clos qui se déplace au milieu d'un monde plus vaste, sans en être vraiment atteint ; solitaire, j'étais traversé de failles[38] ». Puis lors de son dernier coup de téléphone à Myriam : « immédiatement après avoir raccroché je me sentis envahi par une solitude terrible[39] ». Et lorsque sa maîtresse renonce définitivement à lui : « Tout ce que je voyais c'est qu'une fois de plus je me retrouvais seul, avec un désir de vivre qui s'amenuisait[40] ».

C'est en effet une des quatre issues possibles à cette insupportable isolement. La tentation suicidaire est bien présente ici ou là dans *Soumission*, et elle est même imputée explicitement à la médiocrité fondamentale du personnage, notamment après une crise particulièrement violente d'eczéma, symptomatique de l'homme *mal dans sa peau* :

> Je le sentais bien, je me rapprochais du suicide [...]. La simple volonté de vivre ne me suffisait manifestement plus à résister à l'ensemble des douleurs et des tracas qui jalonnent la vie d'un Occidental moyen, j'étais incapable de vivre pour moi-même, et pour qui d'autre aurais-je vécu[41] ?

Mais cette solution est assez vite écartée, soit par l'humour (« Devrais-je, alors, mourir ? Cela me paraissait une décision prématurée[42] » ; « il me fallait bien reconnaître que j'allais mourir à ce rythme, mourir rapidement, malheureux et seul, et avais-je envie de mourir rapidement, malheureux et seul ? En définitive, moyennement[43] ») soit, c'est le cas

35 *Ibid.*, p. 43.
36 *Ibid.*, p. 183.
37 *Ibid.*, p. 117.
38 *Ibid.*, p. 132.
39 *Ibid.*, p. 135.
40 *Ibid.*, p. 196.
41 *Ibid.*, p. 207.
42 *Ibid.*, p. 188.
43 *Ibid.*, p. 249.

immédiatement après l'adieu de Myriam, par la seconde solution, la débauche sexuelle[44]. Mais deux autres correctifs plus puissants sont envisagés par le personnage. Variante moins dramatique du suicide, il y a la dilution de l'individualité souffrante dans la collectivité, par le biais d'une croyance partagée, sinon du mysticisme ; c'est l'épisode de Rocamadour, où le narrateur tente de combiner sa fascination pour le passé et le désir d'oublier ses innombrables tracas quotidiens, en méditant devant la statue de la Vierge Noire :

> La vision romane était différente, bien plus unanimiste : à sa mort le croyant entrait dans un état de sommeil profond, et se mêlait à la terre [...]. Le jugement moral, le jugement individuel, l'individualité en elle-même n'étaient pas des notions clairement comprises par les hommes de l'âge roman, et je sentais moi aussi mon individualité se dissoudre, au fil de mes rêveries de plus en plus prolongées devant la vierge de Rocamadour[45].

Cette tentative tourne court, car il lui « fallait bien, pourtant, revenir à Paris » – on n'ose penser que cette cabriole masque un nouvel effet de la misogynie du héros, qui citera plus loin avec complaisance un article de Rediger affichant son mépris pour le christianisme, religion trop peu virile dont le fondateur « s'était plu dans la compagnie des femmes, et *cela se sentait*[46] ». Enfin il y a la voie de sortie rêvée, à la mesure de cet anti-héros affiché, le « bonheur bourgeois douloureusement inaccessible au célibataire », « le seul vrai sujet de Huysmans[47] ». Certes, Myriam a pu apparaître à François comme la femme idéale : « de même qu'*À rebours* était le sommet de la vie littéraire de Huysmans, Myriam était sans doute le sommet de ma vie amoureuse[48] ». D'une certaine façon elle est l'épouse manquée ; mais elle n'est pas la femme idéale, car elle ne dispense, même si elle le fait à merveille, que le plaisir amoureux, condamné à moyen terme par la « dégradation physique[49] ». Et c'est dans *Marthe*, le premier roman de Huysmans, que le narrateur trouve le portrait de l'épouse parfaite : « Femme pot-au-feu la plupart du

44 *Ibid.*, p. 197.

45 *Ibid.*, p. 167 : *Cf.* Alain le Gallo (éd.), *La Personne, fortunes d'une antique singularité juridique*, Paris, Classiques Garnier, 2021. Actes d'un colloque tenu en 2018 à l'Institut catholique de Vendée.

46 *Ibid.*, p. 272.

47 *Ibid.*, p. 281-282.

48 *Ibid.*, p. 50.

49 *Ibid.*, p. 183.

temps, elle devait rester capable de se transformer en fille, à heure fixe précisait-il[50] ». On reconnaît là la synthèse harmonieuse de la table, du sexe, et des emplois du temps sans surprise. Dans *En ménage*, le vieux couple d'André et Jeanne enrichit peu à peu le plaisir conjugal de gourmandise[51], et dans *Là-bas*, « maman Carhaix », figure ultime de l'idéal féminin pour Huysmans (du moins selon son futur éditeur), dispense les « plaisirs simples » d'une « honnête cuisine de ménage ». Voilà le vrai bonheur selon le narrateur, et son dernier mot sur les vraies aspirations de son auteur d'élection, comme sur l'œuvre qu'il a étudiée toute sa vie. C'est cette ambition médiocre que l'islam de *Soumission* semble en mesure de satisfaire, sans négliger les autres issues au malheur d'être seul, à l'exception bien sûr du suicide.

UN ISLAM DE CONFORT

L'islam dans *Soumission*, comme tout monothéisme, procure à ses adeptes un « avantage sélectif », ainsi que le rappellent ses adversaires les plus déterminés par la voix de Lempereur, jeune collègue de François naguère (peut-être encore) impliqué dans les mouvements identitaires :

> Les couples qui se reconnaissent dans l'une de trois religions du Livre, chez lesquels les valeurs patriarcales se sont maintenues, ont davantage d'enfants que les couples athées ou agnostiques : les femmes y sont moins éduquées, l'hédonisme et l'individualisme moins prégnants. La transcendance est par ailleurs, dans une large mesure, génétiquement transmissible [...] les gens restant fidèles, dans la majorité des cas, au système métaphysique dans lequel ils ont été élevés[52].

Voilà qui ne peut qu'intéresser le narrateur, défendant devant Myriam le régime patriarcal où « il y avait des familles avec des enfants, qui reproduisaient en gros le même schéma[53]. » Cette supériorité joue particulièrement en faveur de l'islam français, du fait que ses principaux

50 *Ibid.*, p. 97.
51 *Ibid.*, p. 94-95.
52 *Ibid.*, p. 69-70.
53 *Ibid.*, p. 41.

doctrinaires locaux, la « Fraternité musulmane », « ne placent pas l'économie au centre de tout. Pour eux l'essentiel c'est la démographie, et l'éducation ; la sous-population qui dispose du meilleur taux de reproduction, et qui parvient à transmettre ses valeurs, triomphe ; à leurs yeux, c'est aussi simple que ça[54] ». Du reste cet islam politique demeure « modéré[55] », et n'abuse pas de sa position dominante au détriment des autres religions : il tend même sous cette forme à se présenter « comme la forme achevée d'un humanisme nouveau, réunificateur, et est d'ailleurs parfaitement sincère lorsqu'il proclame son respect pour les trois religions du Livre ». La source est ici un spécialiste du renseignement, l'époux de Marie-Françoise, et le narrateur ne songe pas à le contredire, même si plus prudemment Myriam préfère quitter le pays avant qu'il soit trop tard : « Là, je suis moins optimiste que toi. Quand un parti musulman arrive au pouvoir, ce n'est jamais très bon pour les Juifs. Je ne vois pas de contre-exemple[56] ». Cependant de telles caractéristiques, recours aux signes de la transcendance, importance accordée à la famille et à l'école, bienveillant syncrétisme, si elles contribuent à expliquer comment, dans un contexte politique de lassitude électorale extrême et de discrédit des partis politiques traditionnels (leurs ultimes manœuvres combinatoires n'ont pour effet que de renforcer le mépris des citoyens à leur endroit et les jeter dans les bras de Ben Abbes), un mouvement islamique peut prendre le pouvoir, ne sauraient suffire à séduire durablement le personnage de Houellebecq, qui du reste ne participe nullement au vote, et s'enfuit dans le sud lors des élections présidentielles.

En revanche la vaste, méthodique et systémique régression traditionnaliste entreprise par la nouvelle équipe ne peut que lui plaire : « Là où Ramadan présentait la charia comme une option novatrice, voire révolutionnaire, il [*Abbes*] lui restituait sa valeur rassurante, traditionnelle – avec un parfum d'exotisme qui la rendait de surcroît désirable[57] ». C'est bien ici le caractère contre-révolutionnaire et profondément régressif de cette politique qui « séduit » activement François. À l'inverse, comme le montre à la fin du roman un article de Rediger, le meilleur moyen de résister à l'emprise de l'islam, c'est de sauvegarder sa « civilisation traditionnelle »,

54 *Ibid.*, p. 82.
55 *Ibid.*, p. 51, 154.
56 *Ibid.*, p. 104.
57 *Ibid.*, p. 153.

surtout si elle est de type polythéiste[58]. Mais qui le pourrait en pleine fureur de mondialisation ? L'exotisme dont parle le narrateur tient en fait à la distance historique bien plus que spatiale : ses modèles remontent tous aux temps où l'ordre régnait sur de vastes entités géographiques, empire romain ou ottoman[59], où l'autorité sans partage d'un monarque ou d'une religion structurait une culture identifiable, Moyen âge roman[60], France de Richelieu ou de Napoléon[61] (on s'étonne de ne voir aucune référence à Louis XIV) : nostalgie qui n'est pas sans rappeler celle de Léon Delmont, le héros de *La modification*. Et Houellebecq de brosser à grands traits, au cœur de son roman, la façon dont la France est « en train d'évoluer rapidement, et d'évoluer en profondeur », en réalité de régresser « implicitement » vers le patriarcat, pour parler comme le narrateur[62]. Plus explicitement, il s'agit de rétrograder vers une société néo-pastorale, autorité sans partage du mâle, effacement et infantilisation de la femme (il y a une scène très frappante à cet égard dans le train qui le ramène de Poitiers, où il apparaît qu'en régime islamique les femmes ont « au fond la possibilité de rester des enfants pratiquement toute leur vie[63] »), prédominance d'une économie de type préindustriel reposant sur l'agriculture et l'artisanat, en général sur l'entreprise individuelle au détriment des grands groupes, unité de production restreinte à la famille élargie et gestion de type distributiviste, le tout « très lentement, très progressivement, et sans grande virulence, l'ambiance générale demeurant celle d'une acceptation tacite et languide[64] ». Le système est présenté comme d'une grande efficacité, la France retrouvant « un optimisme qu'elle n'avait pas connu depuis la fin des Trente Glorieuses », la délinquance s'effondrant « dans des proportions énormes », comme le chômage, et donc la charge sociale de l'état, encore allégée par « la sortie massive des femmes du marché du travail » et la « diminution drastique du budget de l'Éducation nationale » puisque l'école n'est plus obligatoire au-delà du certificat d'études – et voilà qui permet d'augmenter considérablement les allocations familiales[65]. Même lorsqu'il est question

58 *Ibid.*, p. 271.
59 *Ibid.*, p. 157, 160, 289.
60 *Ibid.*, p. 276.
61 *Ibid.*, p. 289-291.
62 *Ibid.*, p. 153.
63 *Ibid.*, p. 227.
64 *Ibid.*, p. 201-204.
65 *Ibid.*, p. 198-199.

d'en finir avec la singularité française de la « solidarité sociale », et de prévoir « sur trois ans une diminution de 85 % des dépenses sociales du pays », « la magie hypnotique » continue « à opérer », et nulle opposition séreuse ne se dessine[66] : autrement dit, on est ici invité à penser que la nouvelle économie « tourne » au mieux, pour parler comme le narrateur.

Autre principe majeur de séduction de l'islam dans *Soumission*, c'est une religion tout entière au service de l'homme – de l'homme au sens de mâle, non comme espèce : lorsque Rediger dans un article pour *Oummah* reprend une formule de Nietzsche, « l'islam a des *hommes* pour condition première [...] », c'est pour mieux rabaisser le christianisme « conduisant inévitablement à l'humanisme et aux droits de l'homme », et son fondateur trop proche des femmes. Il s'agit bien ici de soumettre les femmes aux hommes, et de leur refuser toute autonomie :

> Peu après être sorties de l'enfance elles devenaient elles-mêmes mères, et replongeaient dans l'univers enfantin. Leurs enfants grandissaient, puis elles devenaient grand-mères, et leur vie se passait ainsi. Il y avait juste quelques années où elles achetaient des dessous sexy, troquant les jeux enfantins pour des jeux sexuels – ce qui revenait au fond à peu près à la même chose. Évidemment elles perdaient l'autonomie, mais *fuck autonomy*[67].

On laisse volontiers au narrateur la responsabilité de cette analyse. On en retiendra surtout la suggestion d'une parfaite compatibilité de l'islam avec le sexe le plus décomplexé : c'est que la femme n'a comme responsabilité que de plaire à son seul époux.

> Vêtues pendant la journée d'impénétrables burqas noires, les riches Saoudiennes se transformaient le soir en oiseaux de paradis, se paraient de guêpières, de soutiens-gorge ajourés, de strings ornés de dentelles multicolores et de pierreries ; exactement l'inverse des Occidentales, classe et sexy pendant la journée parce que leur statut social était en jeu, qui s'affaissaient le soir en rentrant chez elles, abdiquant avec épuisement toute perspective de séduction[68].

Pour un homme dont la libido est fonction directe de la longueur des jupes féminines (« depuis que le nouveau régime islamique avait fait évoluer l'habillement féminin vers d'avantage de décence, je sentais peu à peu mes impulsions s'apaiser, je passais parfois des journées entières

66 *Ibid.*, p. 210-211.
67 *Ibid.*, p. 227.
68 *Ibid.*, p. 91.

sans y songer[69] »), une telle redistribution de l'érotisme à son profit exclusif ne peut qu'entraîner l'adhésion.

D'autant que l'islam de Rediger ajoute un dernier privilège à cet appareil de séduction, et non des moindres : il offre au narrateur d'être un dominant parmi les dominants, et de lui ouvrir l'accès aux élites de son pays. On retrouve ici l'argument de la sélection naturelle, développé de manière inattendue, sinon très sérieuse quoi qu'il en dise, par Rediger :

> La sélection naturelle est un principe universel, qui s'applique à tous les êtres vivants, mais elle prend des formes très différentes [...]. L'homme, lui, est un animal, c'est entendu ; mais ce n'est ni un chien de prairie, ni une antilope. Ce qui lui assure sa position dominante dans la nature [...], c'est bel et bien son intelligence. Donc, je vous le dis tout à fait sérieusement : il n'y a rien d'anormal à ce que les professeurs d'université soient rangés parmi les mâles dominants[70].

Revanche inespérée sur la médiocrité de sa condition antérieure, ce nouveau statut lui assure en premier lieu dans la société islamique un traitement qui lui permet d'entretenir « trois épouses sans difficulté[71] », chiffre à comparer avec le maximum autorisé par la charia, quatre, et les deux épouses de l'homme d'affaires dans le train de Poitiers-Paris[72]. Quant à l'inégalité que cela entraîne inévitablement entre mâles, elle ne doit « pas être considérée comme un effet pervers de la polygamie, mais bel et bien comme son but réel. C'est ainsi que [*s'accomplit*] le destin de l'espèce[73] », rappelle le fascicule *Dix questions sur l'islam* édité par le même Rediger. Une dernière objection pourrait être que quantité ne vaut pas qualité, et que l'époux n'ayant pas le droit de choisir, si l'on peut dire, à vue, la désillusion menace : mais les marieuses sont là pour ça, rappelle Rediger, et elles savent accorder le physique des promises « au statut social des futurs époux ». Quant aux désirs des femmes, « originellement, bien sûr », elles « sont elles aussi avant tout attirées par les avantages physiques », mais elles ont une « plasticité intellectuelle » supérieure à celle de l'homme, « rigoureusement inéducable », et qui leur permet peu à peu de comprendre « que l'essentiel n'est pas là » : « on

69 *Ibid.*, p. 280. Voir *a contrario*, entre autres, p. 40, 100.

70 *Ibid.*, p. 292.

71 *Ibid.*

72 *Ibid.*, p. 227.

73 *Ibid.*, p. 269.

peut même, dans une certaine mesure, les persuader de la haute valeur érotique des professeurs d'université [...]. Bon, on peut aussi accorder aux profs un traitement élevé, ça simplifie quand même les choses[74] ».

Ce dernier argument de Rediger, qui semble fait pour annuler tout souvenir des frustrations et humiliations passées, est décisif : il ouvre « des horizons[75] » au narrateur, et quelques lignes plus loin commence le dernier chapitre, consacré à sa conversion : celle-ci apparaît donc bien comme de confort, et de réconfort – si tant est qu'il s'agisse vraiment d'une conversion.

UNE CONVERSION EN TROMPE-L'ŒIL ?

On peut repérer quatre temps de la conversion dans *Soumission*, sans compter l'imprégnation lente et continue de l'après-présidentielle, avec la mise en place, réussie semble-t-il aux yeux du narrateur, du nouveau système économique et social. Or il n'est pas sans importance que pour commencer le personnage de Houellebecq donne en quelque sorte sa chance au christianisme, et par deux fois.

La première est à Rocamadour, où il expérimente « le désir désespéré de s'incorporer à un rite[76] », c'est-à-dire de diluer son individualité malheureuse dans une communauté de croyants. Ce premier essai, qui a lieu pendant la prise de pouvoir de Ben Abbes, est lié en profondeur à l'idée de défense de la patrie, sinon de la chrétienté : le souvenir de Péguy et de sa mystique républicaine encadre la visite à Rocamadour, l'époux de Marie-Françoise lui ayant conseillé ce pèlerinage en appuyant sa recommandation de quelques versets d'*Ève*, et son avant-dernière visite à la chapelle se faisant à l'occasion d'une lecture du même poème. Les versets cités évoquent tous ces combats où l'on se sacrifie pour sa terre, mais le narrateur croit déceler plus que cela dans la mystique de la Vierge Noire : « Il y avait là quelque chose de mystérieux, de sacerdotal et de royal que Péguy n'était pas en état de comprendre, et Huysmans encore

74 *Ibid.*, p. 294.
75 *Ibid.*
76 *Ibid.*, p. 169.

bien moins[77] ». C'est que Péguy en tient pour la « Révolution française, la République, la patrie[78] », et Huysmans, pour un autre Moyen âge que celui de Rocamadour : « Le Moyen âge de Huysmans était celui de l'âge gothique, et même du gothique tardif », c'est-à-dire une période ou selon l'auteur apparaît « la question du jugement individuel[79] », à peu près ignorée de la période romane. Or il est bien question pour François de renoncer à toute individualité :

> je me sentais moi-même prêt à me perdre, pas pour ma terre spécialement, je me sentais prêt à me perdre en général, enfin j'étais dans un état étrange, la Vierge paraissait monter, s'élever de son socle et grandir dans l'atmosphère, apothéose pouvant mener à la destruction des « païens » et des « idolâtres », sinon de l'islam lui-même[80].

Mais l'auto-dérision l'emporte : « peut-être aussi tout simplement » le narrateur a-t-il faim et est-il « victime d'une crise d'hypoglycémie mystique ». En somme la matière triomphe tandis que continue de s'éloigner la figure de l'assomption, et le héros de Houellebecq se voit « définitivement déserté par l'Esprit, réduit à (son) corps endommagé, périssable[81] ».

La seconde tentative a lieu lors d'un retour, vingt ans après, au lieu de la conversion de Huysmans-Durtal, à Ligugé, l'antique abbaye de Saint-Martin. Rocamadour, c'était une sorte d'exil, en tout cas de refuge, loin des troubles politiques et sociaux de la capitale. Ligugé, c'est une retraite volontaire, décidée après « une crise de larmes imprévue », au lendemain de fêtes de fin d'année d'une totale solitude : l'endroit est « calme, la nourriture délicieuse », selon les dires du chauffeur de taxi qui l'y conduit. Association prometteuse, puisque si le provisoire élan mystique de Rocamadour a probablement été favorisé par la métrique des alexandrins qui « résonnaient avec régularité dans l'air calme », il a été contrarié par l'absence de repas. La première chose dont s'enquiert le narrateur à Ligugé est donc « pour l'essentiel, l'horaire des offices et des repas[82] ». À nouveau le narrateur pourrait être ému par des voix, celles des moines qui s'élèvent « dans l'air glacé, pures, humbles, bénignes [...], pleines de douceur, d'espérance et d'attente ». Mais

77 *Ibid.*, p. 170.
78 *Ibid.*, p. 162.
79 *Ibid.*, p. 166-167.
80 *Ibid.*, p. 169.
81 *Ibid.*, p. 170.
82 *Ibid.*, p. 215.

ces harmonies, comme le prosélytisme douceâtre du père Longeat dont un opuscule est censé lui servir de guide spirituel, finissent par le convaincre que le christianisme, comme l'affirme Nietzsche, est « au fond une religion féminine[83] » : voilà qui peut rétrospectivement expliquer qu'il ait finalement renoncé à se laisser entraîner par la Vierge de Rocamadour. Et puis, il lui est défendu de fumer dans sa chambre, interdiction qui le poursuit depuis le wagon du TGV pour Poitiers : il fume donc à sa fenêtre, d'où il voit passer à grand vacarme… les TGV. La matière à nouveau l'emporte, à la fois sous sa forme la plus fracassante et la plus vaporeuse, et « au matin du troisième jour », on appréciera l'humour de cette précision, il comprend que « ce séjour ne pouvait être qu'un échec[84] ».

Définitivement disqualifié (il y aura bien sûr un troisième reniement), le christianisme peut alors le céder à cette religion bien plus virilement affirmée qu'est l'islam. Aussi son frère prêcheur apparaît-il d'emblée au malingre et souffreteux narrateur comme un grand corps sain :

> Physiquement, il était assez remarquable : très grand, sans doute un peu plus d'un mètre quatre-vingt-dix, il était également très costaud, une poitrine large, une musculature bien développée, il avait davantage un physique de pilier de rugby que d'enseignant universitaire, à vrai dire[85].

C'est en outre un dompteur de femmes : il a « mis des années » à acquérir la maison de Paulhan, non par intérêt pour Paulhan, mais pour le « bonheur de chaque instant de vivre dans la maison où Dominique Aury a écrit *Histoire d'O* », récit de « la soumission la plus absolue ». Et cela va chez lui bien plus loin qu'une fantaisie, un complexe de supériorité, ou une stimulation érotique, c'est toute sa conception de l'islam qui s'y joue : « il y a pour moi un rapport entre l'absolue soumission de la femme à l'homme, telle que la décrit *Histoire d'O*, et la soumission de l'homme à Dieu, tel que l'envisage l'islam[86] ». Aussi la visite à Rediger, rue des Arènes, première étape de l'adhésion, réunit-elle les conditions favorables à une conversion cette fois réussie : le calme d'une vaste demeure protégée avec vue imprenable sur les vestiges de Lutèce, un lieu propitiatoire où voisinent livres du sol au plafond, plantes d'intérieur, versets du *Coran*

83 *Ibid.*, p. 218-219.
84 *Ibid.*
85 *Ibid.*, p. 238.
86 *Ibid.*, p. 29-60.

et photos de galaxies, mais où l'on sert aussi un Meursault d'exception, de succulents pâtés chauds, café, baklava et pousse-café. Au passage le narrateur peut constater que Rediger a réussi, du moins à ses yeux, la parfaite synthèse conjugale, une très jeune femme, Aïcha, et Malika, une épouse plus âgée, « rondouillette », mais excellente cuisinière. Si l'on ajoute que dans sa bibliothèque trône un exemplaire de la thèse du héros, qu'il a tenu à s'approprier, et qu'il met sans hésiter bien au-dessus de son propre travail de recherche, on comprend qu'il ne se tourne que six pages entre le coup de sonnette inaugural et la première ébauche de soumission : « Vous pensez…Vous pensez que je suis quelqu'un qui pourrait se convertir à l'Islam[87] ? » Et si Rediger lui fait la grâce de comprendre qu'il s'interroge sur sa capacité de croyance, le lecteur peut y déceler une plus servile intention, et penser qu'il suppute ses chances d'être admis à la conversion. Car quant à l'argumentation du missionnaire, elle apparaît d'une singulière pauvreté au regard des hommages qu'il vient de rendre à l'intelligence de son interlocuteur. Ni vraiment catholique (c'est ici le troisième reniement de François), ni athée puisque non *révolté*, ni non plus humaniste, celui-ci serait prêt à embrasser l'islam : autant dire que ne croyant à rien, il est mûr pour la vraie foi. Sentant peut-être le défaut de cette logique, Rediger lui propose tout de même au moins une certitude à étreindre, et sur quoi fonder ses futures convictions : c'est, préparé par les clichés d'astronomie aux murs, l'argument du grand horloger de l'univers, qui serait « resté tout aussi fort qu'au XVIIIe siècle ». Le narrateur fait justice de telles preuves avec son humour habituel : « […] "ça m'intéresse vraiment […]" dis-je avec sincérité, il est vrai que je commençais à être un peu pété, un coup d'œil en coin m'apprit que la bouteille de Meursault était vide » … comme la rhétorique de Rediger[88]. Il intéresse davantage son catéchumène en revanche lorsqu'il évoque sa propre conversion – suivant en cela les conseils de La Casas dans *De l'unique manière d'évangéliser le monde entier*, recommandant d'user du témoignage et de l'exemple, autant que de la persuasion. Il lui raconte comment, venu des milieux identitaires, il a un jour compris que l'ancien empire culturel de l'Occident a perdu toute sa puissance, et que « l'Europe avait déjà accompli son suicide[89] ». Adhésion sans nuance, cette fois, de François, même si l'on peut hésiter

87 *Ibid.*, p. 243-249.
88 *Ibid.*, p. 250-253.
89 *Ibid.*, p. 254-256.

sur la nature exacte de cet Occident glorieux dont parle son futur patron, Europe « technologique » de la fin du XIXe siècle (p. 256) ou chrétienté médiévale (p. 276) : « Il avait de toute évidence raison ; et même du point de vue plus restreint de l'"art de vivre", la dégradation était considérable[90] ». Il est vrai qu'il illustre cela du souvenir disparu de « certaines pratiques sexuelles » en vogue dans les maisons closes d'antan, ultime et volontaire dérision qui achève de discréditer l'ensemble de l'apologie. On aimerait en sauver un fragment moins attendu, celui qui concerne le *Coran* lui-même et ses prestiges oraux : Rediger le présente comme « un immense poème mystique de louange », « entièrement composé de rythmes, de rimes, de refrains, d'assonances », qu'il suffirait de se faire réciter, sans essayer de saisir leur signification ; il n'y aurait qu'à écouter la lecture des sourates, « ressentir leur respiration et leur souffle », pour percevoir l'« union de la sonorité et du sens, qui permet de dire le monde[91] ». On reconnaît les circonstances musicales et poétiques des deux tentatives précédentes, mais on les devine d'emblée aussi inopérantes : que peut valoir l'idée d'une « union de la sonorité et du sens », si séduisante soit-elle, dès lors que François n'entend pas l'arabe ? Il s'agit bien de croire sans comprendre, littéralement sur parole.

Peut-on, à défaut d'un motif suivi et sérieux à la conversion finale de François, du moins dans l'explicite du texte, croire comme il le suggère qu'il a pris peur du regard du grand démiurge ? « Pour la première fois de ma vie je m'étais mis à penser à Dieu, à envisager sérieusement l'idée d'une espèce de Créateur de l'Univers, qui surveillerait chacun de mes actes, et ma première réaction était très nette : c'était tout simplement la peur[92] ». Mais cette peur semble se dissiper avec les vapeurs de l'alcool ingéré chez Rediger, puis au retour chez lui. Certes, on retrouvera dans les dernières pages, lors de la phase ultime d'adhésion, « des images de constellations, de supernovas, de nébuleuses spirales » qui lui traversent l'esprit, mais s'y mêlent « des images de sources aussi, de déserts minéraux et inviolés, de grandes forêts presque vierges[93] », autrement dit ce que Jérôme Bloch a appelé un « orientalisme de bazar[94] ». Une autre peur cependant pourrait bien l'avoir inspiré, plus certaine et immédiate

90 *Ibid.*, p. 256.
91 *Ibid.*, p. 261.
92 *Ibid.*, p. 263.
93 *Ibid.*, p. 298.
94 Jérôme Bloch, « *Soumission*, un roman orientaliste », *L'École des Lettres* mai 2015.

que celle d'un Dieu vengeur qui lui infligerait « un cancer de la mâchoire[95] » en guise de châtiment : c'est celle de la solitude amoureuse, qui le taraude depuis le début du roman. Tout son parcours pourrait s'expliquer par cette obsession : quitté par Myriam, son dernier amour, peut-être son amour dernier, sa dernière chance d'amour véritable, ce solitaire par défaut tenterait de la retrouver, d'abord dans l'amour mystique de Marie (Myriam se vocalise Mariam en araméen, et certains rapportent ce prénom à une racine égyptienne, *mry*, l'amour), puis dans une intégration spirituelle à l'oumma.

Ce serait accorder encore trop de crédit à la réalité d'une telle conversion. Le dernier chapitre, qui en décrit le cérémonial, religieux d'abord, puis fort mondain – cette seule combinaison dévaluant l'authenticité spirituelle de la cérémonie – se place explicitement sous le signe exclusif du confort : pour commencer le héros ne dissimule à personne, ni à lui-même, l'impression que lui ont laissée dans cette affaire « les avantages physiques d'Aïcha, ni les petits pâtés chauds de Malika. Les femmes musulmanes étaient dévouées et soumises [...] elles étaient élevées dans ce sens, et pour donner du plaisir au fond, cela suffit[96] ». Confort de l'eau tiède coulant « longuement, très longuement » sur son corps, confortable rêverie « cosmique » préludant à la confession qualifiante, confort de la réception dans un grand concours de collègues admiratifs, confort de la toge universitaire rétablie par les autorités saoudiennes, confort peut-être de l'ultime pensée pour Myriam et sa nouvelle vie en Israël, si peu confortable[97]. Sans oublier que tout le chapitre est rédigé en style indirect libre, au futur du passé, dans le prolongement de la dernière complétive du chapitre précédent. Le procédé déréalise l'épilogue, rappelle le mode sur lequel les enfants se racontent leurs histoires (« on dirait que... »), et lui donne l'allure d'un prolongement imprévu, d'une hyperbate sans grande crédibilité, dédoublée, aggravée par l'octosyllabe final, isolé en rejet sur la dernière page : « je n'aurais rien à regretter[98] ».

Et en effet, au credo près qui tient en deux lignes, quelle conversion, exactement ? En quoi consiste cette « deuxième vie[99] » qu'il se promet si

---

95 M. Houellebecq, *Soumission*, *op. cit.*, p. 263 : nouvelle marque d'auto-dérision, de la part d'un auteur aux notoires problèmes dentaires.

96 *Ibid.*, p. 297.

97 *Ibid.*, p. 297-299.

98 *Ibid.*, p. 300.

99 *Ibid.*, p. 299.

conditionnellement ? Un traitement triplé, un harem de deux ou trois femmes lui garantissant assouvissement sexuel et bien-être ménager, la satisfaction de n'avoir pas fait moins bien que son père, mais nettement mieux que Huysmans sur ces points. Pour le reste, l'antépénultième paragraphe est tristement révélateur :

> Quelques mois plus tard, il y aurait la reprise des cours, et bien entendu les étudiantes [...] Chacune de ces filles, aussi jolie soit-elle, se sentirait heureuse et fière d'être choisie par moi, et honorée de partager ma couche. Elles seraient dignes d'être aimées ; et je parviendrais de mon côté, à les aimer[100].

On ne dévalue pas plus sûrement la notion même d'amour, sur laquelle on aurait cru un instant pouvoir fonder le parcours du personnage. On ne discrédite pas plus efficacement l'idée même d'un parcours, puisqu'on en revient exactement au point de départ du roman. On pense à la formule de Tancredi dans *Il Gattopardo : Se vogliamo che tutto rimanga come è, bisogna che tutto cambi.*

Si conversion il y a dans *Soumission*, elle est de pur confort, comme remède efficace aux tracas du siècle tels que les ressent un intellectuel de moyenne envergure, doublé d'un célibataire malheureux, peu sociable, tourmenté de désirs charnels, à peu près dépourvu de charisme sinon même de personnalité, aimant ses aises technologiques mais épris d'un passé de grandeur assez confusément conçu. L'islam est la réponse la plus commode à ses exigences jusque dans leurs contradictions, du moins l'islam tel qu'il est ici présenté, c'est-à-dire, pour simplifier, débarrassé de ses raideurs communautaristes : il offre des compensations concrètes autant que spirituelles au matérialiste, il propose des solutions à la fois anciennes et nouvelles à lui qui n'aime que passé et futur ; et il repose sur une grande puissance de parole, celle d'un livre insubstituable et liturgiquement intraduisible[101], pour qui vit de livres. En somme, il permet du point de vue du narrateur de résoudre la quadrature du cercle, en donnant un coup d'arrêt à la marche incontrôlée de l'Occident vers un progrès de plus en plus douteux et coûteux, tout en préservant ses chances de survie économique et culturelle – à l'exception près de ses anciennes préférences religieuses bien sûr, léger sacrifice dans l'esprit du converti.

---

100 *Ibid.*
101 *Ibid.*, p. 261.

Mais si cette conversion est en trompe-l'œil, ce qui est tout aussi probable, elle pose une nouvelle fois le problème si souvent débattu de l'ironie houellebecquienne, et du degré d'identification acceptable entre narrateur et auteur. On ne tentera pas ici de clore la dispute : il faudrait pour cela deux préalables. Le premier serait qu'abondent les indices d'une écriture massivement antiphrastique. Certes l'humour est constamment présent, on l'a vu à maintes reprises, notamment dans les nombreux procédés d'*anticlimax*. On le retrouve dans l'onomastique, avec l'abondance des homéotéleutes dans la liste des collègues, Tanneur, Loiseleur, Lempereur, Rediger ; ce dernier patronyme est lui-même une belle trouvaille, puisque son possesseur rappelle *a contrario* Robert Redeker, un philosophe qui s'est illustré dans sa lutte contre l'intégrisme, et que le héros le rencontre au moment où lui apparaît la nécessité de *rédiger* un dernier essai sur Huysmans, pour lequel il lui faudra *redigérer* sa thèse : le prénom même de François évoque au moins trois destins politiques mentionnés dans *Soumission*, celui, vanté, de Mitterrand, celui, décrié, de Hollande, celui, ridiculisé, de Bayrou. Il n'est pas jusqu'à sa collègue Marie-Françoise, qui, comme intellectuelle de son niveau, doublée d'une admirable cuisinière, ne figure secrètement comme une *mariée* idéale pour *François*. Et que dire de l'allusion à « la Maison du Convertible », lors de la visite à la vénale *Nadiabeurette*[102], ou du choix de l'antique village de Martel pour fuir l'invasion politique de l'islam en France ? Mais l'humour, « qui donne au lecteur un coup d'avance, qui invite le lecteur à se moquer d'avance de l'auteur, de l'excès de ses descriptions plaintives, atroces ou risibles », comme le rappelle Houellebecq dès le début du roman[103], s'il garantit la lucidité de l'auteur autant que de son public, ne certifie en rien l'antiphrase. Et l'on ne peut que s'interroger sur le commentaire que fait le narrateur, à la fin de son récit, d'une des envolées les plus apparemment railleuses de Rediger (il s'agit de l'érotisme propre aux universitaires) : « Il souriait de plus belle, je me demandai un instant s'il ironisait, mais en fait non, je ne crois pas[104] ».

Le second préalable serait d'admettre qu'un roman pour Houellebecq soit plus, ou autre chose qu'une proposition narrative et psychologique. Or il n'a rien d'un néo-romancier, il refuse même tout apparentement à tel

102 *Ibid.*, p. 186.
103 *Ibid.*, p. 15.
104 *Ibid.*, p. 294.

mouvement de contestation du personnage et de l'intrigue traditionnels. Rien ne permet donc de nier qu'il s'agit de pure fiction : le qualificatif qui va le mieux à *Soumission* est celui de « politique fiction », déclare-t-il à Sylvain Bourmeau[105] ; en d'autres termes il se contenterait de poser un axiome, et de le développer : « j'ai gardé de la science-fiction le goût des hypothèses », dit-il lors d'un entretien accordé à *Art Press* après la publication de *La carte et le territoire* en 2010. L'évocation de personnes réelles, l'insertion d'une documentation certifiée (y compris le développement sur les « cassandres » au début du livre, sans doute faussement sur-signifiant, en tout cas explicitement ambivalent[106]), l'inclusion de l'actualité récente dans les situations inventées, la cohérence générale de l'histoire, rien ne permet de conclure de l'effet de réel à une réalité probable, ni du projet diégétique de l'auteur à ses convictions profondes, ses aspirations secrètes, encore moins à une quelconque pulsion imprécatoire ni prophétique.

Alain Le Gallo
Agrégé de lettres classiques
Ancien professeur
de première supérieure à Henri IV
CRICES

105 Voir notes 2 et 5.
106 M. Houellebecq, *Soumission*, *op. cit.*, p. 55-56.

EN GUISE DE CONCLUSION

Revenons au projet initial de notre colloque. Son approche n'était ni historique ni sociologique. Il s'intéressait, pour l'essentiel, à des individus et à leur choix de conversion. Et c'était là à la fois l'intérêt de l'entreprise et sa limite. – Voire son caractère illusoire. Rappelons en effet le célèbre ouvrage d'Émile Durkheim, *Le Suicide*, paru en 1897. Il établissait que ce qui se donnait pour éminemment personnel – le choix de s'ôter la vie – n'en obéissait pas moins à un certain nombre de déterminations sociales ou autres. Sur un plan philosophique, on pourrait recourir également à Spinoza : tout ce qui existe – y compris les actes humains, donc – existe de façon déterminée au sens de nécessaire, le seul espace de la liberté consistant à comprendre cette nécessité. Et pour ce qui est de la contextualisation historique – à laquelle beaucoup de contributions se sont d'ailleurs rendues méthodologiquement attentives, – elle montrait que les conversions d'individus étaient souvent l'expression d'une époque, dussent-elles naturellement ne pas s'y réduire, au moins hypothétiquement. Pour parler à la manière de Sartre, une conversion est toujours « située ».

Cela voudrait-il dire que notre colloque se serait rendu étranger à toute science humaine pour ne s'intéresser qu'à l'ineffable singularité de sujets se convertissant par un acte de souveraine liberté ? Nous venons de dire que non. Nous croyons que la psychologie, notamment religieuse, affleura souvent. À la question des influences – historique, sociologique, voire ethnique ou générique –, s'ajoutait en effet la détermination par les mobiles ou par des intérêts dont nous avons vu toutes sortes d'illustrations, notamment politiques. Certaines conversions pouvaient certes paraître naître d'un intérêt supérieur – d'autres étant à comprendre comme l'étanchement d'une soif spirituelle ou comme l'accomplissement d'une idiosyncrasie religieuse. Ce qu'il aurait été évidemment fort intéressant d'analyser sous ce rapport, c'est la dimension proprement et authentiquement religieuse de la chose, exprimable dans une théologie de la conversion. Mais, là encore, ce n'était pas notre sujet. Il n'aurait d'ailleurs pas convenu que nous entreprenions d'en discuter sans que des théologiens musulmans ne nous entretiennent préalablement du statut de la conversion dans l'islam.

Pour autant, nous nous permettrons d'introduire ici un critère formel de discernement « théologique » que l'on trouve dans le judaïsme[1]. Le judaïsme distingue en effet entre la foi *lishmah* – c'est-à-dire pour elle-même – et la foi *she lo-lishmah* – c'est-à-dire qui n'est pas pour elle-même. La foi *lishmah* c'est la foi qui n'a pour seule raison d'être que Dieu. C'est celle qui a en vue non pas le rapport que Dieu a ou est supposé entretenir envers le croyant et toutes les bénédictions et récompenses que ce dernier peut en attendre en récompense de sa foi et de ses observances, mais le rapport que lui croyant a envers Dieu indépendamment de toute attente ou espérance. Ce n'est pas une relation qui va de haut en bas, donc, mais de bas en haut, une relation que le croyant décide d'avoir. Car c'est dans cette décision (*ha̱blatah*) ou résolution (*hakhra'a*) mêmes que réside la foi, laquelle est proprement « absolue », c'est-à-dire non relative à quelque chose dont le croyant serait en attente. Quant à la foi *she lo-lismah*, c'est celle dans laquelle la souveraineté reconnue de Dieu s'accompagne, voire est conditionnée par l'espérance d'une récompense future ou par l'obtention d'un gain immédiat, comme : une appartenance communautaire réconfortante ; un statut social affiché et valorisant de « croyant » ; une image avantageuse de soi-même comme « fidèle » ; une expérience religieuse rassérénante ; une extase mystique dans laquelle le croyant s'abîme et trouve la béatitude, etc. Alors que le premier type de foi ne connaît que son devoir, et s'y plie *le-shem Shamaïm* – c'est-à-dire au nom du Ciel – le second type est essentiellement intéressé et donc « relatif » à cet intérêt, qu'il soit matériel ou, prétendument, « spirituel ». Ajoutons deux précisions à cette typologie. Pour Maïmonide, il est possible de passer d'une foi conditionnelle et intéressée à une foi inconditionnelle et désintéressée, alors que pour d'autres penseurs juifs, la chose est impossible. On est « croyant » authentique – *maamin* – ou pas, en somme. Deuxième affirmation : selon Yeshayahou Leibowitz, on trouve des exemples de ces deux types de foi dans toute religion monothéiste : aussi bien juive que chrétienne et musulmane.

1 Nous nous appuyons notamment ici sur le petit livre de Yeshayahou Leibowitz, *Devant Dieu, cinq livres de la foi*, trad. David Banon, Éditions du Cerf, Paris, 2004. *Cf.* également Jean-Marc Joubert, *Leibowitz, une pensée de la religion*, C.N.R.S. Éditions, Paris, 2008.

Appliquons prudemment cette distinction à notre sujet. En apparence, une conversion relève de la radicalité d'un choix. En réalité, il est à penser que dans nombre de cas le converti y trouve par trop son compte. Pire : qu'il le trouve précisément – ce « compte » – parce qu'il le cherche obscurément[2]. Et c'est ce qui explique sans doute le fait souvent relevé que nombre de convertis au *jihad* radical sont très ignorants d'une religion qu'il choisissent pour des motifs en réalité non religieux, peut-être au grand mécontentement et désespoir des musulmans de vraie foi. Et sous ce rapport, il faut se dire que derrière bien des barbes imposantes, des djellabas éblouissantes de blancheur et des voiles intégraux à la noirceur opposée – lesquels ne laissent pas parfois de produire la forte impression désirée, – se trouve rien moins qu'un athéisme pratique, où le Nom de Dieu se voit entièrement instrumentalisé pour une « cause » ou une identité malheureuse.

Pour en revenir à ce que disait Leibowitz, on peut supposer – et craindre, si l'on appartient au monde de la foi – que la foi authentique soit quelque chose de rare, voire de tout simplement impossible… – Mais aussi, peut-être, quelque chose que Dieu ne demande en fait pas à l'homme. Vous connaissez le conflit qui opposa au XVIIe siècle le grand évêque Bossuet à la fausse mystique, Mme Guyon, *apôtresse*, s'il se faut dire ainsi, du « pur amour ». Mme Guyon prétendait qu'elle adorerait Dieu quand bien même Il la mettrait en enfer… – Ce à quoi Bossuet objectait, tant par simple bon sens que par saine théologie, que puisqu'il s'agissait pour un chrétien d'être « sauvé » on ne pouvait exiger d'un homme qu'il se désintéressât de l'être. Bel exemple de ces « théologies de l'excès » dont parlait Stanislas Breton[3] ! La problématique est ici chrétienne, certes, et non juive ou musulmane puisqu'il n'y est pas question, pour ces dernières croyances, d'être sauvé d'un « péché originel ». Il reste que cela dit quelque chose… Quoi ? – Qu'il ne convient peut-être pas – comme nous nous y sommes nous-même employé avec Diam's – de peser ou scruter les conversions à l'aune de l'absolu. Car ici comme ailleurs, on fait ce que l'on peut !

---

2 Le vrai pire consistant naturellement à penser que, comme effet de cet intérêt humain, « Dieu » soit lui-même construit par le croyant, comme l'analyse Ludwig Feuerbach dans *L'Essence du christianisme* [1841], trad. fr Jean-Pierre Osier, Paris, Gallimard, 1992, ou « posé » par lui, comme le déduit Fichte, à partir d'un acte à la fois souverain et nécessaire.

3 *Cf.* Stanislas Breton, *Deux mystiques de l'excès : J. J. Surin et Maître Eckhart*, Paris, Éditions du Cerf, 1985.

Nous passons maintenant à trois autres aspects, d'ailleurs complémentaires, des choses.

Premièrement, il aurait été intéressant d'apprécier systématiquement l'impact des conversions sur les communautés d'origine et les proches des convertis. Il est évident que la conversion d'un jeune homme ou d'une jeune femme au bouddhisme ne représente pas la même chose – socialement parlant – qu'une conversion à l'islam. Disons-le simplement : la première peut se donner pour « exotique », originale ou sympathique – ou bien banale et tristement dans l'air du temps ; la seconde, pour une espèce de trahison et de reniement : trahison d'une appartenance à la France version « de souche » ; reniement de la « foi de ses pères » pour une religion étrangère. En tout cas, des choses très profondes se trouvent ici impliquées.

Deuxièmement, il aurait été également intéressant d'apprécier, non moins systématiquement, l'impact d'une conversion sur la communauté d'« accueil ». On pourrait croire que cette dernière en sera honorée et satisfaite, selon le plus et le moins. Mais en réalité, les choses sont plus complexes et peut-être différentes pour l'islam qu'elles ne le sont pour le christianisme par exemple. Les musulmans méprisent les renégats. D'ailleurs, en toute rigueur, un musulman qui se convertit doit être mis à mort – et un athée tout aussi bien. On ne saurait en effet revenir en deçà de la vérité scellée par la prophétie ultime de Mahomet et du saint Texte du *Coran*, réputé non falsifié par les hommes... Et c'est pourquoi il nous a semblé que les convertis à l'islam étaient à la fois bien accueillis, parce qu'ils témoignaient de la vérité de la religion du « Prophète », et quelque peu méprisés secrètement pour avoir changé de religion, parfois bien rapidement. Et c'est pourquoi aussi certains convertis sentant peut-être quelque réticence de la part de leurs nouveaux coreligionnaires ont tendance à « en rajouter » pour tenter de donner le change en produisant toutes les apparences désirables et en donnant tous les gages nécessaires qu'ils sont d'authentiques musulmans. Naturellement, ceci vaut également pour d'autres religions dans lesquelles les convertis sont souvent « plus royalistes que le roi », mais peut-être est-ce davantage vrai pour l'islam, encore une fois.

Un *troisième* et dernier questionnement aurait mérité d'être introduit. Nous le formulerons abruptement de la manière suivante : la conversion est-elle un événement – ou un avènement – divin, c'est-à-dire ce qu'en termes chrétiens on appellerait une « grâce » ? Un accomplissement de soi ? – Ou une aliénation mentale ? Nous laisserons de côté la première hypothèse, qui relève d'un credo, nous tenant à l'alternative accomplissement/aliénation. Il est alors évident que toute conversion se donne, du côté du converti, pour un accomplissement, l'acquisition de la vérité et la conformation à elle. Cela, c'est le regard interne : le témoignage que la conscience convertie se rend complaisamment à elle-même. Mais qu'en est-il de l'extérieur, d'un point de vue critique et appréciatif ? On peut se poser en effet la question de savoir si la conversion, en tant qu'elle signifie la perte de l'identité initiale… et même un reniement de ce que l'on était, ne serait pas une *dépossession de soi*, c'est-à-dire une aliénation proprement ainsi nommée, toute assumée que la première puisse être. Et s'il en est bien ainsi, la question deviendrait : jusqu'à quel point un individu peut-il se détourner *effectivement* de lui-même pour s'orienter vers autre chose que ce à quoi il était accoutumé et qui faisait partie de son identité ? Le peut-il ? Et d'ailleurs le doit-il religieusement parlant comme nous avons posé la question avec Bossuet[4] ?

D'un côté, une conversion apparaît comme quelque chose de nécessairement positif : l'individu aurait (enfin) « trouvé » sa voie. C'est d'ailleurs en général ce que les parents de l'intéressé se disent, sans trop y croire, pour atténuer une peine qui peut être profonde : « Le petit est heureux comme cela, c'est le principal. » – Mais si, en « trouvant » cette voie, il se perd et s'abdique ?… Si la question critique est posée, nous pensons que la réponse dépendra de la pérennité de la conversion et à ses « fruits », pour parler comme l'Évangile. Et c'est une dimension à laquelle il aurait peut-être convenu d'être systématiquement attentifs dans nos différents exemples de conversion, là encore. Une conversion s'éprouve dans le temps parce qu'elle rencontre des épreuves dans le temps. Il en est de réussies, mesurables à la paix intérieure qu'elles assurent…. et alors elles ne sont pas signes d'aliénation ; et il est en de ratées, mesurables à la crispation qu'elles favorisent – crispation qui s'accompagne d'un exercice permanent de justification – et alors elles sont signes d'aliénation et de perte… pour ne pas dire de chute. Et, sous ce rapport, nous avouons

4 Cette question paraît trouver sa réponse dans l'*Évangile* : « Car celui qui voudra sauver sa vie la perdra, mais celui qui perdra sa vie à cause de moi et de la bonne nouvelle la sauvera » (*Mc*, 8, 35).

nous demander ce que deviendront nombre de convertis d'aujourd'hui qui se sont engagés, d'un cœur léger et pour ainsi dire facile, dans cette voie… par imitation et parce qu'elle s'inscrivait dans un enthousiasme collectif : celui d'une renaissance historique du monde musulman, un enthousiasme dont il n'est pas dit qu'il ne s'essoufflera pas à terme.

Jean-Marc JOUBERT
MCF de l'ICES
CIRPaLL, CRICES

INDEX NOMINUM

RÉSUMÉS

Jean-Marc JOUBERT, « Présentation »

La conversion religieuse a quelque chose de fascinant. Quand il s'agit de conversion à l'islam, son retentissement dans le contexte historique et culturel chargé de notre époque lui confère une dimension déjà moins « romantique ». De fait, l'analyse de conversions de types très différents, sur une très longue période (1100-2018), permet de rationaliser définitivement le phénomène pour le penser comme un fait humain relevant d'un certain nombre de lois : affectives, sociales, politiques, etc.

Olivier HANNE, « Mahomet, premier converti, modèle pour la conversion »

Toute conversion à l'islam se doit d'imiter le modèle original du Prophète, qui lui donne sens. Pourtant la conversion de Muhammad/Mahomet est très particulière et inimitable, puisqu'en basculant dans le monothéisme, il a aussi reçu la révélation coranique. Les deux événements sont donc indissociables dans la vie du Prophète. L'analyse des sources disponibles (Coran, Sunna, récits postérieurs) dévoile une évolution dans le statut du personnage et surtout dans la définition de sa conversion.

Paul B. FENTON, « Samaw'al Ibn 'Abbâs Al-Maghribi, polémiste musulman d'origine juive (*ca* 1125-1175) »

Samaw'al Ibn 'Abbâs al-Maghribi fut un des rares convertis d'origine juive à polémiquer contre leur religion antérieure dans son *Ifhâm al-yahûd.* Utilisant sa connaissance des sources juives, il tenta de convaincre les Juifs d'accepter l'islam en prétendant que leur loi avait été abrogée et falsifiée. Son traité devint un manuel de base pour les polémistes musulmans. Ses arguments furent réfutés dans les écrits de Maïmonide, Sa'd Ibn Kammuna et des théologiens juifs postérieurs.

Pierre A. RIFFARD, « Guénon, entre un islam unique et un ésotérisme universel »

René Guénon, théoricien de l'ésotérisme, est présenté comme un converti à l'islam puisqu'il appartenait à une confrérie soufie dès 1910 et vivait en musulman au Caire dès 1931. Or lui-même nie être converti. Comment est-ce possible ? Il pense en ésotériste. Il se rattache à ce qu'il nomme la Tradition universelle et pérenne. L'islam, dit-il, admet cette Tradition unique et il constitue, comme « sceau de la Prophétie », la « forme ultime de l'orthodoxie traditionnelle pour le cycle actuel ».

Alain MESSAOUDI, « Du caricaturiste à l'ermite de Sidi-Bou-Saïd. Jossot ou la conversion d'un artiste »

Caricaturiste reconnu, proche des milieux anarchistes, Henri Jossot (1866-1951) annonce en 1913, dans un quotidien de Tunis, sa conversion à l'islam. Il exprime ainsi son refus d'un matérialisme bourgeois et d'une bonne conscience colonisatrice. L'article revient sur le sens de cette conversion, trop vite qualifiée de « conversion d'artiste », et son impact sur l'œuvre de Jossot comme peintre.

Annie LAURENT, « Michel Aflak, du panarabisme à l'islam »

Souvent présenté en Occident comme un mouvement laïque, le parti Baas (fondé en 1947), promoteur de l'unité et du nationalisme arabes, accorde une place prépondérante à l'islam. « L'arabisme est le corps dont l'âme est l'islam », selon Michel Aflak, son principal promoteur. Tout en retraçant le parcours politique de cet intellectuel chrétien, diplômé de la Sorbonne, l'article scrute les motifs qui le conduisirent à se convertir à la religion musulmane peu avant sa mort à Bagdad en 1989.

Gilbert PONS, « La conversion à l'islam chez les jazzmen noirs américains »

Durant les deux décennies qui ont suivi la Seconde Guerre mondiale, et même au-delà, un nombre non négligeable de jazzmen noirs américains, quelques-uns parmi les plus notoires, ont abjuré la religion protestante pour devenir musulmans, jusqu'à modifier parfois tout ou partie de leur nom. Quels facteurs ont pu provoquer pareilles apostasies, et ont-elles entraîné des changements notables dans leur musique ? Tel est le propos de cet article.

Muriel ROILAND, « Eva de Vitray-Meyerovitch, le visage intérieur de l'islam »

Chercheuse au CNRS, spécialiste du soufisme, Eva de Vitray-Meyerovitch a voué une grande partie de sa vie à faire découvrir et à apprécier l'islam, celui des grands mystiques musulmans, notamment le poète du XIIIe siècle Jalâl al-Dîn Rûmî, dont elle a traduit du persan la totalité de l'œuvre. Catholique dans sa jeunesse, elle devient musulmane au terme d'une longue quête intellectuelle et spirituelle, vécue comme un approfondissement de ses convictions religieuses et de sa vie intérieure.

Sylvie PAILLAT, « Maurice Béjart, la danse et l'islam. Conversion ou rencontre ? »

Initié à l'islam chiite par le soufi Ostad Elahi, Maurice Béjart se convertit à l'islam en 1973. Il avoue lui-même qu'il préfère les termes de « rencontre » et de « cheminement spirituel » à celui de « conversion », cette dernière impliquant l'abandon d'une croyance au profit d'une autre. Faut-il alors parler de conversion à l'islam ? Pour Béjart, en effet, elle n'est pas rupture, séparation, renonciation à ses anciennes convictions, mais embrassement et convergence dans un seul et même élan vers Dieu.

Adrien MINARD, « "Venir à l'islam n'est pas pour moi renier Jésus ni Marx". La (re)conversion polémique de Roger Garaudy »

Après avoir été le philosophe du PCF, Roger Garaudy est devenu, au début des années 1980, le plus célèbre des intellectuels convertis à l'islam. Sa conversion a fait polémique en France, mais lui a assuré une grande notoriété dans le monde musulman. Pourquoi ce décalage ? Cette conversion est-elle, dans sa trajectoire atypique, un revirement ou un aboutissement ? Cet article examine la cohérence de cet événement biographique en étudiant ses ressorts idéologiques et les réactions qu'il a suscitées.

Charlotte BORIE, « Salman Rushdie et l'islam. Aversion, conversion, réversion ? »

Le 14 février 1989, l'Ayatollah Khomeiny prononce l'arrêt de mort de Salman Rushdie, écrivain anglo-indien, auteur du roman *Les Versets sataniques*, vu par un grand nombre de musulmans comme une insulte contre leur religion et leur prophète. S'ensuit pour Rushdie une tranche de vie faite de traque, d'angoisse et de ressentiment, pendant laquelle il épouse la foi de ceux qui le condamnent. Cette conversion, brève puis regrettée, reste dans sa biographie comme un paradoxe insoluble.

Yolène DILAS-ROCHERIEUX, « La conversion de Carlos à l'islam »

Beaucoup s'interrogent sur la conversion du communiste Carlos à l'islam. Pour ce dernier, l'islam serait « le communisme avec Dieu ». Un syncrétisme entre islam et marxisme-léninisme, dont la dimension révolutionnaire serait décuplée par la fusion des cinq éléments nécessaires à l'anéantissement de l'Occident : 1) l'existence d'une avant-garde révolutionnaire ; 2) des combattants prêts au sacrifice ; 3) des masses désespérées ; 4) un ennemi identifié et 5) une orthodoxie religieuse et politique.

Jean MOTTE DIT FALISSE, « Portrait de M. K., Africain, condamné à la peine criminelle, converti à l'islam »

M. K. fut arrêté et placé en détention provisoire à l'âge de 28 ans pour viol, en 2015, puis condamné à la réclusion criminelle. Il ne cessa pourtant de nier toute culpabilité, se présentant comme victime d'une injustice en raison de sa négritude. L'analyse des circonstances de sa conversion à l'islam et des significations qu'il donne à cette dernière dans le contexte de son incarcération ouvrent à une compréhension du sujet, tant d'un point de vue psycho-criminologique qu'ethnoculturel.

Jean-Marc JOUBERT, « Diam's, un joyau pour l'islam ? »

La conversion ne répond pas qu'à un mouvement intérieur. Elle s'inscrit dans un contexte qui l'explique, au moins en partie. La conversion est aussi manifestation, revendication, proclamation. En portant témoignage de sa foi, le converti se persuade lui-même en même temps qu'il donne des gages à ses nouveaux coreligionnaires. C'est la nature et l'exemplarité de la conversion de la chanteuse populaire Diam's que cet article se propose d'analyser.

Alain LE GALLO, « *Soumission*, ou le confort de l'islam »

Le *New York Times* affirmait en 2015 qu'il faudrait du temps aux compatriotes de Michel Houellebecq pour ne voir dans *Soumission* qu'une œuvre littéraire.

Peut-on cinq ans plus tard, et sans que les circonstances paraissent plus favorables à l'impassibilité, se risquer à une telle lecture ? Elle éviterait pour commencer de confondre narrateur et auteur, tenterait de comprendre pourquoi le premier est prédisposé à se convertir à l'islam, et poserait la question des intentions du second, ironiques ou non.

Jean-Marc JOUBERT, « En guise de conclusion »

La conversion religieuse à l'islam marque une rupture radicale. Pour autant, est-elle l'expression d'une liberté absolue ou relève-t-elle d'une chaîne complexe de causes ignorées de son auteur ? Comment mesurer son « authenticité » ? Et à quelles logiques le converti se trouve-t-il confronté par rapport à ses communautés d'origine et d'accueil ? Il s'agit de s'interroger sur le statut et la destinée de la conversion à l'islam.

TABLE DES MATIÈRES

IMPRIM'VERT®

Achevé d'imprimer par Corlet,
Condé-en-Normandie (Calvados), en octobre 2021
N° d'impression : 173517 - dépôt légal : octobre 2021
Imprimé en France